Die
Preußische Jagdordnung

vom 15. Juli 1907

nebst der Ausführungsanweisung

und

die sonstigen jagdgesetzlichen Bestimmungen

für Preußen.

Zum praktischen Gebrauch

erläutert

von

Görcke,

Amtsrichter in Eberswalde.

Vierte Auflage des Dr. P. Kohli'schen Werkes
„Die Preußischen Jagdgesetze".

Berlin 1908.

Verlag von H. W. Müller.

W. 35.

Vorwort zur dritten Auflage.

Seit dem Erscheinen der zweiten Auflage dieses Kommentars im Jahre 1891 — die erste Auflage erschien 1882 — sind auf dem Gebiete des Jagdrechts eine Reihe wichtiger Gesetze und Gesetzesabänderungen zur Verabschiedung gelangt, wie das Wildschadengesetz vom 11. Juli 1891, das Jagdscheingesetz vom 31. Juli 1895, das Gesetz, betr. die Ergänzung einiger jagdrechtlichen Bestimmungen vom 29. April 1897, das Gesetz, betr. Ergänzung der gesetzlichen Vorschriften über die Ausübung der Jagd auf eigenem Grundbesitz vom 7. August 1899 usw., welche eine neue Bearbeitung dieses kleinen Werkchens wünschenswert erscheinen ließen und rechtfertigen dürften.

Die Rechtsprechung der höchsten Gerichtshöfe, insbesondere des Reichsgerichts, des Oberverwaltungsgerichts, des Kgl. Preußischen Kammergerichts usw., sowie die Erlasse der höchsten Verwaltungsbehörden sind hierbei bis in die allerneueste Zeit hinein eingehend berücksichtigt worden.

Die Bestimmungen des Bürgerlichen Gesetzbuches, welches am 1. Januar 1900 in Kraft getreten ist, sind gleichfalls, soweit dieselben auf jagdrechtliche Verhältnisse Bezug haben und in Frage kommen, an den diesbezüglichen Stellen und im Zusammenhange mitaufgenommen worden.

Möge der vorliegenden Arbeit in ihrer neuen Gestalt dieselbe wohlwollende Beurteilung und freundliche Beachtung zuteil werden, welche die früheren Auflagen derselben erfahren haben.

Grünau (Mark), im März 1900.

Dr. jur. P. Kohli.

Vorwort zur vierten Auflage.

Die nach dem Ableben des Dr. P. Kohli dem Unterzeichneten übertragene Bearbeitung der 4. Auflage „der Preußischen Jagdgesetze“ erforderte infolge der mannigfachen seit der 3. Auflage ergangenen jagdgesetzlichen Bestimmungen von vornherein eine umfangreichere Überarbeitung des ganzen Stoffes. Die jetzt erfolgte Kodifizierung dieser und der früheren Jagdgesetze, sowie die in der Jagdordnung vom 15. Juli 1907 neu erlassenen Vorschriften gestalteten die Überarbeitung naturgemäß zu einer fast völligen Umarbeitung des alten Buchs.

Dabei sind, um das Jagdrecht lückenlos zu bringen, auch die in Kraft gebliebenen provinzialrechtlichen Bestimmungen darin zusammengestellt (s. Anhang unter B) und sodann haben die privatrechtlichen Vorschriften eine eingehendere Würdigung als früher gefunden. Auch dadurch dürfte eine Erhöhung der Brauchbarkeit des Buchs für die Praxis erzielt werden, daß der ganze Stoff in gedrängter Kürze wiedergegeben ist und die kleineren Rechtsmaterien (wie z. B. die jagdrechtliche Stellung der Tauben, der Kaninchen, der Ausländer, der Fischereiberechtigten usw.) an der gerade geeigneten Stelle kurz zusammengefaßt sind. Dem gleichen Zweck soll ein ausführliches Sachregister dienen.

Die Entscheidungen der höheren Gerichte sind überall bis in die neueste Zeit berücksichtigt.

Eberswalde, im Herbst 1907.

Görcke.

Inhaltsverzeichnis.

Anhang.

Erklärung der hauptsächlichsten Abkürzungen.

a. a. O. = am angeführten Ort.
AKO. = Allerhöchste Kabinetsordre.
ALR. = Allgemeines Landrecht für die Preußischen Staaten.
Ann. = Annalen des Reichsgerichts.
AusfA. = Ausführungs-Anweisung zur Jagdordnung vom 15. Juli 1907. Vom 29. Juli 1907 (S. 111).
AG. u. AusfG. = Ausführungs-Gesetz.
Bauer = Die Jagdgesetze Preußens. 3. Aufl. 1905.
Begr. = Begründung zum Gesetzentwurf.
BGB. = Bürgerliches Gesetzbuch vom 18. August 1896.
Dalcke = Das Preußische Jagdrecht. 4. Aufl. 1903.
Danckelmann Jahrb. = Jahrbuch der Preuß. Forst- und Jagdgesetzgebung und -verwaltung (später Riebel-Weise).
Danckelmann-Engelhard = Das Wildschongesetz. 1904.
Dickel = Das neue Preuß. Wildschongesetz. 1904.
DJZ. = Deutsche Juristen-Zeitung.
E. = Erkenntnis; ohne weiteren Zusatz = Erk. des RG.
EG. u. EinfG. = Einführungs-Gesetz.
Engelhard = Gesetz, betr. die Verwaltung gemeinschaftl. Jagdbezirke. 1905.
G. = Gesetz.
GA. u. Goltd. Arch. = Goltdammers Archiv für Strafrecht. 1853 ff.
GVG. u. GerVerfGes. = Gerichtsverfassungsgesetz vom 27. Januar 1877.
GS. S. = Preußische Gesetzsammlung, Seite.
JO. = Jagdordnung.
JMBl. = Justizministerialblatt.
Joh. u. Johow = Jahrbuch für Entscheidungen des Kammergerichts.
JW. u. Jur. Woch. = Juristische Wochenschrift.
KG. = Entscheidung des Kammergerichts.
KommBer. = Kommissions-Bericht.
Landverwges. = Gesetz über die allgemeine Landesverwaltung vom 30. Juli 1883 (GS. S. 195).

LwMBl. = Ministerialblatt für Landwirtschaft, Domänen und Forsten.
OVG. = Entscheidung des Oberwaltungsgerichts.
OppR. = Oppenhofs Rechtsprechung des Preuß. Obertribunals in Strafsachen. Berlin 1861 ff.
OTr. u. ObTrib. = Entscheidungen des Preuß. Obertribunals. Berlin 1837 ff.
PrVerwBl. = Preuß. Verwaltungsblatt.
Rabe = Sammlung Preußischer Gesetze.
RG. u. RGStr. = Entscheidungen des Reichsgerichts in Strafsachen; herausgegeben von den Mitgliedern des Reichsgerichts.
RGZ. = Desgl. in Zivilsachen.
RGBl. = Reichsgesetzblatt.
RR. = Rechtsprechung des Reichsgerichts in Strafsachen; herausgegeben von den Mitgliedern der Reichsanwaltschaft.
Schultz u. von Seherr-Toß = Die Jagd. 1904.
Schultz Jahrb. = Jahrbuch für Entscheidungen des Reichsgerichts usw. aus dem Gebiet der Preuß. Agrar-, Jagd- und Fischerei-Gesetzgebung.
StPO. = Strafprozeßordnung.
Str. u. Strieth. Arch. = Archiv für Rechtsfälle, herausgegeben von Striethorst. Berlin 1851 ff.
VMBl. u. MBliV. = Ministerialblatt für die innere Verwaltung.
VerwArch. = Verwaltungsarchiv, Zeitschrift für Verwaltungsrecht u. -gerichtsbarkeit. Herausgeg. von Dr. Schultzenstein u. Keil.
ZtschrfJagdr. = Zeitschrift für Jagdrecht, Jagdschutz u. Jagdwirtschaft. Herausgeg. von A. Ebner.
ZPO. = Zivil-Prozeß-Ordnung.
ZirkReskr. = Zirkularreskript an die Königl. Regierungen.

I. Die für die Jagd in Betracht kommenden privatrechtlichen Vorschriften.

A. Des Bürgerlichen Gesetzbuchs.*)

(Vom 18. August 1896.)

3. Buch. Sachenrecht. 3. Abschnitt. Eigentum.

3. Titel. Erwerb und Verlust des Eigentums an beweglichen Sachen.

Aneignung. [1])

§ 958. Wer eine herrenlose [2]) bewegliche Sache [3]) in Eigenbesitz nimmt, [4]) erwirbt das Eigentum [4]) an der Sache.

Das Eigentum wird nicht erworben, wenn die An=

*) Das BGB. ist am 1/1. 00 mit Gesetzeskraft für das ganze Deutsche Reich derartig in Wirksamkeit getreten, daß seine Vorschriften dem Landesrecht d. h. dem Recht der einzelnen Bundesstaaten vorgehen und daß zugleich, soweit nicht im BGB. oder in seinem EinfGes. dazu etwas anderes bestimmt ist, die privatrechtlichen Vorschriften der Landesgesetze außer Kraft getreten sind (Art. 55 EGzBGB.). — Das BGB. enthält auf dem Gebiet des Jagdrechts keine besonderen Bestimmungen; seine allgemeinen Vorschriften sind aber für die privatrechtliche Seite des Jagdrechts im ganzen Deutschen Reich und somit auch für ganz Preußen maßgebend. Als solche kommen die hier abgedruckten §§ in Betracht. — Im übrigen ist das Preußische Jagdrecht vom BGB. unberührt geblieben (Art. 69 ff. EG.) und kann gemäß Art. 3 EG. auch selbständig von Preußen ausgebaut werden. Auf dieser Bestimmung des Art. 3 beruht die Rechtsbefugnis Preußens zur neuesten Jagdgesetzgebung.

[1]) Für die Beurteilung des Rechtsverhältnisses des Jägers zum Wild sind die §§ 958 ff. BGB. maßgebend. Sie enthalten die

eignung gesetzlich verboten ist [5]) oder wenn durch die Besitzergreifung das Aneignungsrecht eines anderen verletzt [6]) wird.

---

privatrechtlichen Grundlagen des Jagdrechts (und zwar für ganz Deutschland); sie sind deshalb den übrigen Vorschriften des BGB. hier vorweg gestellt.

[2]) Das sind solche Sachen (auch Tiere), die in niemandes Eigentum stehen, sei es daß sie noch keinen Eigentümer überhaupt gehabt haben, sei es daß das Eigentum an ihnen wieder aufgegeben war (§ 959).

[3]) Als solche kommen für die Jagd in Betracht: die Tiere, Eier, abgeworfene Rehgehörne, Hirschstangen usw. Welche Tiere herrenlos sind, spricht § 960 aus.

[4]) Unter Besitz versteht das BGB.: die tatsächliche Gewalt über eine Sache (§ 854), unter Eigenbesitz: das Innehaben der tatsächlichen Gewalt mit dem Willen die Sache als eigene zu haben (§ 872). In Eigenbesitz nimmt hiernach jemand ein herrenloses Tier, wenn er die tatsächliche Gewalt darüber erlangt und dabei den Willen hat, es zu seinem Eigentum zu erwerben. Diese Rechtshandlung nennt das BGB. Aneignung. Durch sie wird vom Aneigner Eigentum an dem herrenlosen Gegenstande erworben; Voraussetzung aber ist nach Abs. 2 des § 958 dabei, daß er nicht das Aneignungsrecht eines andern verletzt (Anm. 6). In welchem Augenblick die Aneignung vollendet und damit der Eigentumserwerb vollzogen ist, bestimmt sich nach den Umständen des einzelnen Falles. (Näheres siehe Anm. 11 zu § 128 I 9 ALR. unter I C.) — Die Aneignung kann auch durch einen Vertreter erfolgen, z. B. durch einen beauftragten Jäger, einen Treiber, den Jagdgast; sie erwerben mit dem Besitz des erlegten Wildes nicht selbst, sondern für den Jagdherrn Eigentum daran.

[5]) Die Aneignung selbst muß verboten sein, wie z. B. das Ausnehmen von jagdbarem Federwild und seiner Eier durch § 368 Nr. 11 StGB. und das Erlegen und Fangen der geschützten Vögel, sowie das Ausnehmen ihrer Eier gemäß §§ 1, 5 ff. Vog.-schutzges. (unter IV). An ihnen erwirbt der Fänger kein Eigentum (RG. 37, 232). Das Verbot der Jagdausübung z. B. während der Schonzeit oder mit der Schlinge hindert nicht den Eigentumserwerb durch den Jagdberechtigten.

[6]) Das Aneignungsrecht an einem Stück Wild, d. h. einem jagdbaren Tier, steht ausschließlich dem für das betreffende Grundstück Jagdberechtigten zu. Nur er allein kann an einem Stück Wild auf seinem Jagdrevier Eigentum erwerben. Dieses ausschließliche Aneignungsrecht an jagdbaren Tieren bildet den Inhalt des Jagdrechts.

Ein Nichtjagdberechtigter wird zwar Besitzer, aber nicht Eigentümer der Beute. Rechtlich bleibt das gewilderte Wild herrenlos (E. v. 25/9. 06 in JW. 06, 758). An ihm behält der Jagdberechtigte auch nach der Verschleppung vom Jagdrevier Aneignungsrecht

§ 959. Eine bewegliche Sache wird herrenlos, wenn der Eigentümer in der Absicht, auf das Eigentum zu verzichten, den Besitz der Sache aufgibt.[7])

§ 960. Wilde Tiere[8]) sind herrenlos, solange sie

---

und er kann durch Klage vom Wilderer die Herausgabe des Wildes (auch des Geweihes) sowie Schadensersatz fordern (§§ 249, 823 Abs. 2 BGB.). Eigentum an dem gewilderten Stück Wild wird erst erworben, wenn es ein gutgläubiger Dritter z. B. der Käufer in Besitz nimmt (§ 932 BGB., E. v. 25/9. 06 in GA. 53, 450 u. v. 5/2. 07, RG. 39, 427). — Da das gewilderte Wild bis zur Erlegung in niemandes Eigentum steht, liegt in dem Ansichnehmen weder Diebstahl noch Unterschlagung; der Wilderer kann nur wegen Jagdvergehens aus § 292 StGB. bestraft werden. Die Bezeichnung „Wilddieb" ist daher rechtlich unrichtig und erklärt sich aus dem früheren Strafrecht. Nimmt ein Dritter dem Wilderer wieder das Wild weg, so liegt, weil Eigentum daran noch nicht erworben war, also es sich um eine noch herrenlose Sache handelt, ebenfalls kein Diebstahl vor, aber auch nicht Jagdvergehen, sondern nur, wenn der Dritte annahm, daß das Wild schon jemandes Eigentum sei, versuchter Diebstahl (E. v. 6/12. 06 in Ztschr. f. Jagdr. 07, 103).

[7]) Besitzaufgabe und Absicht des Eigentumsverzichts sind für den Verlust des Eigentums und damit zur Entstehung der Herrenlosigkeit einer schon im Eigentum eines andern gewesenen Sache erforderlich. Der Jäger, der von der Tasche ein Rebhuhn verliert, bleibt also dessen Eigentümer, es wird nicht herrenlos und der Finder hat deshalb kein Aneignungsrecht daran. Läßt dagegen der Jäger den abgeschwarteten Dachs als für ihn wertlos liegen, so ist er herrenlos geworden, und wird Eigentum dessen, der ihn an sich nimmt (§ 958 Abs. 1).

[8]) Im Gegensatz zu den wilden Tieren stehen die zahmen Tiere, das sind im besonderen die Haustiere. Sie sind, auch wenn sie entlaufen, nicht herrenlos, sondern verbleiben ihrem bisherigen Eigentümer und unterliegen daher nicht dem Aneignungsrecht (§ 958 Abs. 2). Der Fang von zahmen, aber entflogenen Schwänen ist als Unterschlagung anzusehen (RG. 21, 341). Die in der Fasanerie ausgebrüteten und dann ausgesetzten Fasanen sind keine zahmen Tiere (KG. v. 26/4. 06 in Schultz Jahrb. 3, 219). Eine Ausnahme hiervon bilden die Tauben; hinsichtlich ihrer siehe Anm. zu § 111 I 9 ALR. (unter I C).

Die wilden Tiere zerfallen für das Jagdrecht in zwei wichtige Klassen: in die jagdbaren und die nicht jagdbaren. Welche wilden Tiere jagdbar sind, beantwortet jetzt erschöpfend und für ganz Preußen der § 1 JO. (siehe unter II). Alle dort nicht aufgeführten wilden Tiere sind nicht jagdbar. — An den jagdbaren wilden Tieren hat der Jagdberechtigte auf seinem Jagdrevier das ausschließliche Aneignungsrecht. Unter der Jagd versteht man dementsprechend nur die auf die Aneignung sich in der Freiheit befinden.[9]) Wilde Tiere in Tiergärten und Fische in Teichen oder anderen geschlossenen Privatgewässern sind nicht herrenlos.[10])

Erlangt ein gefangenes wildes Tier die Freiheit wieder, so wird es herrenlos, wenn nicht der Eigen-

---

jagdbarer Tiere gerichteten Handlungen. Hinsichtlich der nicht jagdbaren Tiere besteht das allgemeine Aneignungsrecht aus § 958, an ihnen steht also jedermann und überall dem rechtlichen Grundsatz nach ein Aneignungsrecht zu. Der Eigentümer darf aber ihr Aufsuchen und Nachstellen jedem Dritten auf seinem Grundstück verwehren (§ 115 I 9 u. § 35 II 16 ALR. unter I C). Die Aneignung eines jagdbaren Tieres auf fremdem Jagdrevier bildet ein Jagdvergehen nach §§ 292—295 StGB., die eines nicht jagdbaren wilden Tiers dagegen nicht (RG. 5, 85).

[9]) Mit dem Fang und der damit beendeten Freiheit hört das wilde Tier grundsätzlich auf herrenlos zu sein und wird Eigentum des Fängers. Aber bei jagdbaren Tieren tritt, da das ausschließliche Aneignungsrecht des Jagdberechtigten verletzt ist, § 958 Abs. 2 in Wirksamkeit. Der Einfänger einer Krähe wird mithin deren Eigentümer, wer sie ihm wegnimmt, begeht Diebstahl; wer aber als Nichtjagdberechtigter einen Hasen fängt, ist Wilderer und erwirbt nicht das Eigentum daran (siehe Anm. 6).

[10]) Ausnahmen von der Herrenlosigkeit der wilden Tiere bilden außer den oben genannten Fischen die wilden Tiere in Tiergärten; sie werden als nicht „in der Freiheit" befindlich angesehen. Sie sind nicht herrenlos, sondern stehen im Eigentum des Tiergartenbesitzers. Dies bezieht sich naturgemäß nur auf diejenigen Tiere im Tiergarten, die durch die Einhegung in der Freiheit beschränkt sind und sein sollen. Also der das Hirschgehege durch eine Lücke passierende Hase, der es überfliegende Fasan ist auch im Tiergarten herrenlos. Da die eingefriedigten Tiere in den Tiergärten nicht herrenlos sind, kann auch keine wirkliche Jagd auf sie ausgeübt werden, es bedarf daher zu ihrer Erlegung auch keines Jagdscheins (ebenso Dickel S. 94. AM. Bauer S. 273). Zur Jagd in Wildgärten und zu solcher in den Tiergärten auf die nicht darin gehegten Tiere, z. B. Fasanen, ist aber ein Jagdschein erforderlich. Die Schonzeiten dagegen gelten hinsichtlich der in ihnen gehegten Tiere für jede Art der Wildgärten nicht (siehe zu § 39 Abs. 4 JO.). In solchen unter 75 ha, die Eigenjagdbezirke sind, ist die Jagd auf Flugwild beschränkt (§ 4 Abs. 2 JO.).

Zweifelhaft ist, was unter „Tiergarten" zu verstehen ist. Es ist ein engerer Begriff vom „Wildgarten" (KommBer. zum WildschonG. v. 14/7. 04, S. 4 Abs. 3), welcher Ausdruck z. B. in § 39 Abs. 4 JO. gebraucht ist. Unter Wildgarten ist überhaupt jedes wirklich eingehegte Jagdrevier zu verstehen. Dickel (S. 87 ff.) will jedes Gehege, da in ihnen die Tiere als nicht in der Freiheit befindlich anzusehen sind, auch als Tiergarten auftümer das Tier unverzüglich verfolgt oder wenn er die Verfolgung aufgibt.[11])

Ein gezähmtes Tier wird herrenlos, wenn es die Gewohnheit ablegt, an den ihm bestimmten Ort zurückzukehren.[12])

1. Buch. Allgemeiner Teil. 2. Abschnitt. Sachen.

Nutzungen.

§ 100. Nutzungen sind die Früchte einer Sache oder eines Rechtes[13]) sowie die Vorteile, welche der Gebrauch der Sache oder des Rechtes gewährt.

---

gefaßt wissen. Andere sehen als Tiergärten nur diejenigen Gehege an, in denen infolge ihrer geringen Größe die Tiere jederzeit der Verfügungsgewalt des Eigentümers unterliegen (Danckelmann-Engelhard WildschonG. Anm. 18 zu § 2) und sich mithin in dessen Gewalt befinden (Dalcke, S. 94). Mit Recht wird hiernach die Größe ausschlaggebend und als Tiergarten nur ein kleineres Gehege anzusehen sein. — Eine vorübergehende Öffnung im Gehege hebt weder den Begriff des Tiergartens noch Wildgartens auf. Schwarzwild darf im Gehege nur so gehalten werden, daß es nicht ausbrechen kann, andernfalls haftet der darüber Jagdberechtigte für allen Schaden (§ 64 Abs. 1 JO.).

[11]) Ein aus der Menagerie entlaufener Wolf, ein aus dem Tiergarten ausgebrochener Hirsch oder ein dem Käfig entflohener Papagei wird also noch nicht allein dadurch, daß er sich der Gewalt des Eigentümers entzogen hat, herrenlos, sondern er bleibt vorläufig dessen Eigentum. Dies geht erst dadurch verloren, daß der bisherige Eigentümer das Tier nicht unverzüglich d. h. ohne schuldhaftes Zögern (§ 121 BGB) verfolgt oder die begonnene Verfolgung, als welche nicht nur wirkliche Nacheile, sondern auch ein Zeitungsinserat oder öffentlicher Anschlag u. dgl. anzusehen ist, aufgibt. Von diesem Zeitpunkt ab ist das betr. wilde Tier wieder herrenlos und unterliegt, wenn es jagdbar ist, der Aneignung des Jagdberechtigten; wenn es nicht jagdbar ist, der eines jeden. — Dies gilt auch von den zu Parforcejagden gefangenen und wieder freigelassenen Tieren.

[12]) Ein mit der Flasche vom Jagdberechtigten aufgezogenes Reh, welches am Tage in den Wald zu laufen und abends wiederzukommen pflegt, ist nicht herrenlos. Wird es gefangen, so kann es mit der Eigentumsklage von dem Einfänger, selbst wenn dies der benachbarte Jagdberechtigte ist, zurückverlangt werden. Erst mit dem Aufhören der Rückkehrgewohnheit wird es herrenlos und unterliegt dem Jagdrecht. Das vom Nichtjagdberechtigten gefangene Reh wird durch die Zähmung nicht dessen Eigentum (RG. v. 5/2. 07, 39, 427 u. Anm. 6).

6. Abschnitt. Ausübung der Rechte. Selbstverteidigung Selbsthilfe.

Notwehr.

§ 227. Eine durch Notwehr [14]) gebotene Handlung ist nicht widerrechtlich. [15])

Notwehr ist diejenige Verteidigung, welche erforderlich ist, um einen gegenwärtigen rechtswidrigen Angriff von sich oder einem anderen abzuwenden.

---

[13]) Also auch des Jagdrechts. Zu den Nutzungen des letzteren gehört das erlegte Wild.

[14]) Diese Definition entspricht genau der des Strafrechts (§ 53 StGB. unter V). Der § 227 hat nur Angriffe von Menschen im Auge. Bei Gefahr, die von Tieren droht, liegt Notstand (§ 228) vor.

[15]) Weil die Handlung nicht widerrechtlich ist, verpflichtet sie auch nicht zum Schadensersatz, selbst dann nicht, wenn der in Notwehr Befindliche den Angriff auf sich selbst verschuldet hat. Der Angriff muß unmittelbar bevorstehen. Da die Einrichtungen der gebräuchlichen Feuerwaffen zwei Schüsse ermöglichen, ist ein unmittelbarer Angriff bevorstehend und deshalb Notwehr vorliegend, auch wenn der Gegner schon einen Schuß abgegeben hat (JW. 05, 366). Während aber strafrechtlich die Überschreitung der Notwehr straflos sein kann, ist zivilrechtlich die Handlung bei Überschreitung und auch bei irriger Annahme einer Notwehr eine rechtswidrige und verpflichtet zum Schadensersatz. Dies ist auch der Fall, wenn der Handelnde fahrlässig in der Annahme einer Notwehr war (RG. 21, 352). Notwehr gegen Notwehr gibt es nicht. Wer sich im Prozeß auf Notwehr beruft, muß sie beweisen. Die Abwehr ist nicht auf einen Angriff gegen Leib und Leben beschränkt, sondern auch gegen andere Rechtsgüter (Eigentum, Jagdrecht). Der Jagdberechtigte handelt z. B. in Notwehr, wenn er dem auf seinem Jagdrevier betroffenen Unberechtigten das Gewehr als dessen Angriffsmittel auf sein Jagdrecht wegnimmt (RG. 35, 406). Auch darf der Waldbesitzer oder der von ihm bestellte Aufseher dem unbefugten Pilzsammler das Sammeltuch mit den Pilzen wegnehmen (GA. 50, 278). Aber ein derartiges Vorgehen aus privatrechtlicher Befugnis muß sich als eine Verteidigungsmaßregel des Jagd- oder Waldberechtigten darstellen. Ein Pfändungsrecht zum Schutz des Jagdrechts gibt es nicht mehr (E. v. 11/12. 06 in JW. 07, 400).

Hinsichtlich der Notwehr in strafrechtlicher Beziehung siehe § 53 StGB. unter V.

Notstand.[16])

§ 228. Wer eine fremde Sache beschädigt oder zerstört, um eine durch sie drohende Gefahr von sich oder einem Anderen abzuwenden, handelt nicht widerrechtlich, wenn die Beschädigung oder die Zerstörung zur Abwendung der Gefahr erforderlich ist und der Schaden nicht außer Verhältnis zu der Gefahr steht.[17]) Hat der Handelnde die Gefahr verschuldet, so ist er zum Schadensersatze verpflichtet.[18])

Selbsthilfe.[19])

§ 229. Wer zum Zwecke der Selbsthilfe eine Sache wegnimmt, zerstört oder beschädigt oder wer zum Zwecke der Selbsthilfe einen Verpflichteten, welcher der Flucht

---

[16]) Diese zivilrechtliche Definition des Notstands weicht von der strafrechtlichen ab (§ 54 StGB.).

[17]) Während bei der Notwehr aus § 227 der abzuwehrende Angriff von Menschen ausgeht, handelt es sich im § 228 um eine Gefahr, die durch Sachen, im besonderen Tiere, droht. Deren Tötung ist nur bedingt nicht widerrechtlich und befreit vom Schadensersatz nur, wenn die Tötung zur Abwendung der drohenden Gefahr erforderlich war und der Schaden nicht außer Verhältnis zu der Gefahr stand. Kein Notstand liegt z. B. vor, wenn der drohende Nachteil nur in vergütungsfähigem Wildschaden besteht (E. in JW. 01, 306). Ein Marder, der wiederholt Tauben und Hühner geholt hat, darf trotz seiner Jagdbarkeit, wenn andere Abwehrmittel versagen, vom Beschädigten im Notstand getötet werden, er muß ihn aber an den Jagdberechtigten herausgeben (E. in JW. 02, 306). Auch Katzen, die tatsächlich im Garten auf Vogelraub gehen, können im Notstand getötet werden (Bauer, S. 563). Einen Fall des Notstandes behandelt § 155 I 9 ALR. (siehe unter I C). Als eine erweiterte Selbsthilfe im Notstand stellt sich auch das Tötungsrecht des Jagdberechtigten an revierenden Hunden und Katzen dar (siehe zu § 64 II 16 ALR. unter I C u. Anhang B).

[18]) Also anders wie bei der Notwehr (Anm. 15).

[19]) Die Selbsthilfe enthält im Gegensatz zur Notwehr und zum Notstand, die die Verteidigung bezwecken, einen Angriff. Dieser ist nur dann nicht widerrechtlich und verpflichtet deshalb nur dann nicht zum Schadensersatz, wenn die Voraussetzungen des § 229 vorliegen und die einschränkenden des § 231 beachtet werden. Die Selbsthilfe darf vor allem nur an Stelle der nicht erreichbaren obrigkeitlichen Hilfe treten. Dabei ist in allen Fällen zu berücksichtigen, daß es sich bei der Selbsthilfe lediglich um privatrechtliche Verpflichtungen handelt. Einen Fall der Selbsthilfe siehe Anm. 6 zu § 115 I 9 ALR. (unten unter I C).

verdächtig ist, festnimmt oder den Widerstand des Verpflichteten gegen eine Handlung, die dieser zu dulden verpflichtet ist, beseitigt, handelt nicht widerrechtlich, wenn obrigkeitliche [20]) Hilfe nicht rechtzeitig zu erlangen ist und ohne sofortiges Eingreifen die Gefahr besteht, daß die Verwirklichung des Anspruchs vereitelt oder wesentlich erschwert werde.

§ 230. Die Selbsthilfe darf nicht weiter gehen, [21]) als zur Abwendung der Gefahr erforderlich ist.

Im Falle der Wegnahme von Sachen ist, sofern nicht Zwangsvollstreckung erwirkt wird, der dingliche Arrest zu beantragen. [22])

Im Falle der Festnahme des Verpflichteten ist, sofern er nicht wieder in Freiheit gesetzt wird, der persönliche Sicherheitsarrest bei dem Amtsgerichte zu beantragen, in dessen Bezirke die Festnahme erfolgt ist; der Verpflichtete ist unverzüglich dem Gerichte vorzuführen.

Wird der Arrestantrag verzögert oder abgelehnt, so hat die Rückgabe der weggenommenen Sachen und die Freilassung des Festgenommenen unverzüglich zu erfolgen.

§ 231. Wer eine der im § 229 bezeichneten Handlungen in der irrigen Annahme vornimmt, daß die für den Ausschluß der Widerrechtlichkeit erforderlichen Voraussetzungen vorhanden seien, ist dem anderen Teile zum Schadensersatze verpflichtet, auch wenn der Irrtum nicht auf Fahrlässigkeit beruht.

---

[20]) Gerichtliche oder polizeiliche.

[21]) Im Wege der Selbsthilfe können dem Schuldner nur Sachen weggenommen werden, welche der Pfändung nicht entzogen sind (RG. 33, 250).

[22]) Zuständig dazu ist das Amtsgericht, in dessen Bezirk der mit Arrest zu belegende Gegenstand oder die in ihrer persönlichen Freiheit zu beschränkende Person sich befindet, oder auch bei einem Wert über 300 Mk. das Landgericht (§ 919 ZPO.).

2. Buch. Recht der Schuldverhältnisse.
7. Abschnitt. Einzelne Schuldverhältnisse.
25. Titel. Unerlaubte Handlungen.

Wildschaden.

§ 835. [23]) Wird durch Schwarz-, Rot-, Elch-, Dam- oder Rehwild oder durch Fasanen [24]) ein Grundstück beschädigt, an welchem dem Eigentümer das Jagdrecht nicht zusteht, [25]) so ist der Jagdberechtigte verpflichtet, dem Verletzten den Schaden zu ersetzen. Die Ersatzpflicht erstreckt sich auf den Schaden, den die Tiere an den getrennten, aber noch nicht eingeernteten Erzeugnissen des Grundstücks anrichten.

Ist dem Eigentümer die Ausübung des ihm zustehenden Jagdrechts durch das Gesetz entzogen, so hat derjenige den Schaden zu ersetzen, welcher zur Ausübung des Jagdrechts nach dem Gesetze berechtigt ist. Hat der Eigentümer eines Grundstücks, auf dem das Jagdrecht wegen der Lage des Grundstücks nur gemeinschaftlich mit dem Jagdrecht auf einem anderen Grundstück ausgeübt werden darf, das Jagdrecht dem Eigentümer dieses Grundstücks verpachtet, so ist der letztere für den Schaden verantwortlich. [26])

Sind die Eigentümer der Grundstücke eines Bezirkes zum Zwecke der gemeinschaftlichen Ausübung des

---

[23]) Vgl. Vorbemerkung zum 5. Abschnitt „Wildschadenersatz" der JO. (unter II).

[24]) Der von anderem Wild z. B. Hasen angerichtete Schaden wird nicht ersetzt; nur in Hannover ist jeder Wildschaden, also auch von Hasen, zu vergüten (Art. 71 EGzBGB., § 23 Hannov. JO.).

[25]) In ganz Preußen steht dem Grundeigentümer das Jagdrecht selbst zu. Auch im Deutschen Reich, mit Ausnahme von Mecklenburg, ist dies der Fall.

[26]) Der Schaden jeglicher Art, auch z. B. durch Wühlen, Niedertreten, Abschälen, auf jedem Grundstück, gleichviel ob es land- oder forstwirtschaftlich genutzt wird (Seen und Teiche gehören nicht dazu), ist dem Verletzten d. h. demjenigen zu ersetzen, der den Schaden wirtschaftlich erlitten hat, also dem Eigentümer oder Pächter oder Nießbraucher usw. Aber nur der durch das oben genannte Wild verursachte Schaden ist aus § 835 ersatzfähig; der

Jagdrechts durch das Gesetz zu einem Verbande vereinigt, der nicht als solcher haftet, so sind sie nach dem Verhältnisse der Größe ihrer Grundstücke ersatzpflichtig. [27])

---

durch die Jagdausübung seitens der Jäger, Hunde, Treiber, Wildwagen usw. sowie durch andere Tiere angerichtete Schaden ist nicht Wildschaden. Ein solcher Schaden kann nur bei Vorliegen eines Verschuldens auf seiten des Jagdberechtigten aus § 823 BGB. im ordentlichen Rechtsweg gefordert werden, also z. B. wenn der Jagdberechtigte über den Rahmen der ordnungsmäßigen Jagdausübung hinaus Flurschaden macht, wenn er über Gebühr Wild hegt oder der Abschußaufforderung der Jagdpolizeibehörde (z. B. aus § 62 JO.) nicht nachkommt.

Dem Umfange nach ist der volle Schaden, also nicht nur der unmittelbare Vermögensnachteil, sondern auch der entgangene Gewinn zu ersetzen; deshalb sind beschädigte Früchte eventuell erst zur Zeit der Ernte zu bewerten (§§ 54, 57 JO.). Bei Forstschäden kann der Schaden nach dem zur normalen Abtriebszeit erzielbaren Wert nicht bloß nach dem zur Zeit der Beschädigung bestimmt werden (OVG. 31, 251, auch 42, 269). Nach Abs. 1 Satz 2 sind auch die getrennten Früchte, solange sie noch nicht eingeerntet sind, zu vergüten; als eingeerntet gelten sie auch, wenn sie in Mieten, Diemen u. dgl. auf den Feldern zusammengebracht sind. Ein konkurrierendes Verschulden des Verletzten, der z. B. absichtlich oder sonst schuldhaft die Einerntung verzögert oder einen Wildschutzzaun nicht ordentlich instand hält, kann nach § 254 BGB. die Ersatzpflicht ausschließen oder mindern (RG. 52, 350 u. in JW. 05, 367; OVG. 42, 269 u. in Schultz Jahrb. 2, 190).

Die Ersatzpflicht des Wildschadens erfordert kein Verschulden, sondern ist eine gesetzliche Pflicht, sie tritt auch bezüglich des während der Schonzeit zugefügten Schadens ein und soll nach § 835 denjenigen treffen, der die Vorteile aus der Jagd zieht. Das ist derjenige, dem landesgesetzlich das Recht zur Ausübung der Jagd auf dem Grundstück, an welchem der Schaden angerichtet ist, zusteht (vgl. §§ 4ff., 52, 53 JO.) und zwar gesetzlich, so daß nicht der Jagdpächter, der zwar wieder durch den Pachtvertrag seinem Verpächter ersatzpflichtig sein kann, sondern der gesetzliche Jagdberechtigte dem Verletzten gegenüber der Ersatzpflichtige bleibt. Der Eigentümer eines Eigenjagdbezirks hat keinen Ersatzanspruch, weil er selbst jagdberechtigt ist und sich durch rechtzeitigen Abschuß schützen kann. Unerheblich ist, ob das schädigende Wild aus einem andern Jagdrevier übergetreten ist (Ausnahme bei gehegtem Schwarzwild, § 64 JO.). Mehrere Verpflichtete haften solidarisch d. h. jeder für den ganzen Schaden (§ 840 Abs. 1 BGB.).

Die Geltendmachung von Wildschaden muß in dem besonderen Verfahren der §§ 55ff. JO. erfolgen.

[27]) Siehe § 52 JO.

B. Des Einführungs-Gesetzes zum Bürgerlichen Gesetzbuch.*)

(Vom 18. August 1896.)

1. Abschnitt. Allgemeine Vorschriften.

Vorbehalte.

Art. 3. Soweit in dem Bürgerlichen Gesetzbuch oder in diesem Gesetze die Regelung den Landesgesetzen vorbehalten oder bestimmt ist, daß landesgesetzliche Vorschriften unberührt bleiben oder erlassen werden können, bleiben die bestehenden landesgesetzlichen Vorschriften in Kraft und können neue landesgesetzliche Vorschriften erlassen werden.[1])

Art. 4. Soweit in Reichsgesetzen oder in Landesgesetzen auf Vorschriften verwiesen ist, welche durch das Bürgerliche Gesetzbuch oder durch dieses Gesetz außer Kraft gesetzt werden, treten an deren Stelle die entsprechenden Vorschriften des Bürgerlichen Gesetzbuchs oder dieses Gesetzes.

2. Abschnitt. Verhältnis des Bürgerlichen Gesetzbuchs zu den Reichsgesetzen.

Regel.

Art. 32. Die Vorschriften der Reichsgesetze bleiben in Kraft. Sie treten jedoch insoweit außer Kraft, als sich aus dem Bürgerlichen Gesetzbuch oder aus diesem Gesetze die Aufhebung ergibt.

---

*) Das Einführungsgesetz zum BGB. ist ein Reichsgesetz und regelt das Verhältnis des BGB. zur Reichs- und zur Landesgesetzgebung.

[1]) Da nach Art. 69 des Ges. die landesgesetzlichen Vorschriften über die Jagd unberührt geblieben sind, ist mithin die Neugestaltung des Jagdrechts jedem Bundesstaat überlassen geblieben. Auf Art. 3 beruht die Befugnis Preußens zur neuen Jagdgesetzgebung.

Die Landesgesetzgebung ist für die Neuordnung der gemäß Art. 3 ihr überlassenen Materien innerhalb des Rahmens ihrer bisherigen Gesetze unbeschränkt (RG. 54, 204).

3. Abschnitt. Verhältnis des Bürgerlichen Gesetzbuchs zu den Landesgesetzen.

Kodifikationsprinzip.

Art. 55. Die privatrechtlichen Vorschriften der Landesgesetze treten außer Kraft, soweit nicht in dem Bürgerlichen Gesetzbuch oder in diesem Gesetz ein anderes bestimmt ist.[2])

Jagd und Fischerei.

Art. 69. Unberührt bleiben die landesgesetzlichen Vorschriften über Jagd und Fischerei, unbeschadet der Vorschrift des § 958 Abs. 2[3]) des Bürgerlichen Gesetzbuchs und der Vorschriften des Bürgerlichen Gesetzbuchs über den Ersatz des Wildschadens.[4])

Wildschadensersatz.

Art. 70. Unberührt bleiben die landesgesetzlichen Vorschriften über die Grundsätze, nach welchen der Wildschaden festzustellen ist, sowie die landesgesetzlichen Vorschriften, nach welchen der Anspruch auf Ersatz des Wildschadens innerhalb einer bestimmten Frist bei der zuständigen Behörde geltend gemacht werden muß.[5])

Art. 71. Unberührt bleiben die landesgesetzlichen Vorschriften, nach welchen

1. die Verpflichtung zum Ersatze des Wildschadens auch dann eintritt, wenn der Schaden durch jagdbare Tiere anderer als der im § 835 des Bürger-

---

[2]) Grundsatz ist also, daß die Landesgesetze, soweit sie privatrechtliche Vorschriften enthalten, außer Kraft getreten sind. Nur die im BGB. selbst und im EinfGes. aufgeführten Vorschriften sind ausgenommen und deshalb bestehen geblieben. Dazu gehören die jagdrechtlichen Bestimmungen und diejenigen über den Wildschaden (Art. 69 ff.).

[3]) Hinsichtlich des Eigentumserwerbs an jagdbaren Tieren sind also nicht die Landesgesetze maßgebend, sondern die betr. Vorschriften des BGB. (siehe oben §§ 958 ff. desf.).

[4]) Siehe § 835 BGB. und die folgenden Art. 70—72.

[5]) Siehe § 55 JO.

lichen Gesetzbuchs bezeichneten Gattungen [6]) angerichtet wird;

2. für den Wildschaden, der durch ein aus einem Gehege [7]) ausgetretenes jagdbares Tier angerichtet wird, der Eigentümer oder der Besitzer des Geheges verantwortlich ist;
3. der Eigentümer eines Grundstücks, wenn das Jagdrecht auf einem anderen Grundstücke nur gemeinschaftlich mit dem Jagdrecht auf seinem Grundstück ausgeübt werden darf, für den auf dem anderen Grundstück angerichteten Wildschaden auch dann haftet, wenn er die ihm angebotene Pachtung der Jagd abgelehnt hat; [8])
4. der Wildschaden, der an Gärten, Obstgärten, Weinbergen, Baumschulen und einzelstehenden Bäumen angerichtet wird, dann nicht zu ersetzen ist, wenn die Herstellung von Schutzvorrichtungen unterblieben ist, die unter gewöhnlichen Umständen zur Abwendung des Schadens ausreichen; [9])
5. die Verpflichtung zum Schadensersatz im Falle des § 835 Abs. 3 des Bürgerlichen Gesetzbuchs abweichend bestimmt wird;
6. die Gemeinde an Stelle der Eigentümer der zu einem Jagdbezirke vereinigten Grundstücke zum Ersatze des Wildschadens verpflichtet und zum Rück-

[6]) Eine derartige Erweiterung der Wildschadensersatzpflicht besteht in Preußen nur für die Provinz Hannover, in der nach § 1 des dortigen WildschadG. v. 21/7. 48 (siehe zu § 23 Hannov. JO. unten Anhang A I) der durch alles jagdbare Wild angerichtete Schaden, also auch der z. B. durch Hasen, ersetzt werden muß. In allen anderen Landesteilen Preußens wird nur der Wildschaden des im § 835 BGB. (siehe oben) aufgeführten Wildes ersetzt.

[7]) Nach § 64 JO. muß der Jagdberechtigte, aus dessen Gehege Schwarzwild austritt, für den dadurch entstandenen vollen Schaden ohne Einhaltung des sonst in jenem Gesetz vorgeschriebenen Verfahrens haften. Sonstige besondere Wildschadenhaftung besteht für Gehegebesitzer nicht in Preußen.

[8]) Siehe § 53 Abs. 2 JO.

[9]) Kommt für Hannover in Betracht (§ 3 Nr. 3 u. § 23 Hannov. JO. unten Anhang A I). In dem Nichtdichthalten des Geheges dort kann ein konkurrierendes Verschulden des Eigentümers liegen, das den Ersatzpflichtigen aus § 254 BGB. befreit (RG. 52, 359).

griff auf die Eigentümer berechtigt ist[10]) oder an Stelle der Eigentümer oder des Verbandes der Eigentümer oder der Gemeinde oder neben ihnen der Jagdpächter zum Ersatze des Schadens verpflichtet ist;

7. der zum Ersatze des Wildschadens Verpflichtete Erstattung des geleisteten Ersatzes von demjenigen verlangen kann, welcher in einem anderen Bezirke zur Ausübung der Jagd berechtigt ist.

Art. 72. Besteht in Ansehung eines Grundstücks ein zeitlich nicht begrenztes Nutzungsrecht;[11]) so finden die Vorschriften des § 835 des Bürgerlichen Gesetzbuchs über die Verpflichtung zum Ersatze des Wildschadens mit der Maßgabe Anwendung, daß an die Stelle des Eigentümers der Nutzungsberechtigte[12]) tritt.

Tauben.[13])

Art. **130.** Unberührt bleiben die landesgesetzlichen Vorschriften über das Recht zur Aneignung der einem anderen gehörenden, im Freien betroffenen Tauben.

C. Des Allgemeinen Landrechts.*)

(Vom 1. Juni 1794.)

1) Teil I. Titel 9. Vierter Abschnitt.

Vom Tierfange.[1])

Vom Tierfange überhaupt.

§§ **107—110.**[2])

§ **111.** Tauben, welche jemand hält, ohne ein wirkliches Recht dazu zu haben, sind, wenn sie im Freien betroffen werden, ein Gegenstand des Tierfanges.[3])

---

[10]) Kommt nur für Hannover und die früher kurhessischen Landesteile in betracht, die besondere Wildschadensgesetze haben (siehe unten A im Anhang).

[11]) Eine derartige Bestimmung besteht bloß für Hannover (§ 4 des dortigen Wildschad.G. zu § 23 Hannov. JO.).

[12]) Z. B. des Erbpächters, Fideikommißbesitzers.

[13]) Bezügl. der Tauben siehe zu § 111 I 9 ALR. unter I C).

§ 112. Wer das Recht habe, Tauben zu halten, ist in den Provinzialgesetzen bestimmt.

---

*) Das ALR. und damit seine hier abgedruckten Bestimmungen gelten nicht in: Neuvorpommern und Rügen, Schleswig-Holstein, Rheinprovinz, Hessen-Nassau, Hohenzollern sowie Hannover (ausgenommen Ostfriesland, Lingen, Jadegebiet und ein Teil des Eichsfelds). — Nach Art. 69 EGzBGB. sind die landesgesetzlichen Vorschriften über Jagd- und Fischerei des ALR. unberührt geblieben (siehe unter I B). Hiernach sind seine Bestimmungen bezüglich der Jagd, soweit sie nicht sonst als aufgehoben anzusehen sind, auch nach dem Inkrafttreten des BGB. noch in Geltung geblieben und in Anwendung zu bringen. Dazu gehören auch seine Vorschriften über den „Tierfang". — Durch Art. 89 des AusfG. zum BGB. sind die nachfolgenden Paragraphen auch ausdrücklich aufrechterhalten.

[1]) Das ALR. unterschied zwischen „dem Tierfang überhaupt" (§§ 107—117 dieses Titels) und „der Jagd" d. h. dem Fange jagdbarer wilder Tiere (§§ 127—175). Unter Tierfang versteht es das allgemeine Aneignungsrecht an wilden Tieren. Welche Tiere jagdbar sind, zählt jetzt § 1 JO. (unter II) erschöpfend auf; alle anderen wilden Tiere sind nicht jagdbar. Die jagdbaren Tiere dürfen nur von dem Jagdberechtigten, die nicht jagdbaren wilden Tiere von jedermann angeeignet werden.

[2]) Die §§ 107 bis 110 handelten davon, welche Tiere überhaupt dem „Tierfang" unterlagen. Sie sind durch § 960 BGB. ersetzt (siehe oben unter I A).

[3]) Zu unterscheiden sind die wilden und die zahmen Tauben. Die wilden Tauben (und zwar alle ihre Arten) sind nach § 1 JO. (unter II) jagdbar. Die obigen Vorschriften beziehen sich nur auf die zahmen Tauben. Diese gehören zu den Haustieren, stehen also im Eigentum ihres Besitzers und würden deshalb, weil sie nicht herrenlos sind, nicht dem Aneignungsrecht aus §§ 958, 960 BGB. unterliegen. Im Interesse des Felderschutzes bestehen aber im Gebiet des ALR. (siehe Vorbemerkung hierzu) anderweitige Bestimmungen, die durch Art. 130 EGzBGB. (siehe oben unter I B) ausdrücklich aufrecht erhalten sind (Johow 25 C 84).

Nach § 111 unterliegen unberechtigt gehaltene zahme Tauben „im Freien" d. h. außerhalb ihres Schlages dem Aneignungsrecht jedermanns, sind also den nicht jagdbaren wilden Tieren gleichgestellt. Wer zum Taubenhalten berechtigt sei, sollen nach § 112 die Provinzialgesetze festsetzen, mangels solcher, die meistens nicht bestehen, sollen die Eigentümer nutzbarer Äcker dazu berechtigt sein (§ 113). Aber auch deren Tauben können nach § 40 der Feld-Polizei-Ordn. v. 1/11. 47 (GS. S. 383) durch Gemeindebeschluß, der der Bestätigung des Landrats bzw. RegPräsidenten bedarf, während der Saat- und Erntezeit für den allgemeinen Tierfang freigegeben werden. Wer hiernach unberechtigt gehaltene Tauben fängt oder schießt, macht sich nicht strafbar und wird ihr

§ 113. Wo diese nichts Besonderes festsetzen, sind nur diejenigen, welche tragbare Äcker in der Feldflur eigentümlich besitzen, oder dieselben statt des Eigentümers benutzen, nach Verhältnis des Ackermaßes Tauben zu halten berechtigt.[3])

§ 114. Insekten und andere Tiere, welche nach § 107 bis 111 ein Gegenstand des Tierfanges, und weder zur Jagd- noch zur Fischereigerechtigkeit[4]) geschlagen sind, können von einem jeden eingefangen werden.[5])

§ 115. Wer in der Absicht, dergleichen Tiere zu fangen, fremden Grund und Boden, ohne Vorwissen oder wider den Willen des Eigentümers betreten hat, muß das Gefangene dem Eigentümer auf desselben Verlangen unentgeltlich ausliefern.[6])

Eigentümer. Wer Tauben abschießen oder fangen will, muß sich mithin erst vergewissern, ob die Tauben berechtigt oder unberechtigt gehalten werden.

Die ganz vereinzelt bestehenden Provinzialrechte bezügl. der Tauben (z. B. für Herzogtum Westfalen, die Kurmark, die Fürstentümer Hildesheim und Göttingen, für Magdeburg und Köln, für Ostfriesland) zählte die Begründung zu dem abgelehnten Art. 27 des Entw. z. AGzBGB., durch den das Aneignungsrecht an zahmen Tauben ganz aufgehoben werden sollte, auf. Sie sind abgedruckt in Weißler, Preuß. Landesprivatrecht zu § 112 I 9 und bei Türcke und Niedenführ, Bürg. Recht, 01, III, 172.

Eine besondere Stellung ist den Brieftauben durch RG. v. 28/5. 94 betr. den Schutz der Brieftauben und den Brieftaubenverkehr (RGBl. S. 463) eingeräumt. Diejenigen, die als Militärbrieftauben der Militärverwaltung vom Besitzer zur Verfügung gestellt sind und bei denen dies in ortsüblicher Weise bekannt gemacht ist, unterliegen nicht den Sonderbestimmungen der §§ 111 ff. und etwaiger Provinzialgesetze. Die letzteren Vorschriften können im Kriegsfall auch für andere Tauben außer Kraft gesetzt werden.

[4]) Jagd und Fischerei bilden somit die Grenze für das Recht des freien Tierfanges, so daß diesem nur diejenigen Tiere unterworfen sind, welche weder zur Jagd- noch zur Fischereigerechtigkeit gehören.

[5]) Doch dürfen auch dergleichen Tiere in Wäldern und Jagdrevieren von denjenigen, denen daselbst keine Jagdgerechtigkeit zukommt, nicht aufgesucht, noch weniger Jagden darauf angestellt werden. (Vgl. § 35 II 16 ALR. weiter unten.)

[6]) Der Grundstückseigentümer kann also von Personen, die zum beabsichtigten Tierfang sein Grundstück betreten, die Herausgabe ihrer Beute z. B. an wilden Kaninchen, bei den Vogelstellern an Vögeln fordern und kann sie, wenn die Personen entlaufen wollen, im Wege der Selbsthilfe (§ 229 BGB.) ihnen wegnehmen

§ 116. Hat der Eigentümer auf seinem Grunde und Boden zu einem erlaubten Tierfange Anstalten gemacht, so darf kein anderer die daselbst eingefangenen Tiere bei Strafe des Diebstahls wegnehmen. [7])

§ 117. Vogeleier und junge Vögel sind, soweit es die Polizeigesetze nicht ausdrücklich verbieten, ein Gegenstand des freien Tierfanges. [8])

Von der Jagd. [9])

§ 127. [10])

§ 128. Die Besitznehmung durch die Jagd ist erst alsdann für vollendet zu achten, wenn das Tier tot oder lebendig in die Gewalt des Jagenden gekommen ist. [11])

---

[7]) Auch wenn der Eigentümer von dem erfolgten Einfang des Tieres noch nicht Kenntnis hatte, da durch den Eingang in die von dem Eigentümer aufgestellten Fallen dessen Aneignung an dem Tier vollendet ist. Bezüglich des gefangenen Wildes, d. h. der jagdbaren Tiere, hat aber der Jagdberechtigte in allen Fällen das Recht auf unentgeltliche Herausgabe (RG. 23, 89); jeder unberechtigte Dritte, auch der Grundstückseigentümer, macht sich, wenn er sie nimmt, des Jagdvergehens nach §§ 292 ff. StGB. schuldig.

[8]) Die Eier und Jungen von jagdbarem Federwild und der Nutzvögel dürfen nach § 57 II 16 ALR., § 42 JO., § 368 Nr. 11 StGB., § 33 Feld- u. ForstPolG. v. 1/4. 80 und insbesondere dem VogelschutzG. v. 22/3. 88 (unter IV) nicht ausgenommen werden. Eine Ausnahme bilden die Kiebitz- und Möweneier, sowie diej. Eier von jagdbarem Federwild, welche ausgebrütet oder zu wissenschaftlichen bzw. Lehrzwecken dienen sollen. Nur der Jagdberechtigte darf solche Eier ausnehmen, im letzteren Fall bedarf er der Genehmigung der Jagdpolizeibehörde (§ 42 JO.).

[9]) Unter „Jagd" ist das Aufsuchen, Verfolgen, Fangen und Erlegen jagdbarer wilder Tiere auf jagdgemäße d. h. jede nicht ausdrücklich verbotene Art zu verstehen.

[10]) Ist schon durch die G. v. 31/10. 48 u. 7/3. 50 aufgehoben.

[11]) Die Jagdbeute wird seitens des Jagdberechtigten bzw. seines Vertreters nicht schon durch das Schießen des Wildes allein, sondern erst durch die Aneignung, d. h. durch Erlangen der tatsächlichen Gewalt mit dem Aneignungswillen, zu Eigentum erworben (siehe Anm. 4 zu § 958 BGB. unter I A). Der Eigentumserwerb vollzieht sich in dem Augenblick, in dem der jagdberechtigte Jäger in die Lage versetzt wird, über die Beute mit Ausschließung anderer zu verfügen. Diese tatsächliche Verfügungsmacht erlangt er bei dem in die von ihm aufgestellte Falle oder dgl. gegangenem Wild sofort, ohne daß er vom Fang Kenntnis zu haben braucht,

Der im Dohnenstieg hängende Krammetsvogel, der im Eisen sitzende Fuchs sind also Eigentum des Jagdherrn, und ihre Wegnahme daraus ist Diebstahl, nicht Jagdvergehen (GA. 23, 485; 45, 441). Anders aber, wenn die Falle vom Wilderer aufgestellt war. Denn dann fehlte es zum Eigentumserwerb für den Jagdberechtigten an dessen Aneignungswillen, der aus dem Aufstellen der Falle bei ihm hervorging. Hinsichtlich des Falls der Wegnahme des gewilderten Wilds wieder durch einen unberechtigten Dritten, siehe Anm. 6 am Schluß zu § 958 BGB. — Am erlegten Wild ist der Eintritt der tatsächlichen Verfügungsmacht und damit der Eigentumserwerb schwieriger zu bestimmen. Meistens wird das Fallen des Wildes auf den Schuß kurz vor dem Jäger und das Sehen seiner Beute genügen, ebenso ihr Bringen durch den apportierenden Hund. Das Fassen der dem Jäger nicht sichtbaren Beute durch den Hund allein macht ihn, ebensowenig wie der Schuß, nicht zum Eigentümer, sondern der Hund muß sie so in den Gesichtskreis des Jägers gebracht haben, daß von einer Verfügungsgewalt des letzteren über sie die Rede sein kann. Ein Dritter, der den apportierenden Hund fern vom Jäger durch Scheuchen dazu bringt, den Fasan fallen zu lassen, und der ihn dann wegnimmt, macht sich daher nicht des Diebstahls, sondern des Jagdvergehens schuldig. Das dem Hund wieder entlaufene angeschossene Rebhuhn ist herrenlos geblieben, ebenso das vom Schuß, wenn auch noch so dicht beim Schützen, gefallene aber nicht gefundene Rebhuhn. Eigentum hat der Jäger mangels einer tatsächlichen Gewalt auch nicht an der wenige Meter vor ihm im Wasser liegenden geschossenen Ente, die er nicht erreichen konnte, erworben.

Voraussetzung des Eigentumserwerbes ist das Recht zur Aneignung auf seiten des Jägers, also die Befugnis zur Jagdausübung für das erlegte Stück Wild. Dieses Aneignungsrecht steht dem Jagdberechtigten nur innerhalb seines Jagdreviers zu. Deshalb muß sich die ganze Aneignungshandlung innerhalb dieses Reviers vollziehen. Das Apportieren durch den Hund stellt sich nur als ein Teil dieser Handlung dar; durch sie wird die Vollziehung der Aneignung, die für den Jäger selbst nur an der Fallstelle des Wildes möglich wäre, vermittelt. Daraus folgt, daß das Wild noch im Jagdrevier des Jägers sich befinden muß, wenn der Hund es zum Apportieren faßt oder der Jäger bzw. sein Treiber es aufnimmt. Der Hase, der nach dem Schuß über die Jagdgrenze läuft und dort umfällt, unterliegt nicht mehr dem Aneignungsrecht des Schützen; das Huhn, welches auf dem einen Jagdrevier geschossen, aber in dem anderen Jagdrevier niederfällt, gebührt dem Jagdherrn des letzteren Reviers; die geschossene Ente, die in den noch zum Jagdgebiet des Schützen gehörigen Strom fällt, von diesem aber an das andere, nicht mehr dazu gehörige Stromufer getrieben wird, bevor es vom Boot oder Hund erreicht ist, unterliegt dem Aneignungsrecht des über dieses Stromufer Jagdberechtigten. In allen diesen Fällen, in denen der Schütze trotzdem das Stück Wild nimmt, macht er sich

§ 129. Ein Tier, welches bloß angeschossen worden oder aus dem Netze entkommen ist, befindet sich noch in seiner natürlichen Freiheit.[12])

Von der Jagdfolge.

§§ 130—138.[13])

§ 139. Ist angeschossenes Wild entkommen, oder hat sonst die Jagdfolge nicht stattgefunden, so ist der Jagende schuldig, dem Inhaber desjenigen angrenzenden Reviers, wohin das Wild auf der Flucht sich gewendet hat, von dem Anschusse binnen vierundzwanzig Stunden, bei einem bis fünf Taler Strafe Nachricht zu geben.[14])

---

des Jagdvergehens (§ 292 StGB.) schuldig und wird zwar Besitzer, aber nicht Eigentümer des Wildes. Er ist rechtlich als Wilderer an diesem Stück Wild anzusehen (siehe oben Anm. 4 u. 6 zu § 958 BGB. unter I A). Der den Hasen über die Grenze verfolgende Jäger macht sich aus § 292 StGB. auch strafbar, wenn er irrtümlich glaubt, zur Wildfolge berechtigt zu sein (GA. 52, 262).

[12]) Das entkommene Tier kann daher von jedem andern Jagdberechtigten als demjenigen, der es angeschossen bzw. gefangen hatte, zu eigen erworben werden, denn in beiden Fällen ist das Tier noch bzw. wieder in der Freiheit und somit herrenlos. Weder § 128 noch § 129 sagt deshalb etwas Neues.

[13]) Das Recht der Jagdfolge war das Recht, angeschossenes oder angehetztes Wild auf einem fremden Jagdrevier so lange zu verfolgen, als der Spürhund die Fährte noch nicht verloren hatte. Die Jagdfolge war schon durch das G. v. 31/10. 48 aufgehoben und dadurch der Inhalt der §§ 130–138 bedeutungslos geworden. Ihre Aufhebung ist noch besonders durch Art. 89 des AGzBGB. ausgesprochen. Siehe ferner Anm. 11 letzter Satz. Natürlich kann trotzdem das Recht zur Jagdfolge zwischen Jagdnachbarn vereinbart werden. Doch muß alsdann ein Erlaubnisschein gegenseitig erteilt werden, weil sie sich sonst bei deren Ausübung nach § 75 JO. (unter II) strafbar machen.

[14]) Die Streitfrage, ob die §§ 139 u. 140, trotzdem sie unter der Überschrift „von der Jagdfolge" stehen, nach Aufhebung der letzteren in Geltung geblieben sind, ist durch § 89 AGzBGB. entschieden, woselbst sie als aufrecht erhalten angeführt sind. Dies bezieht sich aber nur auf ihre privatrechtlichen Wirkungen. Als Polizeigesetz sind sie durch die spätere Gesetzgebung beseitigt und eine Verurteilung zur Geldstrafe kann aus ihnen nicht mehr erfolgen (KG. v. 26/7. 05, Johow 31 C 22). Unter allen Umständen ist es waidmännisch, beim Übergange von angeschossenem Hochwild in ein angrenzendes Jagdrevier die Stelle zu verbrechen und dem

§ 140. Doch versteht sich dieses nur vom angeschossenen hohen Wilde,[15]) und die Anzeige geschieht auf Kosten des Berechtigten.

Vom Wildschaden und dessen Verhütung.[16])

§§ 141—148.

Fälle, wo das Wild auch ohne Jagdgerechtigkeit gefangen oder getötet werden kann.

§§ 149—151.[17])

§ 152. Wo sich Wölfe aufhalten, mag jeder Grundbesitzer[18]) an abgelegenen Orten Wolfsgruben anlegen.[19])

§ 153. Damit aber niemand dadurch Schaden leide, müssen dergleichen Gruben gegen Menschen und Vieh tüchtig umrückt werden.[20])

§ 154.[17])

§ 155. Wird jemand von wilden Tieren angefallen, so sind ihm zur Verteidigung seines Lebens und seiner Gesundheit alle Mittel, dieselben von sich abzuhalten oder zu töten, erlaubt.[21])

Nachbar Kenntnis davon zu geben. Bei der Verpachtung fiskalischer Jagden wird durch die AllgVf. v. 23/5. 06 dem Pächter solche Anzeige binnen 12 Stunden ausdrücklich zur Bedingung gemacht (LdwMBl. 06, 247).

[15]) Was hohes Wild ist, sagt § 37 II 16 (siehe unten).

[16]) Siehe jetzt § 835 BGB. (oben unter I A) u. §§ 51 ff., 61 ff. JO. (unter II).

[17]) Auch in betreff dieser §§ herrschte Streit darüber, ob sie infolge der späteren Gesetzgebung als veraltet anzusehen waren. Die Streitfrage ist dadurch entschieden, daß sie durch Art. 89 des AGzBGB. aufgehoben sind.

[18]) Also nicht bloß jeder Jagdberechtigte, sondern jeder Grundstückseigentümer darf Wolfsgruben anlegen. Der Wolf gehört nicht zu den jagdbaren Tieren (§ 1 JO.), darf also von jedermann erlegt und behalten werden.

[19]) Wegen Gestellung der zu den Wolfsjagden nötigen Mannschaften vgl. die Verordn. v. 15/1. 1814 (GS. S 1). Für das Töten und Fangen der Wölfe sind bestimmte Prämien ausgesetzt durch die Bekanntm. v. 23/7. 43 (BMBl. S. 205).

[20]) Für den etwaigen Schaden haftet der Eigentümer aus § 823 BGB.

[21]) Fall des Notstandes aus § 228 BGB. (siehe oben unter I A), durch den inhaltlich der § 155 ersetzt ist. Für die Tötung im Notstand kommt natürlich auch nicht eine etwaige Schonzeit in Betracht.

§ 156. Wilde oder andere reißende Tiere bleiben demjenigen, welcher sie bei solcher Gelegenheit gefangen oder getötet hat, eigen.[22])

§ 157. Sind aber Hirsche, Schweine oder anderes dergleichen Wild bei solchen Gelegenheiten gefangen und getötet worden, so müssen sie dem Jagdberechtigten, gegen Ersatz des Schußgeldes,[23]) ausgeliefert werden.[22])

Von Jagdgerechtigkeiten auf fremden Revieren.[26])

§§ 158—169.[24])
§§ 171—175.[25])

2) Teil II. Tit. 16. Dritter Abschnitt.

Vom Jagdregal.[26])

Begriff.

§ 30. Das Recht, jagdbare wilde Tiere aufzusuchen und sich zuzueignen, wird die Jagdgerechtigkeit genannt.[27]) (Teil I Tit. 9 §§ 107—175.)

---

[22]) Die nicht jagdbaren wilden Tiere, die der im Notstand Befindliche fängt oder tötet, werden schon nach § 958 BGB. sein Eigentum; die jagdbaren werden es wegen des ausschließlichen Aneignungsrechts des Jagdberechtigten nicht (Abs. 2 des § 958), aber er hat nach § 157 Anspruch an den Jagdberechtigten, dem er sie abliefern muß, auf ein „Schußgeld" für sie (Anm. 23).

[23]) Die Höhe des „Schußgeldes" als Entgelt richtet sich in erster Linie nach etwaigen provinzialrechtlichen Vorschriften, mangels solcher ist die übliche Höhe, mangels auch solcher ein angemessener Betrag, der durch Sachverständige festzustellen sein wird, zu zahlen.

[24]) Schon durch G. v. 31/10. 48 war jedes Jagdrecht auf fremdem Grund und Boden aufgehoben (siehe jetzt § 2 JO. unter II). Dadurch sind zugleich die §§ 158—169 beseitigt worden.

[25]) Die §§ 171—175, welche von der Grenze zwischen Jagd und Fischerei hinsichtlich der auf und im Wasser lebenden Tiere handelten, sind durch Art. 89 AGzBGB. aufgehoben.

[26]) Die Jagd war in Preußen früher Regal d. h. eine dem Landesherrn zustehende Gerechtigkeit, mit der dieser Dritte bewidmen konnte. Diese Art der Jagdgerechtigkeit ist schon durch G. v. 31/10. 48 aufgehoben. Vgl. jetzt § 2 JO. unter II.

[27]) Der § 30 sollte die Definition des Jagdrechts geben, ist aber zu eng gefaßt. Richtig ist das Jagdrecht dahin zu bestimmen, daß es die ausschließliche Berechtigung darstellt, jagd=

Was jagdbare Tiere sind.[28])

§ 31. Was zu den jagdbaren Tieren gehöre, oder ein Gegenstand des freien Tierfanges sei, wird in den Gesetzen einer jeden Provinz bestimmt.

§ 32. Im Mangel anderer Bestimmungen gehören vierfüßige wilde Tiere und wildes Geflügel, insofern beide zur Speise gebraucht zu werden pflegen, zur ausschließenden Jagdgerechtigkeit.

§ 33. Andere wilde Tiere sind in der Regel ein Gegenstand des freien Tierfanges.

§ 34. Dahin gehören auch Wölfe, Bären uud andere dergleichen schädliche Raubtiere.

§ 35. Doch dürfen dergleichen Tiere (§§ 33, 34) in Wäldern und Jagdrevieren von denjenigen, denen daselbst keine Jagdgerechtigkeit zukommt, nicht aufgesucht, noch weniger Jagden darauf angestellt werden.[29])

§ 36.[28]) Was für Arten der wilden Tiere weder gejagt, noch sonst eingefangen werden können, muß durch besondere Gesetze und Verordnungen ausdrücklich bestimmt sein.

Hohe, mittlere und niedere Jagd.[30])

§ 37. Zur hohen Jagd werden gewöhnlich nur Hirsche, wilde Schweine, Auerochsen, Elentiere, Fasanen, Auerhähne und Hennen gerechnet.

---

bare wilde Tiere auf jede erlaubte Art aufzusuchen, zu verfolgen, zu fangen oder zu erlegen und sich zuzueignen (vgl. § 2 JO. unter II Näheres).

[28]) Die Frage nach der Jagdbarkeit der wilden Tiere ist jetzt für ganz Preußen, nur Hohenzollern ausgenommen, durch den auch in Hannover geltenden § 1 JO. entschieden. Dadurch sind auch die §§ 31—34, 36, 55 u. 56 dieses Titels, die durch Art. 89 AGzBGB. aufrecht erhalten waren, inhaltlos geworden (siehe Näheres zu § 1 JO. unter II).

[29]) Die Nichtjagdbarkeit eines wilden Tieres hat nicht zur Folge, daß jedermann überall es aufsuchen und erlegen darf, sondern nur, daß der Jagdberechtigte kein ausschließliches Aneignungsrecht an ihnen hat und daß das Aufsuchen usw. solcher Tiere kein Jagdvergehen nach § 292 StGB. bildet.

[30]) Die §§ 37 u. 38 sind zwar durch die neuere Gesetzgebung nicht aufgehoben worden; es hat aber die Einteilung der Jagd in hohe, mittlere und niedere Jagd mit Aufhebung der Regalität ihre eigentliche Bedeutung verloren, und kann nur noch bei Vertragsverhältnissen, wie Jagdverpachtungen usw., vorkommen. Insbesondere gilt dies bei Verpachtungen fiskalischer Jagden, bei welchen zwischen sog. „administrierter“ Jagd, d. h. der Jagd auf Hoch-, Dam-, Schwarz- und Rehwild, und der sog. „niederen“ Jagd, d. h. der Jagd auf alle übrigen Wildarten unterschieden wird. Siehe jetzt LwdMBl. 06, 247.

§ 38. Wo die Provinzialgesetze keine mittlere Jagd bestimmen, gehört alles übrige Wild zur niederen Jagd.

Verleihung des Jagdregals an Privatpersonen.[31])

§§ 39—43.

Einschränkungen der Jagdgerechtigkeit.

§ 44. Soweit als jemand zur Jagd berechtigt ist, kann er seine Befugnis auf alle an sich erlaubte Arten, das Wild zu jagen oder zu fangen, ausüben.[32])

1) in Ansehung der Zeit der Ausübung.

§ 45. Die Setz-, Schon- und Hegezeit aber muß von jedem Jagdberechtigten genau beobachtet werden.

§§ 46—54.[33])

§ 55.[28]) Bären, Wölfe und andere schädliche Raubtiere können zu allen Zeiten geschossen werden.[34])

§ 56.[28]) Auf Bären und Wölfe ist, auch in geschlossenen Zeiten, das Jagen mit Netzen und Durchtreiben der Leute zulässig.

§ 57. Die Eier vom jagdbaren Federwilde dürfen niemals ausgenommen werden.[35])

---

[31]) Siehe Anm. 26.

[32]) Beschränkt in der Ausübung der Jagd ist der dazu Berechtigte hiernach nur durch die allgemeinen und die besonderen jagdpolizeilichen Vorschriften, welche den Schutz der öffentlichen Sicherheit (siehe unten §§ 58ff. dieses Titels, §§ 367 Nr. 8, 368 Nr. 7 StGB.), die Schonung der Feldfrüchte und die Schonzeiten betreffen. Eine infolge des G. v. 11/3. 50 erlassene Polizei-Vorschrift, welche das Jagen mit Bracken verbietet und unter Strafe stellt, steht daher mit den Gesetzen in Widerspruch (OTr. 30, 475).

[33]) An Stelle dieser Bestimmungen sind jetzt die §§ 39ff. JO. (unter II) getreten, die als früheres WildschonG. v. 14/7. 04 auch in Hannover gelten.

[34]) Derartige Raubtiere gehören jetzt zu den nicht jagdbaren wilden Tieren, unterliegen also dem freien Tierfange (§ 1 JO.).

[35]) Ausnahmen bilden jetzt Möven- und Kiebitzeier, sowie Eier zum Ausbrüten, sowie zu wissenschaftlichen und Lehrzwecken (§ 42 JO. unter II). Das sonstige Ausnehmen der Eier ist unter Strafe gestellt durch § 368 Nr. 11 StGB.; dazu siehe § 33 des Feld- u. ForstpolizeiG. v. 1/4. 80 u. § 1 des VogelschutzG. v. 22/3. 88 (siehe unter IV). Wer sie trotzdem nimmt, wird gemäß § 958 Abs. 2 BGB. nicht ihr Eigentümer (RG. 37, 232; vgl. Anm. 5 unter I A).

2) in Ansehung der Art der Ausübung.

§ 58. Auch ein Jagdberechtigter darf kein Selbstgeschoß legen.[36])

§ 59. „Fuchseisen oder Schlingen[37]) dürfen nur an abgelegenen Örtern, und mit solcher Vorsicht, daß dadurch weder Menschen noch Vieh, ohne eignes grobes Versehen der ersteren, zu Schaden kommen können, gelegt werden.[38]) (Teil I Tit. 9 §§ 152, 153.)

§ 60.[39]) Ohne besondere Erlaubnis des Staates darf niemand verzäunte Gehege zum Schaden der Nachbarschaft und Hemmung des Wildwechsels errichten, Einsprünge anlegen, oder die Grenzen nächtlich verlappen.

§§ 61—63.[40])

Von Hunden auf fremdem Jagdrevier.[41])

§ 64. Niemand darf auf fremden Jagdrevieren Hunde laufen lassen, die nicht mit einem Knüppel,

---

[36]) Vgl. § 367 Nr. 8 StGB., wonach das Legen von Selbstgeschossen an von Menschen besuchten Orten ohne polizeiliche Genehmigung unter Strafe gestellt ist (vgl. Anm. 38).

[37]) Das Aufstellen von Schlingen, in denen sich jagdbare Tiere oder Kaninchen fangen können, ist jetzt nach §§ 41 u. 77 JO. (unter II) verboten und strafbar. Ausgenommen sind Dohnenstiege. Vgl. ferner § 2 des VogelschutzG. (siehe unten unter IV).

[38]) Durch fahrlässig aufgestellte Fuchseisen usw. oder ohne Erlaubnis gelegte Selbstgeschosse entstandene Schäden müssen nach § 823 BGB. von dem sie Legenden ersetzt werden.

[39]) Der Inhalt des § 60 ist schon durch §§ 3 u. 4 des G. v. 31/10. 48 gegenstandslos geworden (OTr. 73, 72). Ebenso Bauer S. 24. Doch herrscht darüber Streit.

[40]) Die §§ 61—63 sind durch G. v. 31/10. 48 als aufgehoben anzusehen.

[41]) Das in den §§ 64 ff. behandelte Tötungsrecht an Hunden und Katzen charakterisiert sich als ein erweitertes Recht der Selbsthilfe des Jagdberechtigten zum Schutz seines Jagdreviers. Auch nach dem Recht des BGB. läßt sich ein solches, aber nur unter Umständen, aus § 228 (siehe unter I A) ableiten (RG. 34, 295, dagegen 36, 231).

Das Tötungsrecht regelt sich in erster Linie nach den darüber etwa bestehenden provinzialrechtlichen Bestimmungen — siehe III des Publikations-Patents zum ALR. v. 5/2. 1794 —. Solche bestehen in vielen Provinzen und sind im Anhang unter B zusammengestellt. Erst wo solche Provinzialvorschriften nichts bestimmen, treten im Gebiet des ALR. (siehe Vorbemerkung hierzu) die §§ 64 ff. in Wirksamkeit. — Ebenso wie beim Abschuß von welcher sie an der Aufsuchung und Verfolgung des Wildes hindere, versehen sind.[42])

§ 65. Ungeknüppelte gemeine Hunde,[43]) ingleichen Katzen,[44]) die auf Jagdrevieren herumlaufen, kann jeder Jagdberechtigte[45]) töten,[46]) und der Eigentümer muß das Schußgeld bezahlen.

Tauben (vgl. Anm. 3) muß sich jeder Jagdberechtigte, der in seinem Revier Hunde oder Katzen abschießen will, deshalb vergewissern, ob eine Provinzalvorschrift besteht und was sie vorschreibt. Wer unberechtigt einen Hund oder eine Katze tötet, macht sich, wenn er dies bewußt rechtswidrig tut, wobei Eventualdolus genügt (Joh. 29 C 83), aus § 303 StGB. wegen Sachbeschädigung strafbar. Für den dadurch entstandenen Schaden, also für den Wert des Hundes, ist er selbst dann nach § 823 BGB. verantwortlich, wenn er nicht vorsätzlich gehandelt hat (OTr. 82, 155 und Gruchot 26, 1040).

[42]) Der § 64 macht keinen Unterschied zwischen gemeinen und Jagdhunden; auch letztere dürfen daher nicht aufsichtslos und ungeknüppelt herumlaufen. — Eine Polizeiverordnung, welche für das ungeknüppelte Umherlaufen von Hunden auf fremden Jagdgebieten Strafen androht, ist rechtsgültig (Johow 14, 338,). — Eine Ausnahme von der Knüppelung bilden die zur Abschreckung des Rot-, Dam- und Schwarzwildes verwendeten kleinen oder gemeinen Haushunde (vgl. § 65 JO. unter II).

[43]) Auch Jagdhunde, auf welche die Voraussetzungen des § 65 zutreffen, unterliegen nach feststehender Rechtsprechung dem Tötungsrecht, aber mit den Ausnahmen der §§ 66 u. 67 (RG. 34, 197).

[44]) Unter Katzen sind hier die Hauskatzen gemeint. Wilde Katzen sind jagdbar und verwilderte d. h. solche, die nicht mehr zur Wohnstätte zurückzukehren pflegen, unterliegen als herrenlose Tiere dem allgemeinen Tötungs- und Aneignungsrecht aus §§ 958, 960 BGB. Andere Personen als die Jagdberechtigten (z. B. Gartenbesitzer) dürfen Hauskatzen nur töten, wenn dies nach § 228 BGB. (siehe oben I A) zur Abwendung drohender vorliegender Gefahr z. B. für ein Vogelnest erforderlich ist und der Schaden nicht außer Verhältnis zur Gefahr steht.

[45]) Das Tötungsrecht steht nur dem Jagdberechtigten — nicht auch jedem Grundstückseigentümer — bzw. seinem gesetzlichen Vertreter und den dazu besonders von ihm Beauftragten zu z. B. seinem Jagdschutzpersonal, bei dessen Anstellung in allen Fällen die stillschweigende Ermächtigung dazu zu vermuten ist. Ein Jagdgast d. h. ein zur gelegentlichen Jagdausübung Geladener hat das Tötungsrecht nur, wenn es ihm vom Jagdberechtigten selbst — eine Ermächtigung seines Jagdpersonals genügt nicht — besonders übertragen ist (RG. 34, 198 ff.). — Auch muß eine rechtsgültige, nicht bloß vermeintliche Jagdberechtigung des Töters bzw. seines Auftraggebers vorliegen, so daß bei Ungültigkeit des Jagdpachtvertrags das Tötungsrecht dem Jagd-

§ 66. Wenn Jagd- oder Windhunde während der von einem Jagdberechtigten auf seinem Reviere angefangenen Jagd bloß überlaufen, so können sie nicht getötet, sie müssen aber sofort zurückgerufen werden. [47])

---

pächter nicht zusteht (RG. 34, 200). — Ein Verzicht auf das Tötungsrecht im Jagdpachtvertrag ist rechtsgültig und macht die trotzdem erfolgte Tötung rechtswidrig. Eine Polizeiverordnung, die jedermann ermächtigt, ungeknüppelt herumlaufende Hunde zu töten, ist ungültig (GA. 25, 566).

[46]) Voraussetzung des Tötungsrechts an gemeinen Hunden ist hiernach (bezügl. der Jagdhunde vgl. Anm. 49):

a) daß die Hunde ungeknüppelt sind d. h. daß sie nicht durch einen umgehängten Knüppel, dem ein gleich erfolgreiches Mittel (wie z. B. Lähmung an der Hinterhesse) gleichzuachten ist, an der Aufsuchung — was kaum ausführbar ist! — jedenfalls aber an der Verfolgung des Wilds tatsächlich behindert sind. Nicht genügend darin behinderte Hunde stehen ungeknüppelten gleich; der Maulkorb genügt nicht, da er den Hund bei der Verfolgung tatsächlich nicht behindert;

b) daß die Hunde bzw. Katzen auf dem Jagdrevier herumlaufen. Das betr. Tier muß also im Augenblick des Abschusses im Jagdgebiet revierend betroffen werden. Haben sie das Jagdrevier verlassen, so hat damit das Tötungsrecht aufgehört (RG. 36, 231). In dem Hausgarten, den z. B. die Katze auf der Flucht aus dem Jagdrevier erreicht hat, darf sie nicht mehr geschossen werden (§ 367 Nr. 8 StGB. unten V);

c) daß die Hunde bzw. Katzen im Jagdrevier noch herumlaufen. Sie müssen sich also noch frei umher bewegen können (OppRspr. 5, 462). Eine in das Eisen gegangene Katze oder ein in der Wildgrube gefangener Hund darf nicht mehr getötet werden. Sie müssen ferner wirklich aufsichtslos herumlaufen, d. h. nicht in unmittelbarer Aufsicht eines Begleiters stehen. Wann dies der Fall ist, ist Tatfrage; Führung an der Leine ist nicht erforderlich, es genügt, wenn der Hund von seinem Begleiter mit Erfolg abgerufen werden kann (RGSt. 24, 225 u. RGZ. 34, 198). Eine irrtümliche Annahme, daß der Hund aufsichtslos sei, kann die Freisprechung des Töters herbeiführen (RG. 19, 209).

Die Tötung selbst ist auf jede Art, nicht nur durch Erschießen, erlaubt, z. B. auch durch Erschlagen mit einem Stock sowie auch durch Vergiftung. Bei letzterer liegt aber die Gefahr nahe, daß Hunde, bei denen die obigen Voraussetzungen nicht vorliegen, vergiftet werden. In solchen Fällen ist die Tötung rechtswidrig und zieht straf- und zivilrechtliche Verantwortung nach sich (RG. 36, 231). Siehe Näheres darüber und über die Giftgesetzgebung bei Bauer S. 535 ff. Das Eigentum an dem getöteten Tier verbleibt dem bisherigen Eigentümer.

[47]) Das Tötungsrecht des § 64 f. gilt nach ständiger Recht-

§ 67. Wenn Jagdhunde nicht mit Vorsatz an der Grenze gelöset worden, sondern nur von ungefähr über die Grenze gelaufen sind,[48] können sie aufgefangen, und müssen dem Eigentümer, gegen Entrichtung eines Pfandgeldes von Acht Groschen für das Stück, zurückgegeben werden.[49]

§ 68. Wie die Jagdkontraventionen zu bestrafen, ist im Kriminalrechte[50] vorgeschrieben; und wird in den Provinzial-Jagdordnungen näher bestimmt.

---

sprechung auch für Jagdhunde, aber mit den Ausnahmen der §§ 66 u. 67 (RG. 34, 197).

[48] Der hinter dem soeben angeschossenen Hasen laufende Jagdhund, der ungeachtet des Abrufs oder von seinem Herrn ungesehen über die Grenze läuft, darf von dem Nachbar nicht geschossen werden; wohl aber, wenn er von dem Jäger hinter dem Hasen her über die Grenze gehetzt ist. Der auf der Hühnerjagd an der Grenze geführte Hund, der revierend über die Grenze läuft, darf nicht geschossen werden, denn aus der Art der Hühnerjagd, bei der der Hund nicht an der Leine geführt zu werden pflegt, geht die Vermutung hervor, daß er vom Jäger unbeabsichtigt die Grenze überlaufen hat. Anders liegt die Sache, wenn der Hund vom Jäger durch Zuruf oder Wink zum Abrevieren des jenseitigen Jagdreviers aufgefordert ist. — „Von ungefähr" heißt dem Sinne nach: von dem Führer des Hundes unbeabsichtigt.

[49] Für Jagdhunde stellt sich nach allem das Tötungsrecht wie folgt:

Sie dürfen, wenn sie von Hause entwichen sind und ungeknüppelt aufsichtslos revierend auf fremdem Jagdrevier betroffen werden, wie andere Hunde vom Jagdberechtigten abgeschossen werden (Anm. 46). Sind sie aber bei der Jagdausübung auf das fremde Jagdrevier abgelaufen, so dürfen sie dort nur abgeschossen werden, wenn ihr Führer das Überlaufen über die Grenze vorsätzlich oder grob fahrlässig verschuldet hat.

[50] Siehe jetzt §§ 292—295 u. § 368 Nr. 10 StGB. (unten unter V).

II. Jagdordnung. *)

Vom 15. Juli 1907.

(GS. S. 207 (Nr. 31), ausgegeben zu Berlin am 27. Juli 1907, mit Gesetzeskraft vom 10. August 1907.)

Wir Wilhelm, von Gottes Gnaden König von Preußen usw., verordnen, mit Zustimmung der beiden Häuser des Landtags, für den ganzen Umfang der Monarchie mit

---

*) Die JO. ist ein aus mehreren Gesetzen zusammengestelltes Gesetz. Bei der Beratung eines Gesetzentwurfs betr. die Ausübung des Jagdrechts wurde eine Kodifikation des gesamten Jagdrechts als erwünscht bezeichnet. Diese Kodifizierung ist alsdann in der JO. zustande gekommen. In ihr sind neue Vorschriften die §§ 3 bis 15,1 8, 19 des 2. Abschnitts; fast alle andern §§ geben schon bestehende Vorschriften wieder und zwar ungefähr wie folgt:

§ 1 u. 4. Abschnitt: diejenigen des WildschonG. v. 14/7. 04 (GS. S. 159),

§ 2: solche des G. betr. Aufhebung des Jagdrechts usw. v. 31/10. 48 (GS. S. 343),

§§ 3 bis 15, 18, 19: den Inhalt des neuen G. betr. Ausübung des Jagdrechts,

§§ 16, 17, 20 bis 28: die Vorschriften des JagdverwaltungsG. v. 4/7. 05 (GS. S. 271),

der 3. Abschnitt: diejenigen des JagdscheinG. v. 31/7. 95 (GS. S. 304),

der 5. Abschnitt: solche des WildschadenG. v. 11/7. 91 (GS. S. 307),

der 6. Abschnitt: solche des letzteren und des JagdpolizeiG. v. 7/3. 50 (GS. S. 165),

der 7. Abschnitt: solche der §§ 103 ff. des ZuständigkeitsG. v. 1/8. 83 (GS. S. 237),

der 8. Abschnitt: die Strafvorschriften aus allen vorgenannten Gesetzen,

der 9. Abschnitt: die erforderlichen Übergangs- und Schlußbestimmungen.

Ausschluß der Provinz Hannover, der Hohenzollernschen Lande und der Insel Helgoland, was folgt:

Erster Abschnitt.**) Umfang des Jagdrechts.

§ 1. Jagdbare Tiere[1]) sind:

Im letzten § 86 sind alle vorerwähnten, sowie die durch die Erweiterung des Geltungsgebiets der Vorschriften der JO. betroffenen Spezialgesetze aufgehoben, so daß im Bereich der JO. mit winziger Ausnahme (§§ 81 bis 84) nur ihr Jagdrecht gilt.

Die JO. gilt in ganz Preußen mit Ausnahme von Hannover, Hohenzollern und Helgoland; über deren Jagdrecht vgl. Anm. zu § 86 u. Anhang unter A. Von der JO. galten in ihrem ganzen Bezirk bisher nur die Vorschriften des Jagdschein- und WildschonG.; alle andern Vorschriften galten bisher nicht in Hessen-Nassau, für welches mithin die größte Umwälzung eingetreten ist. Andererseits gelten die Vorschriften der beiden letzteren Gesetze auch in Hannover, das JagdscheinG. ferner in Hohenzollern und das WildschonG. auf Helgoland.

In der JO. ist nur das öffentliche Jagdrecht kodifiziert, die privatrechtlichen Bestimmungen über die Jagd d. h. diejenigen, welche die Rechtsbeziehungen des Jägers zum Wild regeln, sind unberührt geblieben (siehe oben I A bis C). Über die Befugnis Preußens zur eigenen Jagdgesetzgebung siehe Vorbemerkung zu I A.

Zu der JO. ist die ministerielle „Anweisung zur Ausführung der JO. v. 15/7. 07" unter dem 29/7. 07 ergangen (abgedruckt unten hinter der JO.). Durch sie sind die früher zu den jetzt aufgehobenen Gesetzen ergangenen AusfA. ebenfalls für den Geltungsbereich der JO. beseitigt.

**) Der 1. Abschnitt handelt von dem Objekt und dem Subjekt des Jagdrechts. Er bestimmt nämlich, welche Tiere Gegenstand der Jagd sind d. h. welche unter das ausschließliche Aneignungsrecht des Jagdberechtigten fallen (§ 1), und andererseits, wer diese Tiere jagen darf (§§ 2 u. 3). In beiden Fragen gibt die JO. das schon früher bestandene Recht wieder (siehe Vorbemerkung zur JO.). Bei der Jagdbefugnis wird erst behandelt, wem überhaupt ein Jagdrecht zusteht (§ 2), und alsdann, wer von solchen Inhabern des Jagdrechts sein Jagdrecht ausüben darf (§ 3). Das Ausübungsrecht ist des näheren alsdann Gegenstand des 2. Abschnitts.

[1]) Unter jagdbaren Tieren werden diejenigen wilden Tiere verstanden, welche dem alleinigen Aneignungsrecht des Jagdberechtigten unterliegen, während die nicht jagdbaren Tiere dem allgemeinen Aneignungsrecht, dem sog. freien Tierfang, aus §§ 958, 960 BGB. unterstehen (siehe oben unter I A u. Anm. zu § 31 II 16 ALR. unter I C). Bei beiden Arten

a) Elch-, Rot-, Dam-, Reh- und Schwarzwild,[2])[3]) Hasen, Biber, Ottern[2])[4]), Dachse, Füchse[2]), wilde Katzen[2])[5]), Edelmarder[2])[6]);

b) Auer-, Birk- und Haselwild, Schnee-[2]), Reb- und schottische Moorhühner[7]), Wachteln, Fasanen, wilde

---

der Tiere bestehen Beschränkungen dieses Aneignungsrechts: für die jagdbaren in den Vorschriften der JO., z. B. durch die Schonzeit, für die nicht jagdbaren durch die entgegenstehenden Privatrechte Dritter, z. B. des Grundstückseigentümers, der das Betreten seiner Grundstücke nicht zu dulden braucht (§ 116 I 9, § 35 II 16 ALR. unter I C) oder auch durch Verbotsgesetze, z. B. § 3 VogschutzG. v. 22/3. 88 (unter IV). — Das Nachstellen nicht jagdbarer Tiere fällt nicht unter den Begriff der Jagd und bildet daher, selbst auf fremdem Jagdrevier, keine Jagdausübung und mithin auch kein Jagdvergehen (RG. 5, 85). Man bedarf deshalb dazu auch keines Jagdscheins (Johow 20 C 25).

Durch die im § 1 gegebene Aufzählung ist die Frage, welche Tiere jagdbar sind, für ganz Preußen (außer Hohenzollern) — auch für Hannover und Helgoland, wo der § 1 ebenfalls von früher her gilt (vgl. Vorbem. zur JO. am Schluß) — endgültig und erschöpfend geregelt. Nur die oben aufgezählten wilden Tiere sind jagdbar, alle andern sind es nicht. Nicht jagdbar sind also im besonderen: wilde Kaninchen, Seehunde, Eichhörnchen, Steinmarder, Iltis, Wiesel, Igel, Habicht, Eulen, Krähen; auch die Singvögel, Käfer, Insekten usw. Für das Nachstellen aller dieser Tiere findet keine Bestimmung der JO. Anwendung mit Ausnahme des § 42 bezl. der wilden Kaninchen. Da früher die Jagdbarkeit der Tiere durch viele voneinander abweichende Provinzialrechte geregelt war, sind durch die namentliche Aufzählung im § 1 alle jene und die zahlreichen damit verbundenen Streitfragen beseitigt. —

Die privatrechtlichen Vorschriften, die das Rechtsverhältnis des Nachstellers zu den betr. Tieren regeln, werden durch die Frage der Jagdbarkeit eines Tieres an sich nicht berührt, wohl aber wirkt diese auf den Eigentumserwerb an dem Tier inhaltlich ein (§ 958 Abs. 2 BGB. oben unter I A).

[2]) Alle diese sind zwar jagdbar, aber nicht wie die andern jagdbaren Tiere einer Schonzeit unterworfen. Auf das Federwild unter ihnen findet das VogschutzG. (unter IV vgl. § 8 b) keine Anwendung. Sie sind also nur insofern geschützt, als allein der Jagdberechtigte, aber dieser zu jeder Zeit, ihnen nachstellen darf.

[3]) Hinsichtlich des Schwarzwildes siehe Anm. zu § 64.

[4]) Bezüglich der Fang- und Schießbefugnis der Fischereiberechtigten an ihnen siehe Anm. zu § 67.

[5]) Nur die Wildkatze ist jagdbar. Die verwilderten Katzen d. h. solche, die nicht mehr zu menschlichen Wohnstätten zurückzukehren pflegen, sind nicht jagdbar, sondern unterliegen, da

Tauben [2]), Drosseln (Krammetsvögel) [8]), Schnepfen [9]), Trappen, Brachvögel, Wachtelkönige, Kraniche, Adler [2]) (Stein-, See-, Fisch- [4]), Schlangen-, Schreiadler), wilde Schwäne, wilde Gänse [2]), wilde Enten, alle anderen Sumpf- und Wasservögel [10]) mit Ausnahme der grauen Reiher [4]) [11]), der Störche [12]), der Taucher [4]), der Säger, der Kormorane [4]) und der Bleßhühner.

§ 2. Das Jagdrecht [13]) steht jedem Eigentümer [14]) auf seinem Grund und Boden [15]) zu.

Eine Trennung des Jagdrechts von Grund und

---

sie nicht mehr zu den zahmen Tieren rechnen, als herrenlos gewordene Tiere dem allgemeinen Aneignungsrecht. Die Hauskatzen stehen als zahme Tiere im Eigentum ihres Besitzers; eine Aneignung ist deshalb nicht möglich (vgl. Anm. zu § 960 BGB. unter I A).

[6]) Unter Edelmarder ist nur der Baummarder zu verstehen; Steinmarder sowie Wiesel, Iltis usw. sind daher nicht jagdbar.

[7]) Für das Moorhuhn war die jetzt geltende Schonzeit früher durch besonderes G. v. 15/4. 02 eingeführt. Es ist vorbildlich für den § 50 geworden.

[8]) Bezüglich der Krammetsvögel siehe Näheres zu § 41 Abs. 2.

[9]) Alle Arten der Schnepfen, also auch Bekassinen, die sonst auch als Sumpfvögel jagdbar wären.

[10]) Hierunter fallen im besonderen auch Kiebitze, alle Arten Möwen, Rohrdommeln, ferner auch die Strandvögel und Seeschwalben. Sie alle unterstehen also dem Jagdschutz und nicht dem Vogelschutz aus dem G. v. 22/3. 88 (unter IV) trotz dessen Bestimmungen über sie in § 1 Abs. 3 u. § 8c. Im besonderen dürfen daher in Preußen die Eier von Strandvögeln und Seeschwalben nicht eingesammelt werden.

[11]) Der graue Reiher ist gleichbedeutend mit Fischreiher; die andern bei uns als seltene Irrgäste auftauchenden Reiherarten sind als Wasservögel jagdbar und unterstehen daher dem Jagd-, nicht dem Vogelschutz (siehe dazu § 8 b u. c des G. v. 22/3. 88 unter IV).

[12]) Über den Storch siehe Anm. zu § 48.

[13]) Das Jagdrecht, d. h. die Befugnis aus eigenem Recht jagdbare Tiere aufzusuchen, zu verfolgen, zu erlegen und sich anzueignen, war früher in Preußen ein dem Landesherrn zustehendes Regal (§ 30 II 16 ALR.), welches von ihm dritten Personen verliehen werden konnte. Dieses Regal ist durch das G. betr. die Aufhebung des Jagdrechts auf fremdem Grund und Boden usw. v. 31/10. 48 (GS. S. 343), dessen §§ 2 u. 3 im wesentlichen mit dem obigen § 2 übereinstimmten, aufgehoben und der Grundsatz ausgesprochen, daß das Jagdrecht lediglich ein Ausfluß des Grundeigentums, ein Zubehör des Grund und Bodens ist, und an sich

jedem Eigentümer auf seinem Grund und Boden — aber nur unter den gesetzlichen Beschränkungen, zu denen als größte die bezl. der Ausübung des Jagdrechts gehört — zusteht. Der gleiche Rechtszustand bestand durch besondere Gesetze in allen nach 1848 zu Preußen gekommenen Landesteilen (in den kurhessischen unter Entschädigung an den fremden Jagdberechtigten, vgl. § 15 JO.). Seitdem ist in ganz Preußen jeder Grundstückseigentümer an sich jagdberechtigt, was der obige § 2 wiederum ausspricht. Die Ausübung dieses Jagdrechts steht ihm aber nur unter bestimmten Voraussetzungen in der Größe seines Grundbesitzes zu (§ 3). — Eine Art gewissermaßen allgemeinen Jagdrechts besteht nur noch in Ostfriesland, wo jedermann die Jagd auf Wasservögel an bestimmten Stellen ausüben darf (G. v. 26/7. 97, GS. S. 253, abgedruckt zu § 13 HannovJO. im Anhang unter A).

Räumlich gilt dieser Grundsatz des Jagdrechts für alle Grundflächen, auch für Gewässer jeder Art, einschl. der öffentl. Ströme, gleichviel, ob sie dem Staat oder Privaten gehören (OVG. 18, 290). Auf fiskalischem Eigentum hat daher der Staat wie jeder andere und unter den gleichen Beschränkungen wie solcher das Jagdrecht. Das offene Meer gehört niemandem, auch nicht dem Staat, deshalb steht dort auch niemandem das Jagdrecht zu. Daraus folgt, daß alle Tiere auf und in dem offenen Meer dem freien Tierfang unterliegen, die Jagd dort von jedermann ausgeübt werden darf und dazu auch kein Jagdschein erforderlich ist (RG. 7, 667 u. GA. 15, 77; aM. bezl. des Jagdscheins Ebner in VerwArch. 14, 175). Dies gilt aber nur für das offene Meer, nicht für die Binnengewässer, z. B. ein Haff, und auch nicht für die Häfen und Küstengewässer, da an ihnen dem Staat das Eigentum nach völkerrechtlichen Grundsätzen und damit auch das Jagdrecht auf ihnen zusteht (a. a. O.) Vgl. hierzu das G. v. 4/12. 76 betr. die Schonzeit der Robben (unter III). Der Staat ist auch Eigentümer des Meeresstrandes (§ 21 II 14, § 80 II 15 ALR. in Verbdg. mit Art. 73 EG. u. 89 AGzBGB.). Deshalb steht ihm auf dem Meeresstrand trotz des allgemeinen Benutzungsrechts daran das Jagdrecht zu (GA. 15, 77 u. 38, 363). Mithin ist das unbefugte Betreten des Meeresstrandes in Jagdausrüstung nicht erlaubt und strafbar nach § 368 Nr. 10 StGB. (unten V). Zur Jagd auf ihm ist daher auch ein Jagdschein erforderlich. Eine Ausnahme hierbei bildet der Meeresstrand in Schleswig-Holstein. Dort galt das ALR. nicht und die Jagd ist dort am Strande ebenso wie auf dem Meere frei (GA. 15, 77 u. 455).

Sachlich erstreckt sich das Jagdrecht auf alle jagdbaren Tiere einschl. ihrer Bestandteile, im besonderen der Geweihe und Gehörne, aber nur solange sie einen integrierenden Bestandteil des Wildes bilden (RG. 13, 84), letzteres also noch nicht ganz in Verwesung begriffen ist. Hinsichtlich des Rechts an abgeworfenen Gehörnen siehe Anhang unter B. Das Jagdrecht umfaßt ferner das alleinige Recht auf die Kiebitz- und Möweneier sowie in den Ausnahmefällen des § 42 Abs. 2 u. 4 JO. auf die Eier

Boden kann als dingliches Recht künftig nicht stattfinden.[16])

§ 3. Das Jagdrecht darf nur ausgeübt werden[17])

---

des sonstigen jagdbaren Federwilds und erstreckt sich auch auf das sog. Fallwild, d. h. auf das durch Krankheit, Alter, Unfall, Anschuß usw. eingegangene Wild. Zum Fallwild rechnet aber nicht mehr ein völlig in Verwesung übergegangener Wildkadaver (GA. 43, 48).

[14]) Im G. v. 31/10. 48 hieß es „Grundbesitzer"; in das Jagdrecht selbst tritt also nicht der erblich oder dauernd Nutzungsberechtigte bzw. der Nießbraucher ein, wohl aber in das Recht zur Jagdausübung (§ 5 Abs. 3).

[15]) Hinsichtlich des Begriffs „Grund und Boden" siehe Anm. 13 Abs. 2.

[16]) Das Jagdrecht selbst ist hiernach untrennbar vom Eigentum am Grund und Boden und nicht übertragbar. Die bei Abparzellierungen von Gütern öfter gebräuchliche Vertragsbestimmung, daß das Jagdrecht auf den abverkauften Ländereien dem Eigentümer des Guts verbleiben soll, ist deshalb als gegen ein gesetzliches Verbot verstoßend nichtig (§ 134 BGB.). Wohl übertragbar ist aber das Recht zur Jagdausübung, aber auch nur auf bestimmte Zeit, nicht dauernd.

[17]) Der § 3 handelt von der vom Jagdrecht selbst zu sondernden Befugnis zur Ausübung des Jagdrechts. Nicht jeder, dem nach § 2 als Grundstückseigentümer ein Jagdrecht zusteht, darf dies auch wirklich ausüben, sondern die Befugnis zur Ausübung seines Jagdrechts kommt ihm nur beim Vorhandensein bestimmter Voraussetzungen in Größe und Lage seiner Grundstücke zu. Sind diese Voraussetzungen nicht gegeben, so wird sein Grundbesitz unter bestimmten Gesichtspunkten mit solchem anderer Eigentümer verbunden und es werden mit ihm gemeinsam die Voraussetzungen, von denen die Jagdausübung abhängig gemacht ist, geschaffen. Die Grundflächen, welche in ersterer oder in letzterer Weise diese Voraussetzungen erfüllen, nennt die JO. Jagdbezirke und zwar erstere Eigenjagdbezirke, letztere gemeinschaftliche Jagdbezirke. Liegen kleinere Grundflächen so abseits, daß sie in einen solchen Jagdbezirk nicht einbegriffen sind, so sollen sie einem solchen angegliedert werden. Geschieht dies nicht, so ruht auf ihnen die Jagd, denn nach § 3 darf nur die Jagd auf Jagdbezirken oder auf ihren angegliederten Teilen ausgeübt werden. Unter welchen Voraussetzungen und in welcher Weise die Jagdbezirke gebildet und wann und wie die Angliederung abseits liegender Grundflächen an jene erfolgt, bestimmt der 2. Abschnitt.

Inhaltlich darf der Berechtigte die Jagd nach freiem Belieben ausüben und ist nur durch die gesetzlichen Vorschriften (z. B. über die Schonzeit) darin beschränkt. Er kann sie selbst oder auch durch Angestellte im beliebigen Umfang ausüben, auch Dritten die Jagdausübung erlauben oder sie verpachten. Nur bei auf Jagdbezirken (Eigenjagdbezirken [18]) und gemeinschaftlichen Jagdbezirken [19])) und auf Grundflächen, die Eigenjagdbezirken angeschlossen oder gemeinschaftlichen Jagdbezirken zugelegt sind.

Zweiter Abschnitt.*) Jagdbezirke.

§ 4. Eigenjagdbezirke können [1]) gebildet [2]) werden aus solchen, demselben Eigentümer, beim Miteigentume denselben Miteigentümern gehörigen [3]) Grundflächen, [4]) welche

---

gemeinschaftlichen Jagdbezirken und bei denjenigen Eigenjagdbezirken, deren Inhaber eine Personenmehrheit ist, bestehen dafür Beschränkungen (§§ 6, 20 ff.). Auf Nachbarjagden und deren Interessen braucht rechtlich bei der Jagdausübung keine Rücksicht genommen zu werden, nur darf sie nicht chikanös werden. Der Jagdberechtigte hat deshalb das Recht, soviel Wild, als er will, abzuschießen (selbst zum gewerbsmäßigen Verkauf) und darf solches auch (z. B. durch Fütterung, durch Lockrufe usw.) über die Grenze locken (RG. 44, 200). Über den Begriff der Jagdausübung siehe Anm. 31 zu § 292 StGB. (unter V).

[18]) Siehe §§ 4 ff.

[19]) Siehe §§ 7 ff.

*) Der 2. Abschnitt Jagdbezirke behandelt die Bildung und Bedingungen der Eigenjagdbezirke (§§ 4 bis 6) und der gemeinschaftlichen Jagdbezirke (§ 7), trifft Bestimmungen über die Behandlung der wegen zu geringer Größe zu keinem Jagdbezirk gehörenden Grundflächen (§§ 8 bis 12), bringt dann einige Sondervorschriften (§§ 13 bis 15 u. 28) und behandelt in den §§ 16 bis 27 die Verwaltung der gemeinschaftlichen Jagdbezirke. Die §§ 4 bis 15 u. 19 enthalten neue Bestimmungen, die §§ 16 bis 18, 20 bis 27 entsprechen im wesentlichen den Vorschriften des bisherigen JagdverwaltG. v. 4/7. 05 u. § 28 gibt im wesentlichen den § 5 des G. v. 31/10. 48 wieder. Die neuen Vorschriften sind an Stelle der früheren ähnlichen Bestimmungen namentlich des JagdpolG. v. 7/3. 50 getreten und beseitigen zugleich durch ihre Fassung viele frühere Streitfragen. Das Jagdpol.- u. JagdverwG. selbst sind durch § 86 JO. aufgehoben.

[1]) Die Bildung des Eigenjagdbezirks hängt, wie auch § 5 dartut, mithin von der freien Entschließung des Berechtigten ab.

[2]) In welcher Weise die Bildung vor sich geht, sagt § 5.

[3]) Grundsätzliche Voraussetzung für einen Eigenjagdbezirk ist im Gegensatz zum gemeinschaftlichen, daß seine Grundfläche im einheitlichen Eigentum steht ohne Unterschied, ob letzteres einer physischen oder juristischen Person oder mehreren ge-

1. dauernd und vollständig gegen den Einlauf [5]) von Wild [6]) eingefriedigt sind, [7]) oder
2. in einem oder mehreren Gemeinde- (Guts-) Bezirken [8]) einen land- oder forstwirtschaftlich benutzbaren [9]) Flächenraum von wenigstens 75 Hektar [10]) einnehmen und in ihrem Zusammenhange durch kein fremdes Grundstück unterbrochen werden. [11])

---

meinsam (als Miterben, Gütergenossen, vertragsmäßigen Miteigentümern usw.) zusteht. Bei Eigentum einer juristischen Person oder einer Mehrheit von Personen vgl. die Einschränkung des § 6. Fernere Bedingung für den Eigenjagdbezirk ist der Inhalt der Nr. 1 oder Nr. 2, so daß sich 2 Arten von Eigenjagdbezirken ergeben. — Dem Eigentum steht Lehns- und Fideikommißbesitz gleich, nicht aber Pachtbesitz (§ 5 Abs. 3). Es genügt daher nicht für einen Eigenjagdbezirk, wenn jemand 50 ha als Eigentümer und 25 daranstoßende Hektar als Pächter inne hat.

[4]) Grundflächen, nicht (wie früher) Grundstücke; dadurch ist außer Zweifel gesetzt, daß auch Wasserflächen dazu gehören und eingerechnet werden.

[5]) Also nur gegen Laufwild, nicht auch gegen Flugwild.

[6]) D. h. jegliches jagdbare Haarwild (§ 1), also auch z. B. für Hasen, nicht aber auch für Kaninchen muß der Einlauf verhindert sein.

[7]) Auf die Größe der Grundfläche kommt es bei Nr. 1 nicht an. Welche Grundflächen die obige Bedingung erfüllen, entscheidet die Jagpolizeibehörde (§ 69) und ebenso über den etwaigen Abschuß des Flugwildes auf ihnen (vgl. Abs. 2 u. 3). Im besonderen gehören hierher die Wildgärten (siehe über diese Anm. 10 zu § 960 BGB. unter I A). Der Eigentümer ist erst dann zur Jagdausübung auf dem eingefriedigten Grundstück befugt, wenn die Voraussetzungen des Eigenjagdbezirks behördlich anerkannt sind (RG. 17, 363).

[8]) Die politischen Grenzen kommen überhaupt nicht in Betracht. Auch in mehreren Kreisen oder Provinzen und sogar in Hannover können Teile der Grundfläche liegen (Abs. 4).

[9]) Benutzbare, nicht tatsächlich, wie es früher hieß, benutzte. Es genügt daher, daß die Flächen zur land- oder forstwirtschaftlichen Nutzung überhaupt geeignet sind oder daß sie der Ermöglichung solchen Zwecks dienen (Begründung S. 12). Die Hoflage, Wege usw. rechnen hier daher nicht mit (anders im § 7). Chausseen, Eisenbahnen, Kanäle u. dgl. können daher nicht, wohl aber Militärübungsplätze Eigenjagdbezirke sein. Ebenso auch Wasserflächen, aber nicht Flüsse (Nr. 2 Abs. 2).

[10]) Ein Hektar = 3,917 preuß. Morgen; 75 Hektar = 293,775 Morgen. Das frühere Recht forderte 300 Morgen, so daß jetzt ca. $6^1/_5$ Morgen weniger für den Eigenjagdbezirk erforderlich sind (für die Übergangszeit vgl. § 84 Abs. 2).

[11]) Mindestens 75 ha benutzbarer Grundfläche desselben

Die Trennung, welche Gewässer und Deiche, ebenso Wege, Kanäle und Eisenbahnen mit Zubehörfläche (Schutzstreifen, Ausschachtungs-, Anschüttungsflächen, Bahnhöfe und ähnliches) bilden, wird als eine Unterbrechung des Zusammenhanges nicht angesehen. Diese Flächen werden dem angrenzenden Eigenjagdbezirk angeschlossen, falls nicht der Inhaber den Anschluß ablehnt; liegen sie zwischen verschiedenen Jagdbezirken, so erfolgt der Anschluß bis zur Mitte. Befindet der Grenzweg sich aber im Eigentume des Inhabers eines angrenzenden Eigenjagdbezirkes, so steht diesem das Jagdrecht auf dem ganzen Wege zu.[12]) Lehnt der Inhaber

---

Eigentümers müssen also zusammenliegen. Dabei genügt die Berührung auch nur bei einem Punkt (OVG. 36, 369), aber nicht, daß getrennt liegende Stücke nur durch Wege, Kanäle usw. verbunden sind (Nr. 2 Abs. 2 Satz 2), während wiederum anderweitige, wenn auch nur schmale Landstreifen, einen genügenden Zusammenhang herstellen (siehe Abs. 4). Die durch eine Grundfläche hindurchführenden, Dritten gehörigen Wege, Gewässer, Deiche, Eisenbahnen usw. nebst ihren Zubehörstreifen werden nicht als trennende Grundstücke angesehen, aber auch bei Berechnung der 75 ha nicht mitgezählt. Diejenigen Grundstücke eines Eigentümers, die von den anderen zusammenhängenden 75 ha durch ein fremdes Grundstück abgetrennt liegen, gehören nicht zum Eigenjagdbezirk, sondern werden als Enklaven behandelt.

[12]) Die Flüsse, Ströme, Kanäle, Deiche, Wege und Eisenbahnen nebst Zubehörstreifen, welche durch keinen Eigenjagdbezirk führen, folgen als Teile der Gemeindeflur derjenigen Fläche, in der sie liegen. Führen sie durch einen Eigenjagdbezirk, so werden sie, und zwar ohne weiteres, eventuell gegen Pachtentschädigung (§ 12 Abs. 2), diesem angeschlossen und zwar für die Dauer von 6 Jahren (§ 11), gehen sie zwischen zwei Jagdbezirken hindurch, so gehören sie zu jedem (auch wenn der eine ein gemeinschaftlicher ist) bis zu ihrer Mittellinie. Der Eigenjagdinhaber kann aber erklären, daß er den betr. Weg usw. nicht haben will; alsdann ist er wie jede andere Enklave zu behandeln (siehe hierzu § 11 Abs. 1). Ein Grenzweg macht die obige Ausnahme. Dem Eigenjagdbesitzer gehörige Wege gehören von selbst zur Eigenjagd. — Auf ihnen allen gebührt Fallwild dem Jagdberechtigten des Jagdbezirks, zu dem sie gehören. Die Jagdausübung ist auf dem Eisenbahnterrain durch Reskript v. 22/4. 49 u. v. 24/6. 49 (MBl. i. V. S. 147 u. 185) aus Gründen der öffentlichen Sicherheit verboten; das gleiche gilt von Wegen, Kanälen usw. aus § 367 Nr. 8 StGB. (siehe unter V). — Alle vorstehend aufgeführten Längsflächen

den Anschluß nicht ab,[13]) so kann der Eigentümer der Fläche eine Pachtentschädigung verlangen, kommt eine Einigung über die Höhe der Pachtentschädigung nicht zustande, so findet das Verfahren nach § 19 Anwendung.

Ein Eigenjagdbezirk kann allein aus Wegen, Deichen und Flüssen sowie aus solchen längs Wegen, Kanälen und Eisenbahnen führenden Zubehörstreifen, die wegen ihrer geringen Breite eine ordnungsmäßige Ausübung der Jagd nicht gestatten, nicht gebildet werden.[14]) Derartige Flächen stellen auch den Zusammenhang zur Bildung eines Eigenjagdbezirkes für getrenntliegende Grundflächen nicht her.[12])

Auf Eigenjagdbezirken, welche aus dauernd und vollständig gegen den Einlauf von Wild eingefriedigten Grundflächen gebildet sind, ohne dem Erfordernisse der Ziffer 2 Abs. 1 zu entsprechen, darf die Jagd auf Flugwild nur mit Genehmigung der Jagdpolizeibehörde ausgeübt werden.[15]) Das erlegte oder gefangene Flugwild muß, wenn es in benachbarten Jagdbezirken heimisch[16])

---

können mit ihren Zubehörstreifen keinen selbständigen Jagdbezirk, selbst wenn sie über 75 ha groß sind, nach Nr. 2 Abs. 2 bilden; Eisenbahnen und Kanäle sind an letzterer Stelle nicht noch besonders genannt, weil sie an sich schon, als nicht land- oder forstwirtschaftlich benutzbar, ausscheiden.

[13]) Die Flächen der Wege usw. scheiden nur aus, wenn der Eigenjagdbesitzer ihre Ablehnung erklärt. Die (meist wohl kaum erhebliche) Pachtentschädigung unterliegt der Vereinbarung zwischen ersterem und dem Eigentümer des Wegs usw., nicht dem Jagdvorsteher (AusfA. zu § 4).

[14]) Diese Vorschrift war erforderlich, weil die Abhänge der Deiche, Kanäle usw. und auch ihre Zubehörstreifen an sich land- und forstwirtschaftlich benutzbare Flächen sind. Siehe auch Anm. 12 letzter Satz.

[15]) Die Beschränkung der Jagd hinsichtlich des Flugwildes tritt also nur in derartigen Einfriedigungen unter 75 ha ein. Hinsichtlich der Wirkungen der Schonzeiten und des Erfordernisses eines Jagdscheins in ihnen siehe Anm. zu § 960 BGB. u. § 39 Abs. 4 JO.

[16]) D. h. wenn es auf dem Nachbarrevier waidmännisch gehalten und gepflegt wird, z. B. bei Fasanen durch Anlage von Futterplätzen, durch Aussetzungen usw. Bildet das eingefriedigte

ist, an die Inhaber der letzteren gegen Zahlung von Schußgeld abgeliefert [17]) werden. Bei Erteilung der Genehmigung ist darüber Bestimmung zu treffen, welche Flugwildarten erlegt werden dürfen, ob und an wen die Ablieferung des Flugwildes zu erfolgen hat und welches Schußgeld dafür zu entrichten ist. [18])

Darüber, ob eine Grundfläche dauernd und vollständig gegen den Einlauf von Wild eingefriedigt ist, ob und unter welchen Bedingungen hier die Jagd auf Flugwild ausgeübt werden darf, oder ob die unter Ziffer 2 Abs. 2 aufgeführten Grundflächen zur Bildung eines Eigenjagdbezirkes oder zur Herstellung des Zusammenhanges geeignet sind, entscheidet auf Antrag eines Beteiligten [19]) die Jagdpolizeibehörde. [20]) Gegen deren Entscheidung findet innerhalb zwei Wochen die Beschwerde an den Bezirksausschuß statt. Der Beschluß des Bezirksausschusses ist endgültig. [21])

Die Bildung eines Eigenjagdbezirkes ist auch dann zulässig, wenn die dafür in Betracht kommenden Grundstücke in mehreren Landesteilen liegen, in denen die gesetzlichen Vorschriften über die Bildung eines Eigenjagdbezirkes voneinander abweichen. [22]) In diesem Falle kommen die für den größeren Teil der Grundstücke geltenden gesetzlichen Vorschriften zur Anwendung. Bei gleicher Größe ist dasjenige Gesetz maßgebend, welches den größeren Flächeninhalt für die Bildung eines Eigenjagdbezirkes erfordert.

Grundstück eine Fasanerie, so sind die Fasanen auf ihm selbst heimisch.

[17]) Es muß abgeliefert, nicht wie in § 61 Abs. 3, 66 u. 77 überlassen werden. Darin liegt, daß das erlegte Flugwild abweichend von den andern Fällen dem betr. Nachbarn zuzusenden ist. Die Ablieferungspflicht soll einem übermäßigen Abschuß durch den Inhaber der Einfriedigung vorbeugen.

[18]) Diese zweckmäßige Bestimmung soll möglichst alle daraus drohenden Zwistigkeiten vorweg entscheiden.

[19]) Also nicht von Amts wegen.

[20]) Siehe § 69.

[21]) Also weitere Rechtsmittel sind unzulässig.

[22]) Tatsächlich kommt nur Hannover in Betracht; rechtlich, aber wegen ihrer örtlichen Lage belanglos, auch Hohenzollern und Helgoland.

§ 5. Die Bildung des Eigenjagdbezirkes erfolgt [23]) durch den Eigentümer, der auf ihm zur Ausübung des Jagdrechts befugt ist. [24])

Erklärt er für alle oder einzelne Grundflächen auf die Bildung eines Eigenjagdbezirkes zu verzichten, [25]) so erfolgt die Jagdbezirksbildung aus den freigegebenen Grundflächen nach Maßgabe der §§ 7 bis 10. [26]) Der Verzicht ist, wenn die Jagdausübung auf den Grundflächen verpachtet wird, für die Dauer der Pachtverträge [27]) bindend [28]) und gilt als fortbestehend, wenn er nicht spätestens sechs Monate [29]) vor deren Ab-

---

[23]) Der Eigenjagdbezirk besteht, wenn die Voraussetzungen des § 4 vorliegen, bei Stillschweigen des Eigentümers ohne weiteres. Nur wenn er ausdrücklich den Verzicht auf die Bildung ausspricht (Abs. 2), kommt ein Eigenjagdbezirk nicht zustande und erst dann treten die Folgen des Abs. 2 ein.

[24]) Der Relativsatz bedeutet dem Sinne nach: „der dadurch auf ihm zur Jagdausübung befugt wird."

[25]) Der Verzicht muß ausdrücklich, mündlich oder schriftlich, dem Jagdvorsteher gegenüber erklärt werden. Nach seinem Belieben kann der Eigentümer hiernach einen Teil seines Besitzes, der alsdann natürlich noch zusammenhängende 75 ha umfassen muß, zum Eigenjagdbezirk machen und den Rest freigeben. Er kann auch seine Besitzung, die einen Eigenjagdbezirk bildet, in mehrere solche zerlegen und verschieden verpachten, ohne daß dabei wie bei gemeinschaftlichen Jagdbezirken (§ 7 Abs. 2) eine Mindestgrenze vorgeschrieben ist. Er ist auch nicht an eine beschränkte Zahl der Pächter oder angestellten Jäger, sowie bei letzteren auch nicht an die persönlichen Eigenschaften des § 27, gebunden und kann ohne Genehmigung an Ausländer oder Jagdgesellschaften verpachten und zwar auch auf unbeschränkte Zeit. Für Eigenjagden ist auch kein schriftlicher Pachtvertrag erforderlich (RG. 51, 279, aber bestritten!) Alles dies ist anders bei gemeinschaftlichen Jagdbezirken (siehe §§ 22 u. 20).

[26]) Der Eigentümer wird alsdann Jagdgenosse mit allen Rechten und Pflichten eines solchen; das Verfügungsrecht über sein Jagdrevier geht auf den Jagdvorsteher über.

[27]) Durch welche der gemeinschaftliche Jagdbezirk, zu dem die freigegebenen Flächen gehören, verpachtet ist.

[28]) Da nach § 22 Nr. 4 die Pachtdauer 6 bis 12 Jahre (ausnahmsweise 3 bis 18 Jahre) beträgt, entsagt der Eigentümer durch seinen Verzicht auf diese entsprechende Zeit dem Recht der Jagdausübung und dieser Rechtszustand wirkt auf jede neue Pachtperiode weiter, wenn nicht von ihm rechtzeitig vor der Neuverpachtung ausdrücklich die Rücknahme des Verzichts erklärt wird.

[29]) Die Erklärung muß nach §§ 187 ff. BGB. spätestens an

lauf zurückgenommen wird; er bindet auch den Rechtsnachfolger.

Besteht an den, einen Eigenjagdbezirk bildenden Grundflächen ein erbliches oder ein zeitlich nicht beschränktes Nutzungsrecht oder ein Nießbrauch, so tritt an die Stelle des Eigentümers der Nutzungsberechtigte.[30])

§ 6. Steht ein Eigenjagdbezirk im Miteigentume von mehr als drei Personen, so darf die Ausübung des Jagdrechts nur von höchstens dreien der Miteigentümer erfolgen.[31])

Juristische Personen, Aktiengesellschaften, Kommanditgesellschaften auf Aktien, eingetragene Genossenschaften und Gesellschaften mit beschränkter Haftung dürfen das Jagdrecht auf Eigenjagdbezirken nur durch Verpachtung oder durch höchstens drei angestellte Jäger ausüben, oder sie müssen es ruhen lassen.[32])

Im ehemaligen Kurfürstentum Hessen sind die Jagden in allen Halbegebrauchs-, Märkerschafts-, Interessenten-

---

demjenigen Tage erfolgen, der im sechsten Kalendermonat vor dem Ablaufsmonat dem letzten Gültigkeitstage darin durch die Zahl entspricht. Z. B. Ablauftag: 14. August oder 30. Juni, letzter Erklärungstag: 14. Februar bzw. 31. Dezember.

[30]) Nur der dauernd Nutzungsberechtigte hat an Stelle des Eigentümers die Rechte des Eigenjagdbesitzers und dies auch nur, wenn sich sein Nutzungsrecht auf den ganzen Bezirk bezieht; ein solches eines Dritten nur an einem Teil des Jagdbezirks berührt das Recht des Eigentümers nicht (KomBer. S. 18). Zu solchen Berechtigten gehört der Lehns- und Fideikommißbesitzer, nicht aber der Gutspächter. Wohl aber kann diesem durch den Grundstückspachtvertrag zugleich die Jagd verpachtet sein.

[31]) Diese Anzahl entspricht der in §§ 20, 22 Nr. 3 für gemeinschaftliche Jagdbezirke vorgeschriebenen Höchstzahl der Pächter bzw. Jäger. Nur jenen drei Miteigentümern steht das Recht zur Jagdausübung zu. Ein anderer Miteigentümer muß, falls ihn nicht jene alle drei begleiten, einen von ihnen allen dreien ausgegestellten Erlaubnisschein haben (vgl. Anm. 11 zu § 75).

[32]) Die derartigen Personenmehrheiten gehörigen Eigenjagdbezirke sollen hierdurch hinsichtlich des Wesens der Jagdausübung beschränkt werden, um wie bei gemeinschaftlichen Jagdbezirken einem Mißbrauch durch zahlreiche Berechtigte vorzubeugen (§ 20). Diese Beschränkung ist aber nicht durchgeführt. Denn, mangels einer Vorschrift wie im § 22, dürfen alle Eigenjagdbesitzer und mithin auch die oben genannten an eine unbeschränkte Zahl von Personen und ebenso auch an Ausländer beliebig verpachten.

und dergleichen Waldungen öffentlich meistbietend zu verpachten.[33])

§ 7. Alle[34]) Grundflächen[4]) eines Gemeinde- (Guts-) Bezirkes, welche nicht zu einem Eigenjagdbezirke gehören[35]) und im Zusammenhange[36]) wenigstens 75 Hektar[10]) umfassen, bilden[37]) den gemeinschaftlichen Jagdbezirk.[38])

---

[33]) Der Abs. 3 entspricht dem bisherigen § 19 des Kurh. JagdG. v. 7/9. 65. Derartige Waldungen müssen im Wege des öffentlichen Meistgebots verpachtet werden (Johow 18, 293). Auch hier ist nicht, wie in § 22 Nr. 2 u. 5, die Anzahl der Pächter beschränkt oder die Verpachtung an Ausländer erschwert. Da Schriftlichkeit nicht ausdrücklich vorgeschrieben ist (wie in § 22 Nr. 1), ist sie auch nicht erforderlich (RG. 51, 279). Der Pachtvertrag wird mithin gemäß § 156 BGB. schon durch den Zuschlag abgeschlossen, wenn nicht in den Versteigerungsbedingungen etwas anderes festgesetzt ist.

[34]) Die ganze Gemeindeflur ohne Rücksicht auf die etwaige Nutzbarkeit des Grundstücks kommt hier in Betracht und wird bei Berechnung der Mindestgröße mitgezählt (anders § 4 Nr. 2), also auch Hofräume, Wege, Eisenbahnen, alle Wasserstrecken, Strandflächen, Kirchhöfe usw., auch die nach § 13 etwa ausgeschlossenen Fischteiche usw.

[35]) Dazu gehören auch nicht: diejenigen zum Eigenjagdbezirk an sich geeigneten Flächen, auf welche der Eigentümer nach § 5 verzichtet hat, und die Wege usw., deren Anschluß an seinen Eigenjagdbezirk er abgelehnt hat. Vgl. Anm. 12.

[36]) Für die Frage des Zusammenhangs gelten die gleichen Grundsätze wie beim Eigenjagdbezirk; siehe deshalb Anm. 11. Doch kommen als trennende Flächen hier solche von Eigenjagdbezirken und anderer Gemeinden in Betracht.

[37]) Kraft Gesetzes, also ohne weiteren Rechtsakt.

[38]) Aus der Gemeindeflur scheidet zunächst die Fläche eines etwaigen Eigenjagdbezirks aus. Die alsdann verbleibende Fläche muß zusammenhängen d. h. weder durch Flächen anderer Gemeinden noch durch Eigenjagdbezirke voneinander getrennt sein, und außerdem mindestens 75 ha umfassen. Nur solche Flächen sind Bestandteile des Jagdbezirks: deshalb bilden die Gemeinden, deren Flur zwar zusammenhängend liegt, aber nicht 75 ha groß ist und diejenigen, deren Flur zwar größer ist, aber nicht mit 75 ha zusammenliegt, keinen Jagdbezirk und ferner gehören diejenigen kleineren Flächen, welche getrennt von den zusammenhängenden 75 ha (oder mehr) der Gemeindeflur liegen, nicht zu dem durch jenen gebildeten Jagdbezirk. Andererseits bilden alle jenen Bedingungen entsprechenden Flächen „den“ Jagdbezirk: liegen also von der Gemeindeflur an verschiedenen Stellen mindestens 75 ha zusammen, so bilden sie nicht mehrere Jagdbezirke, sondern einen gemeinschaftlichen. Hiernach bildet eine Gemeinde mit einer Fläche von nur 70 ha, mögen sie getrennt oder zusammen liegen,

Mit Genehmigung des Kreisausschusses [39]) und, wenn eine Stadtgemeinde [40]) beteiligt ist, des Bezirksausschusses können [41]) jedoch aus ihnen auch mehrere, selbständige gemeinschaftliche Jagdbezirke gebildet [42]) werden, von denen in der Regel aber keiner weniger als 250 Hektar [43]) im Zusammenhang umfassen darf. Ausnahmsweise [44]) kann im Interesse der Jagdgenossenschaft eine Herabsetzung bis zu 75 Hektar stattfinden.

Mit Genehmigung des Kreisausschusses [39]) und, wenn eine Stadtgemeinde [40]) beteiligt ist, des Bezirksausschusses können [41]) die zur Bildung eines gemeinschaftlichen Jagdbezirkes geeigneten [45]) Grundflächen eines Gemeinde- (Guts-) Bezirkes oder Teile von ihnen mit gleichartigen im räumlichen Zusammenhange mit ihnen stehenden Grundflächen eines oder mehrerer anderer Gemeinde- (Guts-) Bezirke oder den Teilen solcher zu gemeinschaft-

---

keinen Jagdbezirk, eine solche von 250 ha, die z. B. durch zur gleichen Gemeinde gehörige, aber Eigenjagdbezirke bildende Bauerhöfe getrennt an drei Stellen so liegen, daß 120 ha, 80 ha und 50 ha in sich zusammenhängen, aber nur mit den ersteren beiden einen Jagdbezirk. Die 50 ha gehören nicht dazu, sondern werden als Enklave behandelt.

[39]) Außerdem steht jedem beteiligten Grundbesitzer der Einspruch gegen die Maßnahme des Jagdvorstehers zu (§ 17 Abs. 4 und 5).

[40]) Nicht Stadtkreis, wie z. B. in §§ 17 Abs. 4, 69.

[41]) Nicht müssen; es ist das pflichtgemäße Ermessen des Jagdvorstehers und des zuständigen Ausschusses maßgebend.

[42]) Durch Entschließung des Jagdvorstehers (§ 17).

[43]) 250 ha = 979,25 preuß. Morgen.

[44]) Die Worte „in der Regel“ und „ausnahmsweise“ sollen für die genehmigenden Behörden eine Richtschnur sein (KomBer. S. 15).

[45]) Es handelt sich im Abs. 3 also mithin — anders wie im § 8 — um Flächen, die mit mindestens 75 ha zusammenliegen und schon für sich einen gemeinschaftlichen Jagdbezirk bilden könnten. Sie können ganz oder zum Teil (in diesem Fall müssen mindestens 75 ha im Zusammenhang übrig bleiben) mit angrenzenden ebensolchen Flächen vereinigt werden. Alle hierdurch entstehenden Flächen müssen aber derart sein, daß immer mindestens 75 ha große in sich zusammenhängende Bezirke vorhanden sind. Durch die Vorschrift des Abs. 3 soll die Bildung zweckmäßigerer Jagdbezirke als die durch die politischen Grenzen gegebenen ermöglicht werden.

lichen, im Zusammenhange wenigstens 75 Hektar umfassenden Jagdbezirken vereinigt werden.[46])

Die Zerlegung eines Gemeinde- (Guts-) Bezirkes in mehrere gemeinschaftliche Jagdbezirke,[47]) die Bildung gemeinschaftlicher Jagdbezirke aus mehreren ganzen Gemeinde- (Guts-) Bezirken oder aus Teilen solcher[48]) darf auf keinen kürzeren Zeitraum als auf sechs Jahre erfolgen und gilt, wenn eine Verpachtung der Jagd in dem gemeinschaftlichen Jagdbezirke stattfindet, wenigstens für die Dauer des Jagdpachtvertrags.[49])

Diejenigen Grundflächen, welche von einem über 750 Hektar[50]) im Zusammenhange großen Walde,[71]) der eine einzige Besitzung bildet, zu mindestens 90 Prozent begrenzt werden,[51]) müssen[52]) dem Eigenjagdbezirke, zu dem dieser Wald gehört, auf Verlangen seines Inhabers angeschlossen werden.[53]) Dieses Verlangen ist spätestens bis zum Ablaufe der Auslegungsfrist der

---

[46]) Dies geschieht durch Vereinbarung der in Betracht kommenden Jagdvorsteher (§ 17), die dazu die Genehmigung einholen müssen.

[47]) Das ist der Fall des Abs. 2.

[48]) Diesen Fall behandelt Abs. 3.

[49]) Diese Vorschrift soll eine gewisse Stetigkeit schaffen. Die Mindestzeit von 6 Jahren entspricht der grundsätzlichen Mindestdauer der Pachtverträge (§ 22 Nr. 4). Ist ausnahmsweise nach § 22 Nr. 4 ein Jagdpachtvertrag auf kürzere Zeit geschlossen, so muß mindestens diese Dauer eingehalten werden.

[50]) 750 ha = 2937,75 preuß. Morgen.

[51]) Der Abs. 5 handelt von solchen „Waldzungen", die Bestandteil eines gemeinschaftlichen Jagdbezirks sind, also im Zusammenhang mit der Gemeindeflur stehen. Die getrennt davon liegenden Waldzungen fallen als Enklaven unter § 8 Abs. 2 und § 10. Die 90% sind so gedacht, daß mindestens $^9/_{10}$ der ganzen Umgrenzungslinie den Wald, höchstens $^1/_{10}$ keinen Wald berührt. Innerhalb dieser Grenzen soll der Waldeigenjagdbesitzer sich die Anschlußfläche beliebig herausschneiden können. (AusfA. zu § 7 Abs. 3.) Der Anschluß erfolgt durch Vereinbarung des letzteren mit dem Jagdvorsteher (§ 17). Die Pachtentschädigung ist gemäß § 12 Abs. 2 zwischen ihnen zu vereinbaren, bei Nichteinigung beschließt der Kreisausschuß (§ 19) mit Rechtsmittel dagegen aus § 26.

[52]) Mit Ausnahme der Fälle des letzten Satzes.

[53]) Die angeschlossene Waldzunge steht nach § 12 Abs. 2 im Pachtverhältnis zum Waldinhaber. Der Pachtpreis wird nach § 12 Abs. 2 festgesetzt.

Pachtbedingungen (§ 21) beim Jagdvorsteher anzumelden.[54]) Vorstehende Bestimmung findet keine Anwendung, wenn die umschlossenen Flächen wenigstens 75 Hektar im Zusammenhange groß sind oder wenn nach ihrer Abtrennung die übrigbleibenden Flächen des Gemeinde= (Guts=) Bezirkes 75 Hektar nicht mehr umfassen würden.

§ 8. Diejenigen Grundflächen eines Gemeinde= (Guts=) Bezirkes, welche nach §§ 4 und 7 zu einem Jagdbezirke nicht gehören,[55]) werden[56]) angrenzenden gemeinschaftlichen Jagdbezirken zugelegt[63]) oder angrenzenden Eigenjagdbezirken angeschlossen[63]) oder es kann[57]) aus ihnen zusammen mit angrenzenden Grundflächen[58]) eines[59]) anderen Gemeinde= (Guts=) Bezirkes ein besonderer gemeinschaftlicher, im Zusammenhange wenigstens 75 Hektar umfassender Jagdbezirk gebildet werden.[60])

---

[54]) Da keine Form der Anmeldung vorgeschrieben ist, genügt mündliche.

[55]) Das sind alle diejenigen ganzen Gemeindebezirke, deren Feldmark überhaupt nicht 75 ha umfaßt, und von den anderen Gemeinden alle diejenigen Teile, die nicht mit 75 ha in sich geschlossen liegen. Darunter fallen also auch jetzt die „isolierten Höfe", die kein Ausschlußrecht mehr haben.

[56]) Die aus dem Wortlaut sich ergebende Verpflichtung zur Zulegung bzw. zum Anschluß trifft aber nur für die Zulegung zum gemeinschaftlichen Jagdbezirk zu, da der Eigenjagdbesitzer nicht zum Anschluß gezwungen werden kann. Vgl. Anm. 63.

[57]) Hier ist die Wahl gelassen.

[58]) Diese Grundflächen müssen ebenfalls für sich nicht selbständig zur Bildung eines gemeinschaftlichen Jagdbezirks geeignet, also unter 75 ha groß sein, weil sonst eine Zulegung, wie sie der erste Fall des § 8 im Auge hat, vorliegt.

[59]) Oder auch mehrerer.

[60]) Die Behandlung der für sich nicht 75 ha großen Flächen stellt sich hiernach gemäß § 8 so: entweder sie werden mit angrenzenden Enklaven anderer Gemeindebezirke zu einem selbständigen gemeinschaftlichen Jagdbezirk zusammengelegt, der aber auch die Bedingungen des § 7 wieder erfüllen muß und dessen Jagdvorsteher alsdann von der Aufsichtsbehörde bestimmt wird (§ 16 Abs. 3) oder sie werden einem angrenzenden Eigenjagdbezirk angeschlossen (gegen Pachtentschädigung gemäß § 12 Abs. 2). Beides unterliegt der freien Wahl und Vereinbarung der beteiligten Jagdvorsteher und Eigenjagdbesitzer. Nur wenn die Enklaven so, wie Abs. 2 sagt, innerhalb eines anderen Jagdbezirks liegen, muß zuerst ihr Angebot zur Angliederung an diesen erfolgen. Fallen diese beiden Behandlungsmöglichkeiten aus, so muß die Enklave,

Werden sie ganz oder größtenteils[61]) vom demselben Jagdbezirk[62]) umschlossen, so sind sie zunächst dessen Inhaber oder Vertreter zum Anschluß[63]) anzubieten.[63a])

§ 9. Wenn für den Fall, daß ein gemeinschaftlicher Jagdbezirk nicht angrenzt, der Anschluß an einen angrenzenden Eigenjagdbezirk nicht möglich ist oder nicht zustande kommt und auch die Bildung eines besonderen gemeinschaftlichen, im Zusammenhange wenigstens 75 Hektar umfassenden Jagdbezirkes nicht erfolgt,[64]) so sind[64a]) die Grundflächen einem getrennt liegenden Jagdbezirk anzuschließen oder zuzulegen.[65]) Zu diesem Zwecke sind sie, wenn sie nur einem Eigentümer gehören oder im Miteigentume mehrerer stehen und der Eigentümer (Miteigentümer) zugleich Inhaber eines getrennt liegenden Eigenjagdbezirkes ist, auf Wunsch diesem zu überlassen,

---

wenn gemeinschaftliche Jagdbezirke an sie angrenzen, einem (oder auch zerteilt mehreren) solchen zugelegt werden. Eventuell entscheidet darüber der Kreisausschuß (§ 18), auch hat jeder beteiligte Grundbesitzer nach § 17 ein Einspruchsrecht.

[61]) Also mindestens mehr als die Hälfte.

[62]) Gleichviel, ob von einem gemeinschaftlichen oder Eigenjagdbezirk.

[63]) Die JO. spricht grundsätzlich bei gemeinschaftlichen Jagdbezirken von „Zulegung" und bei Eigenjagdbezirken von „Anschluß" der Enklaven. Es wäre hier richtiger, da beide Arten gemeint sind, der Ausdruck „Angliederung" (oder ein ähnlicher) angebracht gewesen.

[63a]) Der Anschluß ist zwischen dem Jagdvorsteher und Eigenjagdbesitzer zu vereinbaren. Siehe ferner Anm. 51 letzter Satz.

[64]) Der § 9 tritt mithin erst in Wirksamkeit, wenn der § 8 versagt, d. h. im besonderen ein gemeinschaftlicher Jagdbezirk, an den die Enklave nach § 8 zugelegt werden mußte, nicht angrenzt. Er enthält mithin die äußersten Maßnahmen für die Behandlung der nicht jagdbezirkfähigen Flächen.

[64a]) Also zwingend.

[65]) Sie sind also, wenn nicht von der Möglichkeit des Abs. 2 Gebrauch gemacht wird, einem von ihnen abgelegenen gemeinschaftlichen oder Eigenjagdbezirk anzugliedern. Dabei soll ihr Alleineigentümer, der einen Eigenjagdbezirk besitzt, das Vorrecht haben die Zulegung zu verlangen (Satz 2), also z. B. der Besitzer eines eigenen Gutsjagdbezirks die Zulegung seiner abgelegenen Wiese.

[66]) Das Vorrecht des Eigentümers fällt weg, wenn Enklave und Eigenjagdbezirk räumlich so weit voneinander getrennt liegen, daß sie als ein wirtschaftliches Ganzes nicht mehr anzusehen sind (KomBer. S. 24).

unter der Voraussetzung,[66]) daß sie mit den Grundflächen des Eigenjagdbezirkes eine land- oder forstwirtschaftliche Einheit bilden.

Auch kann[67]) aus ihnen — allein oder in Verbindung mit gleichartigen Grundflächen eines[59]) anderen Gemeinde- (Guts-) Bezirkes — ein selbständiger, nicht 75 Hektar im Zusammenhang umfassender[68]) gemeinschaftlicher Jagdbezirk und, wenn sie nur einem Eigentümer gehören oder im Miteigentume mehrerer stehen, Eigenjagdbezirk gebildet werden.[69])

§ 10. Werden im Falle des § 8 Abs. 2 die Grundflächen von einem über 750 Hektar[50]) im Zusammenhange[70]) großen Walde,[71]) der eine einzige Besitzung bildet,[72]) ganz oder größtenteils[61]) umschlossen[73]) und lehnt der Inhaber des Eigenjagdbezirkes, zu dem der Wald gehört, den Anschluß ab, so kann aus ihnen, wenn die im § 8 Abs. 1 und § 9 Abs. 1 vorgesehenen Maßnahmen nicht zustande kommen, an Stelle der im § 8 Abs. 1 und § 9 Abs. 1 vorgesehenen Maßnahmen ein selbständiger, nicht 75 Hektar im Zusammenhang umfassender gemeinschaftlicher Jagdbezirk und, wenn die

---

[67]) Nicht „muß". Durch wen auch diese Maßnahme erfolgt, sagt § 17. Würde eine Grundfläche keinem Jagdbezirk angegliedert werden können und auch nicht aus Abs. 2 zum selbständigen Jagdbezirk gemacht, so ruht auf ihr die Jagd (§ 3). Anm. 17 zu § 3.

[68]) Das ist neben dem Spezialfall des § 10 der einzige Fall, in dem ein Jagdbezirk (außer einem eingefriedigten nach § 4 Nr. 1) unter der Mindestgröße von 75 zusammenliegenden Hektaren möglich ist.

[69]) Gegen alle Maßnahmen der Jagdvorsteher aus §§ 8, 9 u. 10 hat jeder beteiligte Grundbesitzer ein Einspruchsrecht nach § 17 Abs. 4. Genehmigung des Kreis-(Bezirks-)Ausschusses ist aber für die Bildung der Jagdbezirke — außer § 7 Abs. 2 u. 3 — nicht erforderlich. Doch wird bei Bildungen, die unrichtig vorgenommen sind, die Aufsichtsbehörde (§ 70) von Amts wegen einzuschreiten haben.

[70]) Der Wald darf also nicht durch fremde Grundstücke, außer durch Wege usw., getrennt sein. Siehe dazu Anm. 11.

[71]) Unter Wald ist ganz allgemein eine mit Holz bestandene oder doch zur Holzzucht oder Holznutzung gebrauchte Fläche zu verstehen (OVG. 9, 146).

[72]) Vgl. Anm. 3.

[73]) d. h. der Wald muß unmittelbar angrenzen.

Grundflächen nur einem Eigentümer gehören oder im Miteigentume mehrerer stehen, ein Eigenjagdbezirk gebildet werden.[74])

§ 11. Die nach §§ 8 und 9 getroffenen Maßnahmen bleiben in Kraft, bis eine anderweite Regelung erfolgt;[75]) vor Ablauf von 6 Jahren darf die Neuregelung — unbeschadet der Bestimmung im § 14[76]) — nicht erfolgen.[75]) Dasselbe gilt von der Anpachtung der im § 4 Abs. 1 Ziffer 2 Satz 2 bezeichneten Flächen[77]) durch den Inhaber des angrenzenden Eigenjagdbezirkes.

Wenn im Falle des § 10 ein Jagdbezirk gebildet ist, ist der Inhaber des umschließenden Jagdbezirkes jederzeit befugt, den pachtweisen Anschluß der umschlossenen Flächen

---

[74]) Ist eine an und für sich nicht jagdbezirkfähige Fläche ganz oder über die Hälfte von einem mehr als 750 ha großen zusammenhängenden Wald umschlossen (sog. Waldenklave), so hat schon nach § 8 Abs. 2 der Waldbesitzer das Vorrecht, die Enklave anzupachten. Lehnt er dies ab und wird die Waldenklave durch Vereinbarung weder von einem Eigenjagdbezirk aufgenommen noch mit Flächen aus angrenzenden Gemeinden zu einem besonderen gemeinschaftlichen Jagdbezirk vereinigt (§§ 8 u. 9), so braucht nicht die sonst vorgeschriebene Angliederung an den angrenzenden (§ 8 Abs. 1) oder an einen getrennt liegenden (§ 9 Abs. 1) Jagdbezirk erfolgen, sondern aus der Waldenklave kann alsdann sofort ohne Rücksicht auf ihre Größe ein selbständiger Jagdbezirk gemacht werden. Ein Ruhen der Jagd auf ihr wie früher findet also nicht mehr statt. Der Waldbesitzer, der nach § 53 Abs. 2 in jedem Fall für den Wildschaden ersatzpflichtig ist, kann jedoch jederzeit den pachtweisen Anschluß der Waldenklave verlangen (§ 11 Abs. 2). Durch den Fortfall der Verpflichtung zur Zulegung der Waldenklave zu einem gemeinschaftlichen Jagdbezirk, wie § 8 Abs. 1 u. § 9 Abs. 1 sie beim Versagen der sonstigen Maßnahmen vorschreiben, soll dem Jagdvorsteher wegen der Gefahr des großen Wildschadens auf der Waldenklave es ermöglicht werden, sie seinem Jagdbezirk fern zu halten (AusfA. zu §§ 8 bis 10 Abs. 5).

[75]) Die einmal erfolgte Bestimmung über die Enklaven gilt mindestens für 6 Jahre und gilt dann stillschweigend weiter, bis eine Neuregelung, die nach den 6 Jahren jederzeit erfolgen kann, eintritt. Jede Neuregelung gilt wieder für mindestens 6 Jahre.

[76]) Die Ausnahme des § 14 betrifft eine Größenänderung der betreffenden Jagdbezirke durch Eigentumsveränderung oder Einfriedigung einzelner Grundstücke.

[77]) Das sind die durch einen Eigenjagdbezirk führenden schmalen, nicht jagdbezirkfähigen Streifen, Wege usw. (siehe Anm. 12).

zu verlangen und zwar auch dann, wenn der Jagdbezirk verpachtet ist.[78])

§ 12. Werden Grundflächen einem gemeinschaftlichen Jagdbezirke zugelegt,[68]) so gelten sie als dessen Teile.[79])

Der Anschluß an einen Eigenjagdbezirk erfolgt pachtweise nach dem Werte der Jagdnutzung. Der Wert ist nach den Grundsätzen einer pfleglichen Behandlung der Jagd zu ermitteln. Der Preisermittelung sind, abgesehen vom Falle des § 4 Abs. 1 Ziffer 2 Abs. 1,[77]) mindestens die Pachtpreise benachbarter Jagdbezirke unter Berücksichtigung der besonderen jagdlichen Verhältnisse der zu verpachtenden Grundflächen zugrunde zu legen.[80])

§ 13. Die Eigentümer sind befugt, zur Fischerei dienende[81]) Seen und Teiche, die zur Bildung von Eigenjagdbezirken nicht geeignet[82]) sind, einschließlich der in ihnen liegenden Inseln, soweit diese ganz ihnen gehören, von dem gemeinschaftlichen Jagdbezirk auszuschließen.[83])

Durch die Jagdpolizeibehörde kann das gleiche Recht den Unternehmern von Schiffahrtkanälen für bestimmte

---

[78]) Der Grund zu dieser Befugnis liegt darin, daß der Besitzer des umschließenden Waldes nach § 53 Abs. 2 unter allen Umständen ersatzpflichtig für den Wildschaden auf der Waldenklave ist. Siehe ferner Anm. 51 letzter Satz.

[79]) d. h. sie nehmen die gleiche Stellung ein, wie die von selbst dazu gehörigen Flächen und stehen nicht etwa, wie beim Anschluß an einen Eigenjagdbezirk, im Pachtverhältnis dazu. Ihre Eigentümer haben als Jagdgenossen deshalb zu den Ausgaben der Verwaltung anteilmäßig beizutragen und nehmen in gleicher Weise anteilmäßig an den Einnahmen teil (§ 25 Abs. 1).

[80]) Grundsätzlich soll der Jagdertrag dem Wert zugrunde gelegt werden. Der Satz 3 soll aber dem Eigentümer einer Enklave, in deren Gegend, z. B. in der Nähe der Großstadt, Liebhaberpreise bezahlt werden, solche sichern.

[81]) Aber nur solche.

[82]) Also nicht 75 ha im Zusammenhang groß sind.

[83]) Während bisher nach JPolG. v. 7/3. 50 die Eigentümer derartiger Wasserflächen und Inseln selbst zur Jagdausübung befugt waren, haben sie jetzt, um ihr die Fischzucht störendes Bejagen zu vermeiden, das Recht, durch rechtzeitige Anmeldung beim Jagdvorsteher (Abs. 5) die Wasserflächen und Inseln auszuschließen. Dies hat das Ruhen der Jagd auf ihnen zur Folge (Abs. 4). Lehnt

Grundflächen zugestanden werden, sofern Tatsachen vorliegen,[84]) welche die Annahme rechtfertigen, daß die Ausübung der Jagd mit den Rücksichten der Betriebssicherheit unvereinbar ist.

Gegen die Verfügung der Jagdpolizeibehörde ist die Klage[85]) im Verwaltungsstreitverfahren zulässig.

Auf den ausgeschlossenen Grundflächen muß während der Dauer des Ausschlusses die Ausübung des Jagdrechts ruhen.

Spätestens bis zum Ablaufe der Auslegungsfrist der Pachtbedingungen (§ 21)[86]) ist der Ausschluß beim Jagdvorsteher anzumelden.[87])

Die ausgeschlossenen Flächen werden bei Feststellung der Mindestgröße der gemeinschaftlichen Jagdbezirke (§§ 7 bis 9) angerechnet.[84])

§ **14.** Wenn Grundflächen, die zu einem verpachteten gemeinschaftlichen Jagdbezirke gehören, dauernd und vollständig gegen den Einlauf von Wild eingefriedigt (§ 4 Abs. 1 Ziffer 1) oder mit anderen Grundflächen zu einer zusammenhängenden Fläche von 75 Hektar im Sinne des § 4 Abs. 1 Ziffer 2 vereinigt werden, steht die eigene Ausübung des Jagdrechts auf ihnen dem Eigentümer mit Ablauf eines jeden Pachtjahrs[88]) zu, sofern er den Vertreter und[89]) den Pächter des gemein-

---

der Jagdvorsteher ab, so ist nur Beschwerde bei seiner Aufsichtsbehörde (§ 70) gegeben. Hinsichtlich des Aufsichtsrechts der Fischereiberechtigten vgl. Anm. zu § 67. — Das frühere Ausschlußrecht der „isolierten Höfe" besteht nicht mehr.

Liegen sie im Eigenjagdbezirk, so hat der Eigentümer ihre Bejagung allein in der Hand.

[84]) Nur bei Schiffahrtkanälen (nicht auch Deichen, Eisenbahnen usw.) und nur für bestimmte Flächen bei ihnen und nur unter den obigen Voraussetzungen sowie nur durch Ausspruch der Jagdpolizeibehörde (§ 69) kann der Ausschluß mit der Wirkung des Ruhens der Jagd erfolgen.

[85]) Nicht auch die Beschwerde.

[86]) D. i. binnen 2 Wochen von dem Auslegungstag ab.

[87]) Mündlich oder schriftlich bei den Jagdvorstehern, in deren Gemeindebezirk der See usw. liegt.

[88]) Also nicht das Kalenderjahr, sondern das Pachtjahr ist maßgebend.

[89]) und nicht oder; er muß also beiden die Anzeige machen.

schaftlichen Jagdbezirkes sechs Monate [90]) vorher von der Absicht in Kenntnis gesetzt hat, daß er von der ihm zustehenden Befugnis Gebrauch machen will. [91]) In diesem Falle erhält der Jagdpächter die Berechtigung, zum gleichen Zeitpunkte von dem Jagdpachtvertrage zurückzutreten, wenn er den Vertrag fünf Monate vorher aufkündigt.

Verlieren die Grundflächen die Eigenschaft eines Eigenjagdbezirkes, so fallen sie beim Vorliegen der Voraussetzungen des § 7 Abs. 1 dem gemeinschaftlichen Jagdbezirk ihres Gemeinde- (Guts-) Bezirkes von selbst zu; andernfalls ist über sie nach Maßgabe der Vorschriften in den §§ 7 bis 10 zu bestimmen, [92]) soweit nicht der Eigentümer sie nach § 13 vom gemeinschaftlichen Jagdbezirk ausschließt. [83]) Werden sie hierbei einem verpachteten gemeinschaftlichen Jagdbezirke zugelegt, so erhöht sich der zu zahlende Pachtpreis im Verhältnisse des neuen räumlichen Umfanges zum bisherigen Umfange des Jagdbezirkes. Der Pächter ist jedoch befugt, von dem Pachtvertrage zurückzutreten, [93]) wenn der neue

---

[90]) Fristberechnung siehe Anm. 29.

[91]) Der § 14 regelt die bisherigen Streitfragen infolge Veränderungen im Bestand des Jagdbezirks während der Pachtzeit. Nach der Rechtsprechung wurde bisher der Erwerber neuer Flächen, durch deren Zuwachs er erst auf seiner Besitzung zur Jagdausübung befugt wurde, sofort mit dem Eigentumserwerb auch auf ihnen jagdberechtigt. Dieser eine Unbilligkeit gegen den Jagdpächter enthaltende Rechtszustand ist nun zweckmäßig dahin geregelt, daß derjenige, welcher auf bisher zum gemeinschaftlichen Jagdbezirk gehörigen Flächen durch Schaffung der Voraussetzungen eines Eigenjagdbezirks jagdausübungsberechtigt wird, erst mit Ablauf des Pachtjahrs die Jagd ausüben darf und erst wenn er dies dem betr. Jagdvorsteher und Pächter 6 Monate vor Ablauf anzeigt. Demgegenüber hat der Pächter ein Rücktrittsrecht zum Pachtjahrschluß, welches er binnen einem Monat nach jener Anzeige durch Aufkündigung ausüben muß.

[92]) Der Abs. 2 behandelt die Kehrseite des Abs. 1 nämlich den Fall, daß der bisherige Eigenjagdbezirk durch Abverkauf unter 75 ha groß wird und damit diese Eigenschaft verliert. Folgerichtig wird der Rest wie jede andere gleiche Fläche des Gemeindebezirks behandelt (§§ 7 ff.). Bei ihrem Anfall an einen verpachteten gemeinschaftlichen Jagdbezirk erhöht sich dessen Pacht anteilmäßig, aber der Pächter erhält zur Vermeidung von Unbilligkeiten das obige Rücktrittsrecht.

[93]) Da über Fristen, Form und Wirkung des Rücktritts nichts

räumliche Umfang den bisherigen Umfang des Jagdbezirkes um mehr als ein Zehntel übersteigt.[94])

§ 15. Die Vorschrift in den §§ 5 und 6 des kurhessischen Gesetzes, das Jagdrecht und dessen Ausübung betreffend, vom 7. September 1865 (Kurh. Gesetzsamml. S. 571), daß erst nach Erstattung des für ein Grundstück gezahlten Ablösungskapitals in die Jagdausübung eingetreten werden darf, bleibt bestehen mit der Maßgabe, daß an Stelle des dort zugrunde gelegten Umfanges des Grundbesitzes von 100 Kasseler Morgen ein solcher von 75 Hektar[10]) tritt und daß die Jagdgenossenschaft an Stelle der Gemeinde tritt, soweit die Erträge der Jagd nicht mehr der Gemeindekasse zukommen.[95])

§ 16. Die Eigentümer[96]) der Grundstücke eines gemeinschaftlichen Jagdbezirkes bilden[97]) eine Jagdgenossenschaft, die Rechtsfähigkeit besitzt.[98])

---

bestimmt ist, werden die §§ 346 ff. BGB. analog zur Anwendung zu bringen sein.

[94]) Also der Zuwachs muß größer sein als $^1/_{10}$ des bisherigen Jagdbezirks.

[95]) Die §§ 5 und 6 des erwähnten Gesetzes sind abgedruckt im Anhang unter B 2. Siehe hierzu AusfA. zu § 15 (hinter der JO.).

[96]) Nur die Eigentümer, nicht auch die Pächter oder sonstigen Nutznießer der betr. Grundstücke; die letzteren können aber auf den Anteil an dem Jagdertrag statt des Eigentümers Anspruch haben; vgl. Anm. 138.

[97]) Kraft Gesetzes.

[98]) Der Jagdgenossenschaft stehen mithin die Rechte einer juristischen Person zu; sie ist keine Behörde, sondern eine Vereinigung von Interessenten, die einen Gemeindevorsteher als Jagdvorsteher zu ihrem gesetzlichen Vertreter hat. Dieser vertritt die Vereinigung der Jagdgenossen in allen gerichtlichen und außergerichtlichen Geschäften, auch hinsichtlich des Wildschadenersatzes (§§ 52 ff.). Jagdvorsteher ist stets der Vorsteher derjenigen Gemeinde, deren Grundstücke den Jagdbezirk bilden (siehe dazu AusfA. zu § 16 Abs. 2); bei zusammengesetzten Bezirken wird er ernannt (Abs. 3). Der jedesmalige Gemeindevorsteher ist in seinem Nebenamt Jagdvorsteher; diese Funktion ist vom Amt des Gemeindevorstehers nicht trennbar. Er trifft völlig selbständig die erforderlichen Anordnungen (§ 17), unterliegt dabei aber den Beschränkungen der §§ 20 ff. Eine Entschädigung für seine Tätigkeit erhält er nicht, kann aber für die Kassenführung eine Vergütung erhalten (§ 25 Abs. 7); alle Verwaltungskosten trägt die Genossenschaft (a. a. O. Abs. 1).

Die Verwaltung der Angelegenheiten der Jagdgenossenschaft sowie ihre gerichtliche und außergerichtliche Vertretung geschieht durch den Jagdvorsteher. Jagdvorsteher ist der Vorsteher der Gemeinde (Bürgermeister, Gemeindevorsteher, Gutsvorsteher, in der Rheinprovinz der Gemeindevorsteher).[99])

Sind die Grundstücke eines gemeinschaftlichen Jagdbezirkes in mehreren Gemeinde- (Guts-) Bezirken belegen, so bestimmt die Jagdaufsichtsbehörde (§ 70) den zuständigen Jagdvorsteher.[100])

Der gesetzliche Stellvertreter des Vorstehers der Gemeinde (des Gemeindevorstehers in der Rheinprovinz) vertritt ihn in Behinderungsfällen auch in seiner Eigenschaft als Jagdvorsteher.[101])

In Stadtkreisen[107]) ist der Bürgermeister befugt, die Wahrnehmung der Obliegenheiten des Jagdvorstehers und des Stellvertreters andern Magistratspersonen zu übertragen.[102])

§ 17. Über die Bildung mehrerer selbständiger gemeinschaftlicher Jagdbezirke aus einem Gemeinde- (Guts-)

---

[99]) Nach der AusfA. zu § 16 (Abs. 5) soll der Gemeindevorsteher auch da, wo noch kein gemeinschaftlicher Jagdbezirk besteht, und über Flächen, die zu dem bestehenden wegen ihrer Getrenntlage nicht gehören, bis zur Bildung der erforderlichen Jagdbezirke und der Angliederung jener an diese die Obliegenheiten des Jagdvorstehers wahrnehmen. (Siehe AusfA. hinter JO.)

[100]) Aus der Zahl der beteiligten Jagdvorsteher.

[101]) Der Stellvertreter des Jagdvorstehers ist diejenige Person, die den Gemeindevorsteher bei Behinderung in seinem Amt durch Gesetz oder Gemeindestatut als Vertreter bestimmt ist. Im Gebiet der LandgemO. v. 29/12. 91 sind dies die beiden Schöffen oder auch ein Schöffe (KG. v. 8/11. 06 in Schultz Jahrb. 4, 116). Dieser Vertreter muß an Stelle des Jagdvorstehers dessen Geschäfte führen, sobald letzterer rechtlich (z. B. er will selbst pachten, soll selbst von der Jagdgenossenschaft verklagt werden) oder tatsächlich (z. B. wegen Krankheit, Abwesenheit) behindert ist.

[102]) Diese Vorschrift berücksichtigt das Bedürfnis großer Städte. Der Bürgermeister bleibt auch da, wo er zu seiner Entlastung von der Übertragungsbefugnis Gebrauch macht, an sich der Jagdvorsteher. An seiner Statt werden aber die Jagdvorstehergeschäfte rechtsgültig ein für alle Mal geführt von demjenigen Magistratsmitglied (bzw. Beigeordneten), welches der Bürgermeister dazu bestimmt hat.

Bezirke, die Vereinigung mehrerer ganzer Gemeinde- (Guts-) Bezirke oder einzelner Teile eines solchen mit einem andern Gemeinde- (Guts-)-Bezirk oder Teilen eines solchen zu einem gemeinschaftlichen Jagdbezirke (§ 7 Abs. 2 und 3) sowie über den Anschluß der nicht zu einem Jagdbezirke gehörigen Grundflächen an einen Eigenjagdbezirk, deren Zulegung zu einem gemeinschaftlichen Jagdbezirk oder die Bildung eines selbständigen Eigen- oder gemeinschaftlichen Jagdbezirkes aus ihnen (§§ 7 Abs. 5, §§ 8 bis 10) beschließen die Jagdvorsteher.[103])

Ihnen liegt auch die Vereinbarung der Pachtentschädigung nach den §§ 7 Abs. 5, §§ 8 und 9 ob.[104])

Die Beschlüsse[105]) und die Vereinbarung der Pachtentschädigung sind zwei Wochen[122]) lang öffentlich auszulegen.[106]) Ort und Zeit des Auslegung sind in ortsüblicher Weise[121]) bekannt zu machen.

Während der Auslegungsfrist kann jeder beteiligte Grundbesitzer beim Kreisausschuß und, wenn ein Stadtkreis[107]) beteiligt ist, beim Bezirksausschusse[108]) gegen sie Einspruch erheben.[109])

---

103) Deren Bezirke durch ein Grundstück dabei in Betracht kommen; einigen sie sich nicht, so § 18; andernfalls Einspruchsrecht der Beteiligten nach Abs. 4.

104) Das sind die Fälle des Anschlusses einer Fläche an einen Eigenjagdbezirk, für den nach § 12 Abs. 2 an den Eigentümer der ersteren eine Entschädigung zu zahlen ist. Bei Zulegung oder Vereinigung solcher zum gemeinschaftlichen Jagdbezirk wird der Eigentümer wie jeder Jagdgenosse an den Einnahmen anteilsberechtigt (§ 12 Abs. 1).

105) des Abs. 1.

106) d. h. jedermann zur Einsicht zugänglich zu machen, z. B. auf dem Gemeindeamte, am Gemeindebrett usw.

107) Hier Stadtkreis, nicht Stadtgemeinde wie z. B. § 7 Abs. 2 u. 3. Vgl. Anm. 1 zu § 69.

108) Liegen die Jagdbezirke in verschiedenen Kreisen bzw. Regierungsbezirken, so muß der Ausschuß gemäß § 58 LandverwG. durch den Regierungspräsidenten usw. bestimmt werden.

109) Die nach Abs. 1 u. Abs. 2 von den Jagdvorstehern getroffenen Entscheidungen sind also erst rechtswirksam, wenn sie zwei Wochen lang ordnungsmäßig ausgelegt sind und in dieser Frist kein Einspruch erhoben, auch in den Fällen des § 7 Abs. 2 u. 3 die Genehmigung ausgesprochen ist. Ist Einspruch erhoben, so tritt

Wenn im Falle des § 7 Abs. 2 und 3 Einspruch eingelegt ist, darf über die Genehmigung erst nach rechtskräftiger Erledigung des Einspruchsverfahrens, andernfalls erst nach Ablauf der Einspruchsfrist beschlossen werden.[110])

§ 18. Wenn bei Beteiligung der Grundflächen aus zwei oder mehreren Gemeinde- (Guts-) Bezirken eine Einigung zwischen den Jagdvorstehern (§ 17 Abs. 1) nicht zustande kommt, beschließt in den Fällen der §§ 8 und 9[111]) der Kreisausschuß[112]) und, wenn ein Stadtkreis[107]) beteiligt ist, der Bezirksausschuß.[108])[112])

§ 19. Wenn im Falle des § 7 Abs. 5, § 8 Abs. 2 und § 11 Abs. 2 der Inhaber des umschließenden Eigenjagdbezirkes zur Anpachtung bereit ist, eine Einigung über die Höhe der Pachtentschädigung[113]) aber nicht erzielt wird, so beschließt darüber der Kreisausschuß und, wenn ein Stadtkreis[107]) beteiligt ist, der Bezirksausschuß.[108])[114])

Rechtswirksamkeit erst mit Rechtskraft der Entscheidung über ihn ein (siehe dazu § 26).

[110]) Für die Teilung von Gemeindejagdbezirken und für die Bildung von Jagdbezirken aus Grundstücken mehrerer gemeinschaftlicher Jagdbezirke ist nach § 7 Abs. 2 u. 3 außer dem obigen Einspruchsrecht der Beteiligten die Genehmigung erforderlich. Die Vorschrift des Abs. 5 soll dem vorbeugen, daß der betreffende Ausschuß etwa die vorher ausgesprochene Genehmigung infolge des Einspruchs wieder zurücknehmen muß. Gegen die Entscheidung steht nur dem Jagdvorsteher die Beschwerde zu (§ 26).

[111]) Nämlich über die Art der Behandlung der nicht jagdbezirksfähigen Grundflächen.

[112]) Dem die Jagdvorsteher die Sache von Amts wegen zur Entscheidung vorzulegen haben. Gegen die Entscheidung steht nur diesen die Beschwerde zu (§ 26).

[113]) Hier handelt es sich nur um die Höhe der zu zahlenden Pachtentschädigung für die dem umgrenzenden Eigenjagdbezirk angeschlossenen Enklaven; gegen die Entscheidung des Ausschusses steht nur dem Jagdvorsteher die Beschwerde zu (§ 26). Werden die Inhaber der letzteren sonst in ihrem Recht verletzt, z. B. ihnen der pachtweise Anschluß verweigert, so steht ihnen die Beschwerde über den Jagdvorsteher bei dessen Aufsichtsbehörde zu (§ 70).

[114]) Über die Rechtsmittel gegen die Beschlüsse aus §§ 18 u. 19 siehe § 26.

§ 20. Die Nutzung der Jagd in einem gemeinschaftlichen Jagdbezirk erfolgt in der Regel durch Verpachtung (§ 21).[115])

Mit Genehmigung des Kreisausschusses, in Stadtkreisen[107]) des Bezirksausschusses, kann der Jagdvorsteher[116]) jedoch die Jagd auch gänzlich ruhen oder auf Rechnung der Jagdgenossenschaft durch höchstens drei angestellte Jäger[117]) ausüben lassen.

Die Genehmigung ist jederzeit widerruflich.[118])

In gemeinschaftlichen Jagdbezirken, in denen Wildschäden vorkommen, darf die Jagd nicht ruhen, wenn ein Jagdgenosse dagegen Einspruch erhebt.[119]) Der Einspruch ist jederzeit zulässig und beim Jagdvorsteher anzubringen.[119]) Gegen dessen Bescheid findet innerhalb

---

[115]) Die Jagdnutzung durch Verpachtung soll also die Regel, die durch Ruhenlassen oder Beschießen (Abs. 2) die Ausnahme bilden. Weil die Verpachtung die zweckmäßigste Nutzung ist, bedarf die Abweichung davon der Genehmigung (Abs. 2). Diese ist außerdem jederzeit widerruflich (Abs. 3). Hierdurch ist den Jagdgenossen ein mittelbares Beschwerderecht gegen den Jagdvorsteher gegeben, weil sie beim Kreis- bzw. Bezirksausschuß den Antrag auf Widerruf stellen können. Gegen die Entscheidung des Ausschusses gibt es nur ein Beschwerderecht des Jagdvorstehers (§ 26).

[116]) Der Jagdvorsteher bestimmt entsprechend der ihm durch § 16 eingeräumten selbständigen Stellung auch die Art der Jagdnutzung; entscheidet er sich für Nichtverpachtung, so ist dies noch vom Kreis- bzw. Bezirksausschuß zu genehmigen. Gegen dessen Beschluß hat nur der Jagdvorsteher ein Beschwerderecht (§ 26).

[117]) Diese Anzahl der Jäger entspricht der in § 22 Nr. 2 u. § 6 genannten Höchstzahl der Pächter bzw. jagdausübungsberechtigten Miteigentümer. In allen Fällen ist natürlich die Anzahl der gelegentlichen Teilnehmer einer Jagd dadurch nicht beschränkt. Durch Gewährung von Jagderlaubnisscheinen an weitere Personen kann das Verbot der Dreizahl nicht umgangen werden (RGZ. 27, 236). Wegen der Qualifikation der Jäger vgl. § 27 Abs. 2.

[118]) Im Falle des Widerrufs muß der Jagdvorsteher sofort zur Verpachtung schreiten.

[119]) Bei vorkommendem Wildschaden steht also jederzeit und jedem Jagdgenossen — ohne Rücksicht auf die Größe seines Grundstücks! — gegen das Ruhen der Jagd der Einspruch beim Jagdvorsteher zu, über den dieser in erster Instanz selbst zu entscheiden hat. Gegen seine Entscheidung kann jeder Jagdgenosse Beschwerde einlegen beim Kreis- bzw. Bezirksausschuß, gegen dessen Entscheid aber nur dem Jagdvorsteher ein Beschwerderecht zusteht (§ 26).

zwei Wochen die Beschwerde beim Kreisausschuß, in Stadtkreisen[107]) beim Bezirksausschusse, statt.

§ 21. Die Verpachtung ist durch den Jagdvorsteher vorzunehmen.[120])

Für die Art der Verpachtung ist das Interesse der Jagdgenossenschaft maßgebend.

Der Jagdvorsteher hat die von ihm beabsichtigte Art der Verpachtung in ortsüblicher Weise[121]) bekannt zu machen. Die von ihm in Aussicht genommenen Pachtbedingungen sind zwei Wochen[122]) lang öffentlich auszulegen. Ort und Zeit der Auslegung sind in der Bekanntmachung über die Art der Verpachtung anzugeben.

Jeder Jagdgenosse kann gegen die Art der Verpachtung und gegen die Pachtbedingungen während der Auslegungsfrist Einspruch beim Kreisausschuß, in Stadtkreisen[107]) beim Bezirksausschuß, erheben.

Ort und Zeit der Verpachtung, sofern sie öffentlich meistbietend erfolgen soll,[120]) sind mindestens zwei Wochen[122]) vorher in ortsüblicher Weise[121]) und durch

---

[120]) Soll Verpachtung erfolgen, so ist diese selbst und die schriftliche Vollziehung des Vertrags (§ 22 Nr. 1) vom Jagdvorsteher vorzunehmen. Er hat auch zu entscheiden, auf welche Art die Verpachtung, ob nämlich freihändig, öffentlich meistbietend oder in einer beschränkten Bieterzahl meistbietend, erfolgen soll. Gegen seine Entschließung darin haben die Jagdgenossen ebenfalls wieder ein Einspruchsrecht. Da dieses naturgemäß nur vor dem Pachtabschluß einen Erfolg versprechen kann, sind seine Entschließungen darüber und ebenso die von ihm ausgearbeiteten Pachtbedingungen vor der Verpachtung in der oben angegebenen Weise den Jagdgenossen auszulegen. Dieses Verfahren muß nach Ablauf jeder Pachtzeit erfolgen, auch wenn er beabsichtigt, den Pachtvertrag mit dem Jagdpächter zu verlängern, da dies einer Neuverpachtung gleichsteht. Eine Verpachtung nach Wildgattungen soll unzulässig sein (Johow 29 C 79).

[121]) Also in der Weise wie der Gemeindevorsteher sonstige Gemeindeangelegenheiten bekannt zu machen pflegt, z. B. durch Aushang an Gemeindestelle, Anzeige im Gemeindeblatt, Herumsendung des Schulzenknüppels, Ausklingeln oder -rufen usw.

[122]) Die Frist endet mit Ablauf desjenigen Tags der zweiten Woche, der durch seine Wochentagsbenennung dem Tage, an dem der Aushang begonnen hat, entspricht; ist hiernach der letzte Tag ein Sonn- oder Feiertag (siehe Anm. 57 zu § 366 StGB. unten unter V), so endet die Frist erst mit Ablauf des folgenden Werktags (§§ 187, 188 u. 193 BGB.).

das von der Jagdaufsichtsbehörde bestimmte Blatt[123]) bekannt zu machen.

§ 22. Für die Verpachtung gelten im übrigen folgende Bestimmungen:[124])

1. die Pachtverträge sind schriftlich abzuschließen;[125])
2. die Verpachtung der Jagd auf demselben Jagdbezirke soll in der Regel[126]) nicht an mehr als drei Personen gemeinschaftlich[127]) erfolgen, jedoch kann dieselbe mit Genehmigung des Kreisausschusses, in Stadtkreisen[107]) des Bezirksausschusses, im Interesse der Jagdgenossenschaft auch an mehr als drei Jagdpächter oder an eine Jagdgesellschaft (Verein, Genossenschaft) von nicht beschränkter Mitgliederzahl vorgenommen werden;
3. Weiterverpachtungen[128]) bedürfen der Zustimmung des Verpächters und der Genehmigung des Kreis-

---

[123]) Außer der ortsüblichen Bekanntmachung muß solche noch durch das bestimmte Blatt und kann auch noch durch andere Blätter erfolgen. Die dauernde oder jedesmalige Bestimmung des Pflichtblatts ist der Aufsichtsbehörde (§ 70) übertragen zur Gewährleistung, daß auch wirklich in einem von Jagdinteressenten gelesenen Blatt die Bekanntgabe erfolgt (AusfA., letzter Abs. zu § 21).

[124]) Die Nichtbeachtung der Bestimmungen der §§ 22, 23 zieht nach § 24 von selbst die Nichtigkeit des Pachtvertrags nach sich. Gegen die Genehmigungsbeschlüsse steht nur dem Jagdvorsteher die Beschwerde zu (§ 26).

[125]) Nach BGB. würden Jagdpachtverträge nicht der Schriftlichkeit bedürfen, so daß für Eigenjagdbezirke mündliche Pachtverträge genügen (RG. 51, 279; bestritten!), die hier vorgeschriebene Schriftform ist also eine landesgesetzliche Abweichung vom BGB., die nach Art. 3, 69 EinfG. (siehe oben unter IB) zulässig ist. Der Pachtvertrag kommt hier also erst mit den Unterschriften zustande, nicht etwa schon mit dem Zuschlag. Hinsichtlich der Steuerpflicht für die Verträge siehe AusfA. zu § 22 Abs. 2.

[126]) Die Verpachtung an eine Mehrheit von höchstens 3 Personen soll die Regel bilden, die an eine größere Mehrheit oder an eine Jagdgesellschaft, z. B. an ein Offizierkorps, einen waidmännischen Verein, die — deshalb erst zu genehmigende — Ausnahme. Die Genehmigung kann vor oder nach Abschluß des Vertrags eingeholt werden. Einen ferneren Fall der Genehmigung enthält § 52.

[127]) Jeder der mehreren Pächter muß Mitpächter des ganzen Jagdbezirks sein, die Verpachtung darf nicht derart erfolgen, daß jeder der Mitpächter allein einen Teil des Jagdbezirks pachtet. Auch ist die Verpachtung nach Wildgattungen unzulässig (Johow 29 C 89).

ausschusses, in Stadtkreisen[107]) des Bezirksausschusses;

4. die Pachtzeit soll in der Regel auf mindestens sechs und höchstens auf zwölf Jahre festgesetzt werden, jedoch kann dieselbe mit Genehmigung des Kreisausschusses, in Stadtkreisen des Bezirksausschusses, im Interesse der Jagdgenossenschaft bis auf drei Jahre herabgesetzt oder bis auf achtzehn Jahre erhöht werden;[129])

5. die Verpachtung der Jagd an Personen, welche nicht Angehörige des Deutschen Reichs sind, bedarf der Genehmigung der Jagdaufsichtsbehörde.[130])

§ 23. Der Jagdvorsteher hat den Pachtvertrag zwei Wochen[122]) lang öffentlich auszulegen.[106]) Ort und Zeit der Auslegung sind in ortsüblicher Weise[121]) bekannt zu machen.

Jeder Jagdgenosse kann während der Auslegungsfrist beim Kreisausschuß, in Stadtkreisen beim Bezirksausschusse, gegen den Pachtvertrag[131]) Einspruch erheben.

---

[128]) Darunter ist sowohl die Annahme eines Unterpächters als auch die Abtretung des Pachtrechts an einen Dritten, nicht aber die Verlängerung des Pachtvertrags mit dem bisherigen Pächter, zu verstehen. Sondern dies ist eine Neuverpachtung. — Ist einem Jagdpächter durch den Vertrag eine Afterverpachtung untersagt, so verstößt er gegen den Vertrag, wenn er einen Gesellschaftsvertrag abschließt, in dem er mehr Personen als den zulässigen zwei Mitpächtern gegen Entgelt die Befugnis zur Jagdausübung einräumt (E. v. 11/5. 06, RGZ. 63, 293).

[129]) Die Pachtverträge dürfen also unter keinen Umständen auf kürzere Zeit als 3 und längere als 18 Jahre abgeschlossen werden, wobei die unter 6 und über 12 Jahre lautenden Verträge zu genehmigende Ausnahmen bilden sollen. Die vor dem 1/5. 07 abgeschlossenen Pachtverträge bleiben in Kraft ohne Rücksicht auf ihre Zeitdauer (§ 84).

[130]) Das Erfordernis der Genehmigung soll ermöglichen, unerwünschte Ausländer fern zu halten. Die weitergehenden Befugnisse der Behörden gegen Ausländer sind unberührt geblieben (siehe hierzu AusfA. zu § 22 letzter Absatz).

[131]) Also auch nach Abschluß des Pachtvertrags ist den Jagdgenossen ein nochmaliges Einspruchsrecht gegeben. Ein solches steht ihnen also zu: erstens mittelbar gegen die Art der Jagdnutzung überhaupt (§ 20), zweitens gegen die Art der Verpachtung und den Inhalt der Pachtbedingungen (§ 21), drittens gegen den abgeschlossenen Pachtvertrag selbst. Bei dem Einspruch gegen

Dieser darf sich jedoch gegen die Art der Verpachtung und gegen die Pachtbedingungen insoweit nicht richten, als dieselben durch das im § 21 vorgeschriebene Verfahren festgestellt sind.

§ 24. Pachtverträge, die gegen die vorstehenden Vorschriften verstoßen, sind nichtig.[132])

Streitigkeiten über die Frage der Nichtigkeit zwischen dem Jagdvorsteher und dem Jagdpächter unterliegen der Entscheidung im Verwaltungsstreitverfahren.[133])

Zuständig zur Entscheidung ist in erster Instanz der Kreisausschuß, in Stadtkreisen[107]) der Bezirksausschuß.

Die Jagdaufsichtsbehörde[134]) ist befugt, dem Pächter für die Dauer eines über die Frage der Nichtigkeit eingeleiteten Verwaltungsstreitverfahrens die Ausübung der Jagd zu untersagen und wegen der anderweiten Nutzung der Jagd die erforderlichen Anordnungen zu treffen. Gegen die Untersagung und die Anordnungen steht dem Pächter die Beschwerde nach näherer Maßgabe des § 70 zu.

---

letzteren können Erinnerungen, die bei der Auslegung vor seinem Abschluß hätten vorgebracht werden können, nicht mehr geltend gemacht werden; er wird sich im allgemeinen nur darauf stützen können, daß die Pachtbedingungen von den ausgelegten abweichen, sowie gegen die Höhe des Pachtzinses oder gegen die Person des Pächters richten können (AusfA. zu § 23).

[132]) Jeder Verstoß gegen die Vorschriften der §§ 22, 23 zieht die Nichtigkeit des letzteren mit der Rechtswirkung nach sich, daß weder die Jagdgenossenschaft noch der Pächter aus ihm Rechte herleiten können; im besonderen gibt ein nichtiger Vertrag dem Pächter kein Recht zur Jagdausübung. Siehe auch Anm. 45 unter I C.

[133]) Wie alle sonstigen privatrechtlichen Rechtsstreite müßten die ordentlichen Gerichte eigentlich auch den Streit über die Nichtigkeit des Vertrags entscheiden. Zur Wahrung der Einheitlichkeit der Rechtsprechung ist aber die Entscheidung über diesen Streitpunkt den Verwaltungsgerichten überwiesen. Jeder andere Streit auf Grund des Pachtvertrags, z. B. über die Zahlung des Pachtzinses usw., gehört vor die ordentlichen Gerichte.

[134]) Die Aufsichtsbehörde (§ 70), nicht das den Streit entscheidende Verwaltungsgericht, kann, solange der Streit schwebt, jene einstweiligen Anordnungen erlassen. Nebenher kann stets die Jagd**polizei**behörde (§ 69), wenn sie es für erforderlich hält, die Jagdausübung aus einem angeblich nichtigen Vertrag verbieten (siehe hierzu AusfA. zu § 24).

§ 25. Der Jagdvorsteher erhebt die Pachtgelder[135]) und sonstige Einnahmen aus der Jagdnutzung[136]) und verteilt sie nach Abzug der der Genossenschaft zur Last fallenden Ausgaben[137]) unter die Jagdgenossen des Bezirkes[138]) nach dem Verhältnisse des Flächeninhalts[139]) der beteiligten Grundstücke.

Der Verteilungsplan, welcher eine Berechnung der Einnahmen und Ausgaben enthalten muß, ist zur Einsicht der Jagdgenossen zwei Wochen[122]) lang öffentlich auszulegen.[106])[140]) Ort und Zeit der Auslegung sind vorher vom Jagdvorsteher in ortsüblicher Weise[121]) bekannt zu machen.

Gegen den Verteilungsplan ist binnen zwei Wochen

---

[135]) Die Pachtgelder sind keine öffentlichen Gefälle. Sie müssen daher, falls der Pächter nicht zahlt, im ordentlichen Rechtsweg vom Jagdvorsteher eingeklagt werden.

[136]) Z. B. der Ertrag des selbständigen Abschusses (§ 20 Abs. 2).

[137]) Unter die von der Jagdgenossenschaft zu tragenden Ausgaben fallen alle Kosten der Verwaltung, z. B. die Kosten der Bekanntmachungen, des Schreibwerks, der etwaigen Vergütung für die Kassenführung (Abs. 7), die Porti usw., auch die Aufwendungen für Wildschäden. Dem Jagdvorsteher steht für die Geschäftsführung keine Vergütung zu.

[138]) Anspruch auf die Einnahmen haben diejenigen Personen, die bei dem Fälligwerden Eigentümer oder Nießbraucher eines zum gemeinschaftlichen Jagdbezirk gehörenden Grundstücks sind (z. B. der Lehrer bez. des Schullands, OVG. 28, 319 u. 46, 136, Fideikommißbesitzer). Zu den Nießbrauchern gehört an sich nicht der Grundstückspächter, doch kann natürlich ihm vom Grundstückseigentümer im Pachtvertrag das Recht auf die Einnahmen aus der Jagdnutzung überlassen sein, wodurch er an die Stelle des Eigentümers tritt. Die Einnahmen aus der Jagdnutzung haben nicht die Eigenschaft von Gemeinde-, sondern von Interessentenvermögen (OVG. 3, 90). Der Käufer eines zum gemeinschaftlichen Jagdbezirk gehörigen Grundstücks erhält erst, wenn er dessen Eigentümer geworden ist, also erst nach der Auflassung, Anrecht an den Einnahmen (OVG. v. 9/3. 03, PreußVerwBl. 25, 64).

[139]) Der Flächenraum des einzelnen Grundstücks ist für die Größe des Anteils allein maßgebend, nicht die Bonitierung, die sonst vielfach der Lastenverteilung zugrunde gelegt ist.

[140]) Der Jagdvorsteher muß hiernach ein Schriftstück fertigen bzw. fertigen lassen, in dem die Einnahmen und Ausgaben ordnungsmäßig zusammengestellt und der verbleibende Überschuß anteilmäßig auf die Jagdgenossen verrechnet ist.

nach Beendigung der Auslegung Einspruch[141]) bei dem Jagdvorsteher zulässig.

Gegen dessen Bescheid findet innerhalb zwei Wochen die Klage[142]) beim Kreisausschuß, in Stadtkreisen[107]) beim Bezirksausschusse, statt.

Vorstehende Bestimmungen gelten auch beim Anschlusse von Grundflächen an einen Eigenjagdbezirk (§ 4 Abs. 1 Ziffer 2 Abs. 1, § 7 Abs. 5, §§ 8, 9) mit der Maßgabe, daß die zu zahlende Entschädigung nach Abzug der Ausgaben nur unter die Eigentümer der angeschlossenen Grundflächen zu verteilen ist.[143])

Sind die Erträge der Jagd bisher herkömmlich für gemeinnützige Zwecke[144]) verwendet worden, kann es hierbei verbleiben;[145]) es ist aber jeder Grundeigentümer befugt, die Auszahlung seines Anteils zu verlangen.

Die Kassengeschäfte der Jagdgenossenschaft sind durch die Gemeindekasse zu führen;[146]) hierfür kann[147]) eine vom Kreisausschuß, in Stadtkreisen[107]) vom Bezirksausschusse, festzusetzende angemessene Vergütung gewährt werden.

§ 26. Der Beschluß in den Fällen des § 17 Abs. 4, 5, §§ 18, 19, 20 Abs. 2, 4, § 21 Abs. 4, § 22 Ziffer 2, 3, 4, § 23, § 25 Abs. 7, § 52 Abs. 2 ist endgültig.[148])

---

[141]) Über welchen zunächst der Jagdvorsteher selbst entscheidet.

[142]) Nur Klage, nicht Beschwerde.

[143]) Die nach den Bestimmungen der obigen §§ an einen Eigenjagdbezirk angeschlossenen Eigentümer haben mithin das Recht auf abgesonderte Verrechnung und Verteilung der Einnahmen.

[144]) Zur Herabsetzung der Steuern dürfen sie nicht verwendet werden, da dies kein gemeinnütziger Zweck ist. Wohl aber kann natürlich der Jagd- und Gemeindevorsteher den Anteil des einzelnen Jagdgenossen mit dessen Zustimmung auf seine Steuern verrechnen.

[145]) Siehe hierzu AusfA. zu § 25 Abs. 4.

[146]) Die Kassengeschäfte sind bei Zusammensetzung des Jagdbezirks aus Grundstücken verschiedener Gemeinden von derjenigen Gemeindekasse zu führen, deren Vorsteher gemäß § 16 Abs. 3 von der Aufsichtsbehörde (§ 70) als Jagdvorsteher bestimmt ist.

[147]) Also nach dem Ermessen des Ausschusses; nur dem Jagdvorsteher steht gegen dessen Beschluß die Beschwerde zu (§ 26).

[148]) Grundsätzlich sind hiernach alle oben angeführten Beschlüsse unanfechtbar, um eine schnellere und klarere Rechtslage zu schaffen.

jedoch steht dem Jagdvorsteher und beim Anschluß an einen Eigenjagdbezirk (§§ 8 und 9) auch den Eigentümern der anzuschließenden Grundflächen [149]) innerhalb zwei Wochen gegen den Beschluß des Kreisausschusses die Beschwerde an den Bezirksausschuß, gegen den in erster Instanz ergehenden Beschluß des Bezirksausschusses die Beschwerde an den Provinzialrat, ferner in gleicher Frist, soweit es sich um die Höhe der Pachtentschädigung handelt (§ 17 Abs. 2 und § 19), dem Jagdvorsteher und den Eigentümern der anzuschließenden Grundflächen und im Falle des § 19 auch dem Inhaber des Eigenjagdbezirkes der Antrag auf mündliche Verhandlung im Verwaltungsstreitverfahren zu. Wenn der Antrag auf mündliche Verhandlung von mehreren hierzu Berechtigten gestellt wird, ist das Verfahren zu verbinden. Die ergehende Entscheidung hat Geltung für alle Beteiligten.

§ 27. Sowohl den Pächtern gemeinschaftlicher Jagdbezirke als auch den Inhabern von Eigenjagdbezirken ist die Anstellung von Jägern für ihre Reviere gestattet. [150])

Als Jäger dürfen im Falle des § 6 Abs. 2 und des § 20 Abs. 2 nur solche großjährigen Männer angestellt werden, gegen welche keine Tatsachen vorliegen, die nach den §§ 34 und 35 die Versagung des Jagdscheins rechtfertigen. [151])

§ 28. In allen Festungswerken ist allein die Militärverwaltung befugt, die Jagd durch besonders dazu ermächtigte Personen ausüben zu lassen. [152])

Das trotzdem dem Jagdvorsteher beigelegte Beschwerderecht soll die Interessen der Jagdgenossenschaft schützen; er soll davon nur in dringenden Fällen Gebrauch machen (AusfA. zu § 26).

[149]) Das Beschwerderecht der Eigentümer der Anschlußflächen und des angepachteten Eigentümers soll deren Interessen, namentlich in Höhe des zu beanspruchenden Pachtbetrages, wahren.

[150]) Und zwar beiden in unbestimmter Anzahl. Läßt aber eine juristische Person (§ 6 Abs. 2) oder der Jagdvorsteher auf Rechnung der Jagdgenossenschaft (§ 20 Abs. 2) den Jagdbezirk beschießen, so ist die Anzahl der angestellten Jäger auf drei beschränkt.

[151]) Siehe die Anm. zu §§ 34, 35. Die Beschränkung des Abs. 2 gilt für die vom Jagdpächter und dem Eigenjagdbesitzer (außer im Fall des § 6) angestellten Jäger nicht.

[152]) Eine besondere Stellung hinsichtlich der Jagd nehmen die Festungen ein. Diese werden gebildet durch die einzelnen Festungs-

Außerhalb dieser Werke, desgleichen um die Pulvermagazine und ähnliche Anstalten werden auf Kosten der Militärverwaltung Umkreise oder Rayons von zusammenhängender Fläche gebildet und bezeichnet, innerhalb welcher die Jagd mit Feuergewehren nicht ausgeübt werden darf[152]) bei Vermeidung einer Geldstrafe von 15 bis 60 Mark.[153])

Die weiteste Entfernung der Außenlinie von den ausspringenden Winkeln des Glacis, der Pulvermagazine und ähnlicher Anstalten wird auf dreihundert Schritte festgesetzt. Die Abgrenzung erfolgt gemeinschaftlich von der Festungsbehörde, einem Deputierten des Gemeinde- (Guts-) Vorstandes und einem der Kreisverwaltung.

Dritter Abschnitt.*) Jagdscheine.

§ 29. Wer[1]) die Jagd ausübt,[2]) muß einen auf seinen Namen lautenden Jagdschein[3]) bei sich führen.[4])

---

werke. Innerhalb derer übt die Militärbehörde in allen Fällen, ohne Rücksicht auf das Eigentum, die Jagd aus. Die von ihr dazu ermächtigten Personen bedürfen nach § 30 Nr. 3 keines Jagdscheins. Für sie gilt auch das Verbot des Abs. 2 nicht (RGZ. 44, 195).

Die Umgebung der Festungen ist nach dem ReichsrayonG. v. 31/12. 71 (RGBl. S. 459) in 3 Rayons eingeteilt, die sich bis 2250 m von dem äußersten Punkt des Glacis ab um die Festung bzw. jedes Festungswerk herum erstrecken. Der innerhalb der ersten beiden abgesteckten Rayons, d. i. im Umkreise von 975 m, Jagende (auch der Jagdgast) muß bei Strafe des § 72 Nr. 2 seinen Jagdschein von dem Festungskommandanten mit einem Einsichtsvermerk versehen lassen (§ 38). Er ist ferner in der Art der Jagdausübung (OVG. 29, 321) dadurch beschränkt, daß er in dem im Abs. 3 bezeichneten äußeren Umkreise von 300 Schritt um Festungswerke herum nicht mit Feuergewehren (wohl aber in anderer Weise) jagen darf. Diese Beschränkung gilt auch für solche Pulvermagazine oder ähnliche Anstalten, welche mit Festungen im Zusammenhang stehen; für andere Pulvermagazine aber nicht. — Alle diese Beschränkungen fallen weg, sobald eine Festung oder ein Festungswerk als solches aufgehoben wird (StenBer. S. 5161).

[153]) Im Nichtbeitreibungsfalle Haft nach §§ 28, 29 StGB.; siehe § 79. Die einzige Strafvorschrift der JO., die nicht in den 8. Abschnitt gebracht ist.

*) Die §§ 29 bis 38 des Abschnitts „Jagdscheine" entsprechen völlig den §§ 1 bis 10 des bisherigen JagdscheinG. v. 31/7. 95

Zuständig [5]) für die Erteilung des Jagdscheins ist der Landrat, in Stadtkreisen die Ortspolizeibehörde, desjenigen

---

(GS. S. 304); in ihnen ist nur im § 32 die Gebühr der Jagdscheine für Ausländer gegen früher erhöht. Die weiteren §§ jenes Gesetzes sind in dem 8. Abschnitt „Strafvorschriften" als §§ 72 bis 75, 80 wiedergegeben, der § 15 schließlich als § 85 im 9. Abschnitt. Das JagdscheinG. selbst ist, weil durch diese §§ der JO. ersetzt, alsdann im § 86 aufgehoben; es gilt aber noch in Hannover und Hohenzollern, so daß der Inhalt des Abschnitts „Jagdscheine" nur nicht auf Helgoland zur Anwendung kommt, wo ein besonderes Jagdscheinrecht der PolVer. v. 21/12. 92 gilt (Kreisblatt für Süderdithmarschen 92 Nr. 52).

[1]) Ein Jeder, der die Jagd ausüben will, bedarf eines Jagdscheins, gleichviel, ob er selbst Eigentümer oder Pächter der Jagd, ob er im Auftrage oder sonst für einen Jagdberechtigten jagt, ob er Forst- oder Jagdbeamter ist, ob er die Jagd auf eigenem, fremdem, offenem oder umfriedetem Gebiet ausübt, ob er mittels Gewehrs oder mit Netzen, Fallen oder dergl. jagdbaren Tieren nachstellt. Auch zur selbständigen Ausübung des Krammetsvogelfangs (siehe Näheres darüber zu § 41) und zur Teilnahme an einer Hetzjagd ist ein Jagdschein nötig. Aber es muß sich bei letzterer wirklich um eine Jagd handeln. Solche liegt nicht vor bei Parforcejagden, auf denen ein eingefangenes und wieder ausgesetztes Wild verfolgt wird, denn dieses ist, weil unverzüglich verfolgt, nicht herrenlos (vgl. Anm. 11 zu § 960 BGB. unter I A). Eine Jagdausübung liegt ferner nicht vor und es bedarf keines Jagdscheins: wenn nicht jagdbare Tiere, z. B. wilde Kaninchen, wenn auch mit Gewehr, verfolgt oder erlegt werden (Johow 20 C 25); wenn vom Jagdberechtigten ein schon erlegtes Tier nur noch aufgenommen und getötet wird, weil darin keine Ausübung einer Jagd, sondern nur seines Jagdrechts liegt (GA. 49, 161); ferner nicht zum Suchen abgeworfener Rehgehörne und Hirschgeweihe (siehe Näheres unter Anhang B); ferner nicht, wenn jemand lediglich zur Gesellschaft einen Jäger auf der Jagd begleitet (DJZ. 97, 305). In den Fällen der Wildschadenverhütung der §§ 61 ff. tritt nach § 30 Nr. 3 die Ermächtigung an Stelle des Jagdscheins; zum Abschuß des Schwarzwilds nach § 64 ist aber ein Jagdschein erforderlich (siehe zu § 64). Bezüglich der Jagdausübung auf dem Meere und seinem Strande siehe Anm. 13 zu § 2. — Eine polizeiliche Bescheinigung über die Bestellung eines Jagdscheins ersetzt diesen nicht (DJZ. 03, 765). — Über das Aussehen, die Ausfertigung usw. der Jagdscheine siehe AusfA. zu § 29.

[2]) Siehe Anm. 31 zu § 292 StGB (unter V) über den Begriff der Jagdausübung.

[3]) Der Jagdschein muß auf den Namen lauten, um die Person des Jägers feststellen zu können; er gewährt kein materielles Jagdrecht, sondern nur eine polizeiliche Erlaubnis zum Jagen.

[4]) Siehe darüber Anm. 4 zu § 72.

Kreises, in welchem der den Jagdschein Nachsuchende einen Wohnsitz [6]) hat oder zur Ausübung der Jagd berechtigt ist. [7])

Personen, welche weder Angehörige eines deutschen Bundesstaats sind, [8]) noch in Preußen einen Wohnsitz haben, [6]) kann der Jagdschein gegen die Bürgschaft einer Person, welche in Preußen einen Wohnsitz hat, [6]) erteilt werden. [9]) Die Erteilung erfolgt durch die für den Bürgen gemäß Abs. 1 zuständige Behörde. Der Bürge haftet für die Geldstrafen, welche auf Grund dieses Gesetzes oder wegen Übertretung sonstiger jagdpolizeilicher Vorschriften gegen den Jagdscheinempfänger verhängt werden, [10]) sowie für die Untersuchungskosten.

§ 30. Eines Jagdscheins bedarf es nicht:

1. zum Ausnehmen von Kiebitz- und Möweneiern; [11])
2. zu Treiber- und ähnlichen bei der Jagdausübung geleisteten Hilfsdiensten; [12])

---

[5]) Der von einer unzuständigen Behörde ausgestellte Jagdschein ist nicht ungültig und sein Inhaber ist nicht strafbar; eine Nachprüfung darüber steht dem Gericht garnicht zu (OppR. 10, 224).

[6]) Wohnsitz hat man an dem Ort, an dem man sich ständig niedergelassen hat (§§ 7 ff. BGB.). Da man einen Wohnsitz an mehreren Orten haben kann, ist jede dieser örtlichen Behörden zuständig.

[7]) Zur Jagdausübung berechtigt ist auch der Jagdgast, d. h. der gelegentlich als Gast zur Jagd zugezogene Jäger (Johow 23 C 45). Zur Ausstellung eines Jagdscheins für ihn ist also auch die Behörde des Bezirks, in dem die Jagd seines Gastgebers liegt, zuständig (vgl. V Nr. 1 der AusfA. zu § 29).

[8]) Die Einwohner des Reichslandes Elsaß-Lothringen sind deutsche Angehörige und bedürfen daher keines Bürgen.

[9]) und zwar muß vorher die Bürgschaft gestellt werden (vgl. IV der AusfA. zu § 29).

[10]) Der Bürge haftet also nicht nur für die Strafen aus §§ 72 ff. JO., sondern auch aus §§ 292 ff. StGB., ferner aus § 367 Nr. 7, 10 u. 11 ebenda usw. Hinsichtlich der Bürgschaft siehe §§ 765 ff. BGB.; sie muß schriftlich erteilt werden.

[11]) Trotzdem das Einsammeln dieser eine Jagdausübung ist (§ 42). Das Ausnehmen aller andern Eier ist verboten (§ 1 VogschutzG. unter IV, § 368 Nr. 11 StGB. unter V; siehe aber § 42 Abs 4 u. 5).

[12]) Weil Treiber usw. nicht Mittäter, sondern nur Gehilfen bei der Jagdausübung sind. Solche Dienste sind z. B das Einbeeren und Ausnehmen im Dohnenstieg, die Dienste eines Büchsenspanners, das Spatenführen beim Dachsgraben.

3. zur Ausübung der Jagd im Auftrag oder auf Ermächtigung der Jagdpolizeibehörde [13]) in den gesetzlich vorgesehenen Fällen. [14]) Der Auftrag oder die Ermächtigung vertritt die Stelle des Jagdscheins. [15])

§ 31. Der Jagdschein gilt für den ganzen Umfang der Monarchie. [16]) Er wird in der Regel auf ein Jahr ausgestellt (Jahresjagdschein). [17]) Personen, welche die Jagd nur vorübergehend ausüben wollen, kann jedoch ein auf drei aufeinander folgende Tage gültiger Jagdschein (Tagesjagdschein) [18]) ausgestellt werden.

§ 32. Für den Jahresjagdschein ist eine Abgabe von 15 Mark, für den Tagesjagdschein von 3 Mark zu entrichten. Personen, welche weder Angehörige eines deutschen Bundesstaats sind, noch in Preußen einen Wohnsitz oder einen Grundbesitz mit einem Grundsteuerreinertrage von 150 Mark haben, müssen eine erhöhte Abgabe für den Jahresjagdschein von 100 Mark, für den Tagesjagdschein von 20 Mark entrichten. [19])

---

[13]) Nur der Jagd*polizei*-, nicht wie früher auch der Jagd*aufsichts*behörde, weil nur erstere jetzt gemäß §§ 61 ff. solche Aufträge usw. erteilen kann. Im übrigen vgl. §§ 69, 70.

[14]) Das sind die Fälle der §§ 61 ff.

[15]) Der Auftrag oder die Ermächtigung muß also schriftlich erteilt werden, denn ihr Empfänger hat auch sie nach § 72 Nr. 1 bei sich zu führen.

[16]) Also auch für Hannover und Hohenzollern gilt der Jagdschein, ebenso umgekehrt, da der § 31 als § 3 des JagdscheinG. v. 31/7. 95 auch für diese beiden Landesteile besteht. Der Jagdschein gilt aber *nicht* in Helgoland, denn dort hat weder die JO. noch das JagdscheinG. Geltung. Die Jagdscheine anderer *Bundesstaaten* gelten weder in Preußen, noch preußische in jenen.

[17]) Der Lauf des Jahresjagdscheins beginnt nicht vom 1. Januar, sondern von dem darin bestimmten Tage. Der Tag der Ausfertigung braucht mit diesem und mit dem Tage der Lösung *nicht* zusammenzufallen (I der AusfA. zu § 29).

[18]) Sonn- und Feiertage rechnen dabei wie andere Tage.

[19]) Die Beträge für die Ausländer betrugen bisher 40 bzw. 6 Mk., auch genügte bisher jeder, auch der kleinste Grundbesitz, für sie zur Erlegung der Inländergebühren. Jetzt müssen Ausländer, d. h. diejenigen, die im Deutschen Reich keinen Wohnsitz haben (Elsaß-Lothringer sind *keine* Ausländer) oder nicht den obigen Grundbesitz haben, die erhöhten Gebühren zahlen. Diese

Neben der Jagdscheinabgabe werden Ausfertigungs- oder Stempelgebühren nicht erhoben.

Gegen Entrichtung von 1 Mark kann [20]) eine Doppelausfertigung des Jagdscheins gewährt werden.

Die Jagdscheinabgabe fließt zur Kreiskommunalkasse, in den Stadtkreisen zur Gemeindekasse. [21]) Über die Verwendung der eingegangenen Beträge hat die Vertretung des betreffenden Kommunalverbandes zu beschließen.

§ 33. Von der Entrichtung der Jagdscheinabgabe [22]) sind befreit:

die auf Grund des § 23 des Forstdiebstahlgesetzes vom 15. April 1878 (Gesetzsamml. S. 222) [23]) beeidigten sowie diejenigen Personen, welche sich in

---

Erhöhung muß aber wegfallen bei den Angehörigen derjenigen Länder, denen durch Handelsverträge hinsichtlich persönlicher Abgaben das Recht auf Gleichstellung zugesichert ist (aM. Dalcke S. 40 Note 15). Solche Länder sind: Italien, Griechenland, Rußland, Serbien und Türkei. Die vor dem 1/8. 07 zum niedrigen Satz noch gelösten Jagdscheine laufen weiter (§ 85). — Ausländer ohne Wohnsitz in Preußen, wenn auch mit Grundbesitz, sind ferner zur Bürgschaft für etwaige jagdpolizeiliche Strafen verpflichtet (§ 29 Abs. 2) und die Pachtverträge, durch welche sie einen gemeinschaftlichen (nicht auch Eigen-) Jagdbezirk pachten, bedürfen der Genehmigung (§ 22 Nr. 5). Weiteren Beschränkungen unterliegen Ausländer im Jagdrecht nicht.

[20]) Also nach dem Ermessen der Behörde (nicht „muß") und zwar ganz allgemein, mithin nicht nur für verlorene, gestohlene oder sonst abhanden gekommene Jagdscheine. Siehe über die Ausfertigung der Jagdscheine, ihr Aussehen, die Kosten ihrer Beschaffung, Führung der Kontrollisten usw. die AusfA. zu § 29 (abgedr. am Schluß der JO.).

[21]) Empfangsberechtigt ist die Kasse desjenigen Kommunalverbandes, in dessen Bezirke die den Jagdschein erteilende Behörde gemäß § 29 zuständig ist.

[22]) Nur von der Gebühr des Jagdscheins sind die betr. Personen befreit. Alle andern Verpflichtungen haben auch sie und machen sich daher z. B. strafbar, wenn sie den unentgeltlichen Jagdschein nicht bei sich führen (§ 72 Nr. 1). Ist ein Jagdschein zu Unrecht als ein unentgeltlicher erteilt, so ist er ungültig (OVG. in GA. 49, 161); vgl. aber Anm. 7 zu § 73.

[23]) Nach diesem § 23 können vom zuständigen Amtsgericht ein für alle Male vereidet werden diejenigen mit dem Forstschutz betrauten Personen, die Königl. Beamte oder vom Waldeigentümer (auch vom privaten) lebenslänglich oder nach dreijähriger tadelloser

der für den Staatsforstdienst vorgeschriebenen Ausbildung befinden.[24]) Der unentgeltlich erteilte Jagdschein genügt nicht, um die Jagd auf eigenem oder gepachtetem Grund und Boden oder auf solchen Grundstücken auszuüben, auf welchen von dem Jagdscheininhaber außerhalb seines Dienstbezirkes die Jagd gepachtet worden ist.[25])

Die Unentgeltlichkeit ist auf dem Jagdscheine zu vermerken.

§ 34. Der Jagdschein muß[26]) versagt[27]) werden:

Forstdienstzeit auf mindestens drei Jahre mittels schriftlichen Vertrags angestellt sind oder die zu den für den Forstdienst bestimmten oder mit Forstversorgungsschein entlassenen Personen gehören.

Die Vergünstigung, einen Jagdschein ohne Entgelt zu erhalten, kommt den Empfangsberechtigten nur so lange zugute, als die Voraussetzung währt, welche ihnen die Vergünstigung verschafft hat, d. h. solange sie im Dienst sich befinden. Ein Oberförster, der in eine höhere Stellung befördert wird, verliert dadurch das Recht den Jagdschein ohne Entgelt zu erhalten nicht, da er Staatsforstbeamter bleibt. Feld- oder Forsthüter, die nur nach dem Feld- und Forstpolizei G. vereidigt sind, haben keinen Anspruch auf einen unentgeltlichen Jagdschein.

[24]) Wer diese Personen sind, siehe Bauer S. 289 und Schultz-v. Seherr-Thoß S. 48; vgl. ferner III der AusfA. zu § 29.

[25]) Der Inhaber des unentgeltlichen Jagdscheins darf also mit diesem nicht jagen: auf seinem eigenen Gut, auf seinem Pachtgut und auf seiner außerhalb seines Dienstbezirks liegenden Pachtjagd. Zur Jagdausübung auf ihnen muß er einen entgeltlichen Jagdschein lösen. Sonst genügt der unentgeltliche Jagdschein für ihn überall, z. B. auch als Jagdgast auf fremden Revieren und auch auf seiner innerhalb seines Dienstbezirks liegenden Pachtjagd.

[26]) Der § 34 behandelt die Fälle, in denen der Jagdschein unbedingt versagt werden muß, § 35 diejenigen, in denen er versagt werden kann; letztere unterliegen also der freien Beurteilung der Jagdpolizeibehörde.

[27]) Unter der „Versagung" ist auch die Entziehung eines bereits erteilten Jagdscheins zu verstehen, die jederzeit berechtigt ist, wenn im Laufe des Jahres die Bedingungen der Erteilung aufgehört haben (Reskr. v. 9/3. 54, BMBl. S. 49, OVG. 2, 223), da die Wiederabnahme eines Jagdscheines denselben Voraussetzungen wie die Versagung unterliegt (OVG. 12, 329). Die Versagungsverfügung (§ 37) muß nach der rechtlichen und nach der tatsächlichen Seite hin soweit begründet sein, daß dadurch dem Betroffenen die Möglichkeit gewährt wird, die Verfügung in ihren Grundlagen durch das ihm zustehende Rechtsmittel anzugreifen,

1. Personen, von denen eine unvorsichtige Führung des Schießgewehrs[28]) oder eine Gefährdung der öffentlichen Sicherheit[29]) zu besorgen ist;
2. Personen, welche sich nicht im Besitze der bürgerlichen Ehrenrechte befinden oder welche unter polizeilicher Aufsicht stehen;[30])

(OVG. 7, 255). Die Jagdpolizeibehörde ist daher verpflichtet, ehe sie die Versagung verfügt, sich davon zu überzeugen, ob gegen den einen Jagdschein Nachsuchenden Tatsachen vorliegen, welche nach §§ 34 u. 35 die Versagung bedingen bzw. rechtfertigen. Liegen solche nicht vor, so muß andrerseits der Jagdschein jedem Deutschen (auch Frauen und Minderjährigen) erteilt werden. — Wegen des Rechtsmittels gegen die Versagung siehe § 37.

[28]) Dies zu beurteilen ist lediglich Sache der Ausstellungsbehörde. Eine förmliche Prüfung durch Sachverständige darüber, ob der Antragsteller in der Führung des Gewehres eine hinreichende Geschicklichkeit besitzt, ist nirgends vorgeschrieben und wird durch das Reskr. v. 3/5. 1873 (BMBl. S. 185) für zu weitgehend erklärt. Zur Versagung ist nicht stetes unvorsichtiges Umgehen mit dem Gewehr erforderlich, auch eine derartige Handlung kann sie unter Umständen rechtfertigen (OVG. v. 3/2. 02 in PreußVerwBl. 23, 761), z. B. ein unvorsichtiger Schuß bei einer Treibjagd (OVG. v. 19/2. 06 in Ztschr. f. Jagdr. 07, 197.).

[29]) Der Begriff der „Gefährdung der öffentl. Sicherheit" umfaßt alles, was nach der Sprache des gewöhnl. Lebens und der Gesetze sonst darunter verstanden wird, insbesondere also das Gesichertsein der Untertanen des Staates vor gewaltsamen und widerrechtlichen Angriffen in Ansehung ihrer Person, ihrer Ehre, ihrer Rechte und ihres Vermögens. Alle diejenigen, von denen eine Gefährdung der öffentl. Sicherheit in diesem Sinne zu besorgen wäre, sollen von der Erteilung des Jagdscheines ausgeschlossen sein (OVG. 11, 293). Darunter ist jedoch nicht jede Verletzung irgendwelcher staatsbürgerlichen Pflichten, nicht jeder, selbst strafbarer Verstoß gegen die öffentliche Ordnung zu verstehen (OVG. 18, 301). Als solche sind vom OVG. aber angesehen: Trunksucht, Neigung zu Gewalttaten, wiederholte Bestrafung wegen öffentlicher Beamtenbeleidigung, Stehenlassen eines geladenen Gewehrs an Kindern zugänglichem Ort. Auch geistige oder körperliche Defekte können die Besorgnis rechtfertigen (OVG. v. 6/5. 01 in PreußVerwBl. 22, 568). Die Gefährdungsbesorgnis muß aber in der Person des Antragstellers liegen; einem Waffenhändler, der Gewehre Wilddieben anbietet, kann aus diesem Anlaß der Jagdschein nicht versagt werden (OVG. v. 9/6. 04 in Schultz Jahrb. 2, 185).

[30]) Ehrverlust (§ 32 ff.) und Polizeiaufsicht (§ 39 StGB.) werden vom Gericht für eine bestimmte Zeitdauer ausgesprochen; sie rechnen von der Verbüßung, Verjährung oder Erlaß der Strafe, neben der sie ausgesprochen sind, ab.

3. Personen, welche in den letzten 10 Jahren[31])
   a) wegen Diebstahls,[32]) Unterschlagung[33]) oder Hehlerei[34]) wiederholt,[35]) oder
   b) wegen Zuwiderhandlung gegen die §§ 117 bis 119 und 294 des Reichsstrafgesetzbuchs[36]) mit mindestens 3 Monaten Gefängnis bestraft sind.[37])

§ 35. Der Jagdschein kann[38]) versagt werden:

1. Personen, welche in den letzten 5 Jahren[31])

---

[31]) Auch nach Ablauf der 10 Jahre kann ihnen aber der Jagdschein aus Nr. 1 versagt werden (OVG. 37, 304). Die 10 Jahre rechnen seit Verbüßung, Verjährung oder Erlaß der betr. Strafe (§ 74).

[32]) §§ 242 ff. StGB.

[33]) § 246 ebenda.

[34]) § 258 ebenda.

[35]) Also mindestens zweimal; auf die Höhe der Strafe kommt es nicht an, auch ein Verweis zählt mit. Bei nur einmaliger Bestrafung kommt § 35 zur Anwendung. Eine Bestrafung durch richterlichen Strafbefehl steht solcher durch Urteil gleich.

[36]) Das sind: Widerstand und tätlicher Angriff gegen Forst- und Jagdbeamte usw. sowie gewerbsmäßiges Jagdvergehen. Siehe unten unter V.

[37]) Die Bestrafung muß rechtskräftig erfolgt sein; es genügt dann aber lediglich die Tatsache der erfolgten Bestrafung an sich allein (OVG. 5, 201). Ebenso genügt das rechtskräftige Urteil über die Polizeiaufsicht, ihre Durchführung ist nicht dazu erforderlich.

[38]) D. h. nach dem freien Ermessen der Jagdpolizeibehörde. Nicht jede Verurteilung wegen eines Jagdvergehens oder der Übertretung einer jagdpolizeilichen Vorschrift (vgl. Nr. 2) rechtfertigt indessen eine Versagung des Jagdscheins; es sind hierbei vielmehr nur diejenigen Fälle zu berücksichtigen, bei denen die öffentliche Ordnung oder Sicherheit beteiligt erscheint, da dieser Gesichtspunkt bei jeder Verweigerung der maßgebende sein soll (OVG. 3, 165). Dieses Ermessen unterliegt, wenn im übrigen die Voraussetzungen für die Anwendbarkeit der §§ 34 u. 35 vorliegen, nicht der Nachprüfung im Wege der Rechtskontrolle (OVG. v. 9/11. 05 in Schultz Jahrb. 3, 82). — Unzulässig ist es, die Erteilung des Jagdscheines von dem Nachweise der Berechtigung zur Ausübung der Jagd auf einem bestimmten Jagdgebiete abhängig zu machen. Das Gesetz unterscheidet auch nicht zwischen einer unbedingten und bedingten, einer unmittelbaren und mittelbaren Versagung des Jagdscheins. Wenn daher der zur Erteilung des Jagdscheins berufene Landrat sie von einer vorgängigen Bescheinigung des Amtsvorstehers abhängig macht, so spricht er, indem er es ablehnt, dem Nachsuchenden die Beibringung dieser Bescheinigung, also die Er-

a) wegen Diebstahls, Unterschlagung oder Hehlerei [39]) einmal, oder

b) wegen Zuwiderhandlung gegen die §§ 117 bis 119 des Reichsstrafgesetzbuchs [36]) mit weniger als 3 Monaten Gefängnis bestraft sind; [37])

2. Personen, welche in den letzten 5 Jahren wegen eines Forstdiebstahls, [40]) wegen eines Jagdvergehens, wegen einer Zuwiderhandlung gegen den § 113 des Reichsstrafgesetzbuchs, wegen der Übertretung einer jagdpolizeilichen Vorschrift [41]) oder wegen unbefugten Schießens (§ 367 Nr. 8 und § 368 Nr. 7 des Reichsstrafgesetzbuchs) [42]) bestraft sind. [37])

§ **36.** Wenn Tatsachen, welche die Versagung des Jagdscheins rechtfertigen, erst nach Erteilung des Jagdscheins eintreten oder zur Kenntnis der Behörde gelangen, so muß in den Fällen des § 34 und kann in den Fällen des § 35 der Jagdschein von der für die Erteilung zuständigen [43]) Behörde für ungültig erklärt und dem Empfänger wieder abgenommen werden. [44])

---

füllung der gestellten Bedingung zu ermöglichen, dadurch zugleich die Versagung aus (OVG. 4, 213).

Die Versagung des Jagdscheins — auch des Tagesjagdscheins — wirkt für die Dauer eines Jahrs (OVG. 6, 203).

[39]) Vgl. Anm. 32 bis 36.

[40]) Vgl. G. v. 15/4. 78 betr. den Forstdiebstahl (§ 1 daselbst).

[41]) Hierunter ist jegliche Übertretung einer das Gebiet der Jagdpolizei berührenden Vorschrift zu rechnen (OVG. 29, 288), auch eine Übertretung der ergangenen Polizeivorschriften betr. den Wildtransport und Wildlegitimation (Vfg. des Min. f. Landw. v. 28/5. 98, abgedruckt bei Bauer S. 301). Dahin sollen auch jagdliche Verstöße gegen die Sonntagsruhe gehören (OVG. 5, 200). Mit Recht zweifelt Bauer (S. 302) dies an; aM.: Dalcke S. 74 Anm. 27. Die Versagung und Entziehung des Jagdscheins kann auch bei Bestrafung wegen Betretens fremden Jagdreviers in Jagdausrüstung (aus § 368 Nr. 10 StGB.) erfolgen (OVG. 39, 288).

[42]) Der § 113 StGB. handelt von dem Widerstand gegen die Staatsgewalt; bez. der §§ 367 [8] u. 368 [7] siehe unten unter V. Davon kommt aber nur das unbefugte Schießen in Frage, nicht auch die übrigen daselbst erwähnten Handlungen. Siehe ferner Anm. 41.

[43]) Zuständig zur Entziehung des Jagdscheins ist nur diejenige Behörde, die ihn ausgestellt hat (OVG. 39, 283 u. V der AusfA. zu § 29).

[44]) Während die §§ 34, 35 von der Versagung des bean

Eine Rückvergütung der Jagdscheinabgabe oder eines Teilbetrags findet nicht statt.[45])

§ 37. Gegen Verfügungen, durch welche der Jagdschein versagt oder entzogen wird, finden diejenigen Rechtsmittel statt, welche in den §§ 127 bis 129 des Gesetzes über die allgemeine Landesverwaltung vom 30. Juli 1883 (Gesetzsamml. S. 195) gegen polizeiliche Verfügungen gegeben sind.[46])

§ 38. Wer[47]) die Jagd innerhalb der abgesteckten Festungsrayons (§§ 8, 24 des Reichsrayongesetzes vom 31. Dezember 1871, Reichs-Gesetzbl. S. 459)[48]) ausüben will, muß vorher seinen Jagdschein von der Festungsbehörde mit einem Einsichtsvermerke versehen lassen.[49])

---

tragten Jagdscheins handeln, bezieht sich § 36 auf die Entziehung des schon erteilten Jagdscheins. Durch die Entziehung wird weder das Jagdrecht selbst noch das Recht zur Jagdausübung inhaltlich berührt. Nur durch die Person des Betreffenden, dem der Jagdschein entzogen ist, darf die Jagd nicht mehr ausgeübt werden, wohl aber durch seine Beauftragten und Jagdgäste. — Die Abnahme des Jagdscheins erfolgt im Verwaltungszwangsverfahren auf Grund des § 48 der Verordnung v. 7/9. 79. Ihr muß die obige Verfügung vorausgehen und vollstreckbar sein. Das Rechtsmittel aus § 37 hat keine aufschiebende Wirkung für sie.

[45]) Ist die Abgabe für den Jagdschein irrtümlich nicht gezahlt, so ist er nicht ungültig, da dies nur nach § 36 der Fall ist; er kann nur nachträglich wieder eingezogen werden, bis dahin besteht die Erlaubnis zur Jagdausübung fort (OVG. 31, 242).

[46]) Inhaltlich bestimmt § 37 nichts Neues, da nach den genannten §§ 127 ff. gegen alle polizeilichen Verfügungen, also auch gegen die aus §§ 34 bis 36, das Verwaltungsstreitverfahren gegeben ist. Durch den § 37 sollte nur der Charakter jener Verfügungen außer Zweifel gestellt werden (Mot. zu § 9 JagdscheinG. v. 31/7. 95). Der § 37 trifft nicht nur für die Versagung und Entziehung allein zu, sondern auch, wenn die Erteilung an die Bedingung der Bürgschaft geknüpft ist oder die erhöhte Ausländergebühr verlangt oder die Unentgeltlichkeit eines Jagdscheins abgelehnt wird (OVG. 33, 333).

[47]) Also jeder; auch der Jagdgast.

[48]) Das Gesetz ist nicht vom 31., sondern vom 21/12. 71.

[49]) Hinsichtlich der jagdlichen Beschränkungen bei Festungen siehe Anm. zu § 28.

Vierter Abschnitt.*) Schonvorschriften.

§ 39. Mit der Jagd zu verschonen[1]) sind:[2])

1. männliches Elchwild vom 1. Oktober bis 31. August;
2. weibliches Elchwild und Elchkälber das ganze Jahr hindurch;
3. männliches Rot- und Damwild vom 1. März bis 31. Juli;
4. weibliches Rotwild, weibliches Damwild sowie Kälber von Rot- und Damwild vom 1. Februar bis 15. Oktober;
5. Rehböcke vom 1. Januar bis 15. Mai;
6. weibliches Rehwild und Rehkälber vom 1. Januar bis 31. Oktober;
7. Dachse vom 1. Januar bis 31. August;
8. Biber vom 1. Dezember bis 30. September;
9. Hasen vom 16. Januar bis 30. September;
10. Auerhähne vom 1. Juni bis 30. November;
11. Auerhennen vom 1. Februar bis 30. November;
12. Birk-, Hasel- und Fasanenhähne vom 1. Juni bis 15. September;
13. Birk-, Hasel- und Fasanenhennen vom 1. Februar bis 15. September;

---

*) Die §§ 39 bis 50 entsprechen genau den §§ 2 bis 12 und 14 des WildschonG. v. 14/7. 04, welches in § 86, als inhaltlich durch die einzelnen Bestimmungen der JO. ersetzt, aufgehoben ist. Der § 1 JO. ist gleich dem § 1, ferner die §§ 76 bis 80 JO. den §§ 13 bis 18 und § 83 JO. schließlich dem § 19 Abs. 3 jenes Gesetzes.

[1]) D. h. es darf dem Schonwild in dieser Zeit in keiner Weise zwecks Besitznahme nachgestellt werden; jede Art der Jagdausübung auf Schonwild während der Schonzeit ist nach § 77, eine erfolgreiche Jagdausübung nach § 76 strafbar. Aber nur das Nachstellen wirklich mit dem Willen Wild zu erlegen ist strafbar; deshalb bleibt straflos, wer in der Schonzeit den Jagdhund zur Dressur lediglich suchen läßt. Die Schonzeit gilt nicht für Wildgärten (Abs. 4).

[2]) Bei den in gesperrter Schrift gedruckten Zeiten bzw. Tieren ist die Schonzeit nach § 40 durch den Bezirksausschuß abänderlich. Siehe hinsichtlich der Schon- und Schießzeiten unten die übersichtliche Tabelle Seite 137.

14. Rebhühner, Wachteln und schottische Moorhühner vom 1. Dezember bis 31. August;
15. wilde Enten vom 1. März bis 30. Juni;
16. Schnepfen vom 16. April bis 30. Juni;
17. Trappen vom 1. April bis 31. August;
18. wilde Schwäne, Kraniche, Brachvögel, Wachtelkönige und alle anderen jagdbaren Sumpf- und Wasservögel, mit Ausnahme der wilden Gänse, vom 1. Mai bis 30. Juni;
19. Drosseln (Krammetsvögel) vom 1. Januar bis 20. September.

Die im Vorstehenden als Anfangs- und Endtermine der Schonzeiten bezeichneten Tage gehören zur Schonzeit.

Beim Elch-, Rot-, Dam- und Rehwild gilt das Jungwild als Kalb bis einschließlich zum letzten Tage des auf die Geburt folgenden Februars.

Vorstehende Vorschriften über Schonzeiten finden auf das Fangen oder Erlegen von Wild in eingefriedigten Wildgärten [3]) keine Anwendung. [4])

§ 40. Aus Rücksichten der Landeskultur oder der Jagdpflege kann der Minister für Landwirtschaft, Domänen und Forsten den Abschuß weiblichen Elchwildes für die Zeit vom 16. bis 30. September gestatten.

Aus denselben Gründen [5]) können durch Beschluß des Bezirksausschusses:

---

[3]) „Wildgarten" ist ein weiterer Begriff wie der in § 960 BGB. gebrauchte Ausdruck „Tiergarten". (Siehe darüber näheres Anm. 10 oben unter I A). Unter eingefriedigten Wildgärten sind hier alle Gehege zu verstehen, in denen die eingeschlossenen Tiere am Entweichen verhindert werden sollen und auch tatsächlich verhindert werden. In derartigen Gehegen brauchen die Schonzeiten, für die darin tatsächlich in der Freiheit beschränkten Tiere, nicht eingehalten zu werden, wohl aber die Vorschriften der §§ 43 ff. über den Wildhandel. Für anderes durch das Gehege nicht in der Freiheit beschränkte Wild gilt aber die Schonzeit, also z. B. für die im Hirschgarten befindlichen Hasen und Fasanen. Ebenso Dickel S. 95, Danckelmann-Engelhardt S. 51; aM. AusfA. zu § 4.

[4]) Die Schonzeiten finden ferner keine Anwendung, wenn der Abschuß zur Verhütung von Wildschaden seitens der Jagdpolizeibehörde (§ 69) in den Fällen der §§ 61 bis 64 angeordnet oder der Garten- bzw. Fischereiberechtigte (§§ 66, 67) zum Abschuß der Schadentiere ermächtigt ist.

a) der Anfang und der Schluß der Schonzeiten für die im § 39 unter 12 bis 14 genannten Wildarten und der Schluß der Schonzeit für Rehböcke anderweit, jedoch nicht über 14 Tage vor oder nach den dort bestimmten Zeitpunkten, festgesetzt,

b) das Ende der Schonzeit für Drosseln (Krammetsvögel) bis 30. September einschließlich hinausgeschoben,

c) die Schonzeiten für Dachse und wilde Enten eingeschränkt oder gänzlich aufgehoben [6]) sowie für Rehkälber und Biber verlängert oder auf das ganze Jahr ausgedehnt

werden.

Die hiernach zulässige Abänderung oder Aufhebung der Schonzeiten darf für den ganzen Umfang oder nur für einzelne Teile des Regierungsbezirkes, die Abänderung für die einzelnen Teile desselben Regierungsbezirkes in verschiedener Weise erfolgen. [7])

Der Beschluß zu a kann nur für die Dauer eines Jahres gefaßt werden. [8])

§ 41. Das Aufstellen [9]) von Schlingen, [10]) in denen

---

[5]) Eine Reihe von Gesichtspunkten für derartige Beschlüsse sind in der AusfA. zu § 40 aufgeführt (siehe diese abgedr. im Anschluß an die JO).

[6]) Für sie kann also die Schußzeit beliebig verlängert und sogar auf das ganze Jahr ausgedehnt werden.

[7]) Diese Bestimmung ist für den Handelsvertrieb des Wildes wesentlich. In den Großstädten kann dadurch die Verkaufszeit durch Festsetzung einer anderen Schonzeit wie im Landbezirk dem Bedürfnis entsprechend geregelt werden.

[8]) Der Beschluß ist von keiner Seite anfechtbar (§ 49).

[9]) Schon das Aufstellen von Schlingen, die zum Fang jagdbarer Tiere oder Kaninchen geeignet sind, ist verboten und gemäß § 77 Nr. 2 strafbar. Dieses Verbot trifft auch den Jagdberechtigten. Siehe Anm. 18, 19 zu § 77. Ausnahme bildet allein der Dohnenstieg (Abs. 2).

[10]) Nur Schlingen sind verboten, andere Fangmittel wie z. B. Wildgruben, Entenfänge, Tellereisen usw. sind auch für jagdbare Tiere zulässig, sogar mit Bootsgeschützen können solche (z. B. wilde Enten) erlegt werden (OVG. 43, 284). Hinsichtlich der für die unter dem VogschutzG. stehenden Vögel verbotenen Fangmittel vgl. § 2 jenes G. v. 22/3. 88 (unten unter IV).

sich jagdbare Tiere [11]) oder Kaninchen [12]) fangen können, ist verboten. [13])

Unter dieses Verbot fällt nicht die Ausübung des Dohnenstiegs [14]) mittels hochhängender [15]) Dohnen. Die

---

[11]) Die jagdbaren Tiere zählt § 1 erschöpfend auf.

[12]) Die wilden Kaninchen sind in § 1 nicht aufgeführt, sie sind deshalb in ganz Preußen (außer Hohenzollern) — der § 1 gilt als solcher des WildschonG. v. 14/7. 04 auch in Hannover — nicht jagdbar. Nur hinsichtlich des Fangverbots mit Schlingen sind sie den jagdbaren Tieren gleichgestellt. Ihnen darf also auf andere Weise von jedermann nachgestellt werden und wer ein Kaninchen erlegt, erwirbt das Eigentum daran (§ 958 BGB.). Ihre Nachstellung ist daher auch kein Jagdvergehen aus §§ 292 ff. StGB. (Johow 13, 352), ferner bedarf ihr Jäger keines Jagdscheins (Johow 20 C. 25). Dieser Rechtszustand des allgemeinen Aneignungsrechts an wilden Kaninchen ist aber dadurch beeinflußt, daß es nicht gestattet ist, auf fremden Grundstücken wilde Tiere aufzusuchen (vgl. § 115 I 9 u. 35 II 16 ALR., § 368 Nr. 9 StGB., § 9 Feld- u. ForstPolG. v. 1/4. 80) und in Jagdausrüstung ein fremdes Jagdrevier zu betreten (§ 368 Nr. 10 StGB.). Ferner ist z. T. durch Polizeiverordnungen, z. B. für die Provinzen Sachsen v. 17/10. 92 und Brandenburg v. 14/6. 94, das Betreten fremder Grundstücke zum Zweck des Kaninchenfangs ohne schriftliche Erlaubnis des Eigentümers (in Sachsen auch des Jagdberechtigten) dem nicht jagdberechtigten Dritten bei Strafe verboten; derartige Verordnungen sind gültig (Johow 22 C 109).

Bei einer der Feld- und Gartenkultur schädlichen Vermehrung der Kaninchen gibt § 61 Abs. 2 der Jagdpolizeibehörde die Befugnis, dem Jagdpächter deren Abschuß aufzugeben und auch dazu den Grundstückseigentümer zu ermächtigen. Denn letzterer darf zwar in anderer Weise, aber nicht mit Schießgewehr, den Kaninchen nachstellen, weil er das fremde Jagdrevier nicht in Jagdausrüstung betreten darf (§ 368 Nr. 10 StGB. unter V u. OVG. bei Bauer S. 611). Der Grundstückseigentümer kann in allen Fällen die erlegten Kaninchen behalten, da sie kein Wild sind und er Eigentum mit der Aneignung erworben hat (siehe § 960 BGB. oben unter I A).

[13]) Das Schlingenverbot gilt für jedermann, auch für den Jagdberechtigten (Mot. z. WildschonG.) und auch für Wildgärten (§ 77 Abs. 2). Einen zum Fang von Wild bestimmten Gegenstand, also auch Schlingen, die ein Unbefugter auf das Jagdrevier gebracht hat, darf der Jagdberechtigte wegnehmen (KomBer. z. WildschonG. S. 11).

[14]) Der Dohnenstieg dient zum Fang der Krammetsvögel. Diese sind jetzt in ganz Preußen (außer Hohenzollern) — auch in Hannover (gemäß § 1 WildschonG. v. 14/7. 04) — nach § 1 jagdbar; es würde daher, wenn nicht die ausdrückliche Aus-

Art der Ausübung des Dohnenstiegs kann durch den Regierungspräsidenten im Wege der Polizeiverordnung geregelt werden.[15])

§ 42.[16]) Kiebitz- und Möweneier[17]) dürfen nur bis 30. April einschließlich eingesammelt werden.

Durch Beschluß des Bezirksausschusses kann dieser Termin bis zum 10. April einschließlich zurückverlegt

---

nahme ausgesprochen wäre, ihr Fang im Dohnenstieg nach Abs. 1 verboten sein. Da ihr Fang eine Jagdausübung darstellt, bedarf der Jagdberechtigte zum Krammetsvogelfang auch eines Jagdscheins (OppR. 3, 81 u. AusfA. zu § 41). Dagegen bedürfen eines solchen nicht Personen, die vom Jagdberechtigten nur mit dem Einbeeren, Absuchen, Schlingenstellen usw. im Dohnenstieg beschäftigt sind, da darin nur Hilfsdienste bei der Ausübung des Dohnenstiegs liegen (§ 30 Nr. 2). Hinsichtlich der Schon- bzw. Fangzeit der Krammetsvögel vgl. § 39 Nr. 19.

[15]) Um Tierquälereien im Dohnenstieg vorzubeugen, sollen Polizeiverordnungen über die Art seiner Ausübung erlassen werden (AusfA. zu § 41). Laufdohnen sind, da sie nicht „hochhängende" sind, verboten und ihre Anbringung nach § 77 Abs. 2 strafbar.

[16]) Die Verstöße gegen § 42 sind nicht wie die übrigen Übertretungen der JO. im 8. Abschnitt mit Strafe bedroht, sondern für sie kommt § 368 [11] StGB. in Frage.

[17]) Kiebitze und alle Arten Möwen sind als Sumpf- und Wasservögel gemäß § 1 in ganz Preußen (außer Hohenzollern) — auch in Hannover (vgl. Anm. 12 am Anfang) — jagdbar. Das Einsammeln ihrer Eier würde deshalb beim Fehlen des § 5 nach § 368 [11] StGB. strafbar sein. Der § 5 enthält daher eine Ausnahmevorschrift, durch die das Einsammeln ihrer Eier vom Legen grundsätzlich bis 30. April gestattet ist. Dieser Endtermin darf nach Abs. 2 durch den Bezirksausschuß für Kiebitzeier in die Tage vom 10. bis 30. April, für Möweneier in die Tage vom 10. April bis 15. Juni einschließlich verlegt werden.

Das Einsammeln von Kiebitz- und Möweneiern ist Jagdausübung und steht als solche nur dem Jagdberechtigten zu, ausnahmsweise bedarf er dazu aber keines Jagdscheins (§ 30 Nr. 1). Wie jede andere Jagdausübung (§ 75) darf auch das Einsammeln dieser Eier nur in Begleitung des Jagdberechtigten oder auf Grund seiner schriftlichen Erlaubnis, die der Sammler wie ein unbegleiteter Jäger bei sich führen muß, erfolgen (Abs. 3). Wer überhaupt ohne erteilte Erlaubnis des Jagdberechtigten ihre Eier sammelt, begeht zwar eigentlich ein Jagdvergehen, ist aber nur aus dem besonderen § 368 Nr. 11 StGB. zu bestrafen; wer mit Erlaubnis aber ohne den Erlaubnisschein bei sich zu führen ihre Eier sammelt, ist ebenso folgerichtig wie jeder andere Jäger aus § 75 zu bestrafen. Andere wollen unrichtig im letzteren Falle den Sammler als „unbefugten" aus § 368 Nr. 11 StGB. strafen, noch andere ihn als oder für Möweneier bis zum 15. Juni einschließlich verlängert werden.

Das Sammeln der Kiebitz- und Möweneier darf von anderen Personen als dem Jagdberechtigten nur in dessen Begleitung oder mit dessen schriftlich erteilter Erlaubnis, welche der Sammelnde bei sich zu führen hat, vorgenommen werden.

Eier oder Junge von anderem jagdbaren Federwild auszunehmen, ist auch der Jagdberechtigte nicht befugt,[18]) mit Ausnahme derjenigen Eier, welche ausgebrütet werden sollen.[19])

Zum Ausnehmen von Eiern, welche zu wissenschaftlichen oder zu Lehrzwecken benutzt werden sollen, bedarf es der Genehmigung der Jagdpolizeibehörde.[19])

---

straflos ansehen. Siehe dazu Dickel S. 46. Der Handelsvertrieb der Kiebitz- und Möweneier unterliegt vom Beginn des 15. Tags nach dem Schluß der Einsammelzeit den gleichen Beschränkungen wie der Wildvertrieb nach der Schonzeit (§§ 43 ff.).

Für das Eigentumsrecht an den Eiern gilt das gleiche wie in Anm. 6 zu § 958 BGB. (oben unter I A).

[18]) Von anderm jagdbaren Federwild als von Kiebitzen und Möwen darf auch der Jagdberechtigte Eier und Junge nicht ausnehmen; auch nicht solche von Strandvögeln und Seeschwalben (trotz des § 1 VogschutzG., siehe unter IV), da sie in Preußen jagdbar sind. Der Jagdberechtigte darf also auch nicht die Eier von Adlern, wilden Tauben, wilden Schwänen usw. ausnehmen; er macht sich sonst aus § 368 Nr. 11 StGB. strafbar. Das Ausnehmen der Nester der nicht jagdbaren Vögel ist durch § 1 VogschutzG. verboten, zulässig ist es nur bei den in § 8 c) dort aufgezählten Schädlingen.

[19]) Nur gestattet ist das Ausnehmen der Eier von jagdbarem Federwild zum Zweck des Ausbrütens (wichtig z. B. für Fasanerien) oder für wissenschaftliche und Lehrzwecke (Abs. 5), wozu im letzteren Fall die Genehmigung der Jagdpolizeibehörde (§ 69) treten muß. In jedem Fall ist nur der Jagdberechtigte dazu befugt; nimmt er Eier zu Lehrzwecken ohne jene Genehmigung, so ist er strafbar nach § 368 [11] StGB. Auch muß die Absicht, die Eier zum Ausbrüten oder zu Lehrzwecken zu verwenden, auch schon beim Ausnehmen bestanden haben, was aus dem Wort „sollen“ im Gesetz (Abs. 4 u. 5) hervorgeht. Der Jagdberechtigte kann also unbedenklich das ausgemähte und deshalb verlassene Rebhuhnsgelege nehmen und einem Huhn unterlegen, weil das Ausnehmen in jener — wenngleich durch die Umstände erzwungenen — Absicht erfolgt. Auch der Verkauf solcher Eier zu Brutzwecken ist unbedenklich; denn er ist im Gesetz nicht ausdrücklich verboten und widerspricht auch nicht

§ 43. Vom Beginne des fünfzehnten Tages der für eine Wildart festgesetzten Schonzeit bis zu deren Ablauf ist es verboten,[20] derartiges Wild[21] in ganzen Stücken oder zerlegt, aber nicht zum Genusse fertig zubereitet, in demjenigen Bezirke, für welchen die Schonzeit gilt,[22] zu versenden,[23] zum Verkaufe herumzutragen oder auszustellen oder feilzubieten,[24] zu verkaufen, anzukaufen,[25] oder den Verkauf von solchem Wild zu vermitteln.[26]

---

seinem Inhalt, da das Ausbrüten bei andern denselben Zweck wie beim Jagdberechtigten erfüllt. (Auch bejaht von Bauer S. 190.)

[20]) und nach § 77 mit Geldstrafe bis 150 Mk. bedroht.

[21]) Darunter sind nur solche jagdbare Tiere, die Schonzeit haben, zu verstehen; anderes Wild (wie z. B. Schwarzwild, Schneehühner, wilde Gänse) kann stets vertrieben werden. Auch auf Wild, welches nicht in Preußen erlegt ist, bezieht sich das Verbot, und auch auf lebendes Wild (KG. v. 18/5. 05 in Schultz Jahrb. 2, 184) sowie auf Kiebitz- und Möweneier (Abs. 4). Nicht verboten ist der Vertrieb von Geweihen, Gehörnen, Wildhäuten, ausgestopften Vögeln usw. Der Zweck des § 43 ist die polizeiliche Überwachung des Schonwildverkehrs im Schonbezirk zu erleichtern (a. a. O. 3, 229).

[22]) Das Verbot gilt also nur für den Bezirk, in dem wegen der gesetzlichen (§ 39) oder festgesetzten (§ 40) Schonzeit das betr. Wild nicht erlegt werden darf, aber auch dann, wenn es aus einem Nichtschongebiet stammt. Während der Verbotszeit darf also auch aus andern Gegenden mit längerer Schutzzeit stammendes Wild im Schonbezirk nicht vertrieben werden (Johow 29 C 75).

[23]) Versendung ist nicht gleich Absendung, sondern ist ein weiterer die letztere einschließender Begriff. Wer Wild aus einem Nichtschongebiet in ein Schongebiet sendet, hat mit der Absendung seine Versendungstätigkeit begonnen, setzt letztere im Schongebiet fort und ist daher nach § 77 strafbar (KG. v. 15/5. 05 in Schultz Jahrb. 2, 184). Der Wildtransport darf überhaupt nicht im Schonbezirk stattfinden (ebenda 3, 229).

[24]) Das Feilbieten erfordert im Gegensatz zum Feilhalten ein Anbieten zum Kauf, also neben dem Bereitstellen und Zugänglichmachen der Ware positive, zum Kauf anregende Handlungen (Johow 22 C 51). Das bloße Angebot Wild zu liefern oder die Erfüllung der übernommenen Lieferungspflicht durch Zusendung des Wilds sind kein Feilbieten (Johow 24 C 50).

[25]) Verkaufen und Ankaufen ist im Sinne des käuflichen Erwerbs zu verstehen. Der Abschluß eines Kaufs an sich darf während der Verbotszeit erfolgen, aber es darf in ihr nicht geliefert werden (siehe dazu KG. in Schultz Jahrb. 1, 87; 2 181 u. 182).

[26]) Jeder Vertrieb ist verboten, nur ist ausgenommen: zum Genuß fertig zubereitetes Wild (z. B. Wildkonserven in Büchsen,

Vorstehenden Beschränkungen unterliegt nicht der Vertrieb einzelner Arten von Wild aus Kühlhäusern, wenn er unter Kontrolle nach Maßgabe der von den zuständigen Ministern zu erlassenden Bestimmungen [27]) stattfindet. Die Kosten der Kontrolle fallen den Inhabern der Kühlhäuser zur Last und können in Form einer Gebühr nach Tarifen erhoben werden.

Ferner dürfen Ausnahmen, [28]) wenn es sich um die Versendung, den Verkauf, den Ankauf und die Verkaufsvermittlung von lebendem Wilde zum Zwecke der Blutauffrischung oder Einführung einer Wildart handelt, durch den für den Empfangsort zuständigen Regierungspräsidenten gestattet werden.

Die Bestimmungen des ersten Absatzes finden auf Kiebitz- und Möweneier entsprechende Anwendung. [29])

§ 44. Vom Beginne des fünfzehnten Tages der für das weibliche Elch-, Rot-, Dam- und Rehwild festgesetzten Schonzeiten bis zu deren Ablauf ist es verboten, unzerlegtes Elch-, Rot-, Dam- und Rehwild, bei welchem das Geschlecht nicht mehr mit Sicherheit zu erkennen ist, zu versenden, [23]) zum Verkaufe herumzutragen oder auszustellen oder feilzubieten, [24]) zu verkaufen, anzukaufen [25]) oder den Verkauf von solchem Wilde zu vermitteln. [30])

---

in Gläsern mittels Weck'schen Apparats eingekocht, als Restaurationsspeise, aber nicht ein bratfertiger d. h. gestreifter und gespickter Hase), solches aus Kühlhäusern (Abs. 2), lebendes Aussetzungswild (Abs. 3) und beschlagnahmtes sowie zur Wildschadenverhütung erlegtes Wild (§ 45). Der Verbrauch von Wild zum eigenen Bedarf ist auch in der Verbotszeit gestattet; man kann also in letzterer gekauftes Wild beliebig lange hängen lassen und dann aufbrauchen, auch dann noch verschenken, doch nicht im Wege der Versendung (KG. v. 27/9. 06 in Ztschr. f. Jagdr. 07, 231).

[27]) Als solche sind ergangen: die jetzt in den §§ 1 bis 8 der AusfA. zum § 43 zusammengestellten Vorschriften (siehe hinter JO.).

[28]) Für einzelne Fälle auf Antrag der Interessenten.

[29]) Solche Eier dürfen in der Verbotszeit also nur zum Genuß fertig zubereitet vertrieben werden. Siehe Näheres über Kiebitz- und Möweneier oben Anm. 17 zu § 42.

[30]) Es darf vom obigen Tage ab also nur Wild im unzerlegten Zustand vertrieben werden, wenn an ihm das Geschlecht erkenntlich ist. Die Schonzeit des weiblichen Wildes beschränkt mithin die Vertriebsart des männlichen Wildes während der Schußzeit des letzteren. Der Zweck des § 44 ist, zu verhindern, daß

§ 45. Die Vorschriften der §§ 43 und 44 finden auf Wild keine Anwendung, welches im Strafverfahren in Beschlag genommen oder eingezogen[31]) oder welches mit Genehmigung oder auf Anordnung der zuständigen Behörde oder in Fällen erlegt ist, in denen besondere gesetzliche Vorschriften es gestatten.[32])

Wer jedoch solches Wild in ganzen Stücken oder zerlegt versendet,[23]) zum Verkaufe herumträgt oder ausstellt oder feilbietet,[24]) verkauft, oder den Verkauf von solchem Wilde vermittelt, muß mit einer befristeten Bescheinigung der Ortspolizeibehörde oder des von ihr mit Genehmigung des Landrats zur Ausstellung einer solchen ermächtigten Gemeinde- (Guts-) Vorstehers versehen sein.[33])

Der Käufer muß sich die Bescheinigung vorzeigen lassen.[33])

§ 46. Die Versendung von Wild[34]) darf nur unter Beifügung eines Ursprungsscheins erfolgen.[35])

Die näheren Vorschriften werden von dem Oberpräsidenten oder dem Regierungspräsidenten im Wege der Polizeiverordnung erlassen;[36]) hierbei können von

---

weibliches Wild als männliches „frisiert" in Handel gebracht werden kann. Das Unkenntlichmachen allein ist aber nicht strafbar, es muß der Vertrieb hinzukommen (§ 78).

[31]) Nach § 78 Abs. 3.

[32]) Nach §§ 61 ff.

[33]) Bei Vermeidung der in § 77 angedrohten Geldstrafe bis 150 Mk. Der Käufer, der sich die Bescheinigung nicht zeigen läßt, ist hiernach strafbar, selbst wenn der Verkäufer solche wirklich hatte.

[34]) Für jegliches „Wild", also für alle jagdbaren Tiere ohne Unterschied, ob für sie Schonzeiten bestehen oder nicht, also z. B. auch für Schwarzwild; auch für solches aus Wildgärten (§ 47). Jedoch können kleinere Wildarten z. B. Hasen, Fasanen, Rebhühner davon ausgenommen werden (Abs. 2).

[35]) Der Versender ohne Ursprungsschein macht sich nach dem Gesetz nicht strafbar, aber er hat die Zurückweisung seiner Sendung seitens der Post- und Eisenbahnbehörden zu erwarten, da diese das Ursprungsattest nach bestimmtem Formular laut Anweisung zu verlangen haben (ZirkV. vom 9/8. u. 30/8 73, MBl. i. V. S. 274). Wohl aber kann durch Polizeiverordnungen Strafe angedroht werden; auch solche früher erlassenen sind gültig (Johow 30 C 21).

[36]) Solche Verordnungen sind in den meisten Provinzen ergangen, ihre Gültigkeit in Entscheidungen des KG. aber an-

dem Erfordernisse des Ursprungsscheins bezüglich einzelner kleinerer Wildarten Ausnahmen gestattet werden.

§ 47. Die Vorschriften der §§ 43 bis 46 finden auch auf Wild, welches in eingefriedigten Wildgärten [8]) erlegt oder gefangen ist, Anwendung.

§ 48. Der Bezirksausschuß ist befugt, für den Umfang des ganzen Regierungsbezirkes oder einzelne Teile des letzteren diejenigen nicht jagdbaren Vögel zu bezeichnen, auf welche die Ausnahmebestimmung des § 5 Abs. 1 des Reichsgesetzes, betreffend den Schutz von Vögeln, vom 22. März 1888 (Reichs-Gesetzbl. S. 111) [37]) dauernd oder vorübergehend Anwendung finden darf. [38])

§ 49. Der Beschluß des Bezirksausschusses ist in den Fällen der §§ 40, 42 und 48 endgültig. [39])

---

gezweifelt; die dadurch entstandene Rechtsunsicherheit ist durch die jetzige Bestimmung gehoben. Jeder, der Wild in Verkehr bringt, muß deshalb die betr. Polizeiverordnungen seiner Provinz einsehen.

[37]) Siehe unten unter IV.

[38]) Der § 5 des VogschutzG. gibt den Jagdberechtigten und deren Beauftragten ein Tötungsrecht an den dem jagdbaren Feder- oder Haarwild schädlichen Vögeln „nach Maßgabe der landesgesetzlichen Bestimmungen“, d. h. soweit dies nach den landesgesetzlichen Vorschriften über die Jagd gestattet ist (Johow 24 C 92). Eine solche Vorschrift besteht jetzt für Preußen im § 48, in dem den Bezirksausschüssen die Befugnis gegeben ist, für bestimmte nicht jagdbare, der Jagd schädliche Vögel ein dauerndes oder vorübergehendes Tötungsrecht zu gewähren.

Zu solchen jagdschädlichen Vögeln gehört besonders der Storch (schwarzer und weißer). Er ist, da er in § 1 ausdrücklich ausgenommen ist, nicht jagdbar, untersteht aber dem Vogelschutz nach G. v. 22/3. 88 (unten IV) und es darf ihm grundsätzlich danach vom 1. März bis 15. Sept. nicht nachgestellt werden. Da er als Zugvogel andererseits in der hiernach für seine Nachstellung freibleibenden Zeit (vom 16. Sept. bis Ende Februar) sich nicht bei uns aufhält, darf er tatsächlich überhaupt nicht abgeschossen werden, wenn nicht ein die Tötung erlaubender Beschluß des Bezirksausschusses vorliegt. Das Recht zum Abschuß eines Storches hängt deshalb davon ab, ob der für das Revier zuständige Bezirksausschuß einen die Tötung des Storches für bestimmte oder unbestimmte Zeit gestattenden Beschluß erlassen hat. Liegt solcher vor, so darf nicht nur der Jagdberechtigte, sondern jedermann dem Storch nachstellen. Dabei kommen aber auch die in Anm. 12 zu § 41 erwähnten Beschränkungen in Frage.

[39]) D. h. es sind keine Rechtsmittel dagegen zulässig.

§ 50. Bei Einführung oder Einwanderung bisher nicht einheimischer Wildarten kann durch Königliche Verordnung Bestimmung getroffen werden über ihre Jagdbarkeit, die Festsetzung von Schonzeiten für sie und die Androhung von Strafen bei Verletzung der festgesetzten Schonzeiten.[40])

Fünfter Abschnitt.*) Wildschadenersatz.

§ 51. Für den nach § 835 BGB. zu ersetzenden, durch Schwarz-, Rot-, Elch-, Dam- oder Rehwild oder durch Fasanen angerichteten Schaden gelten folgende Bestimmungen:[1])

---

[40]) Diese Vorschrift rechnet mit der Möglichkeit, daß fremde Wildarten bei uns heimisch werden könnten, wie es z. B. einmal mit dem Steppenhuhn den Anschein hatte. Auch für das Moorhuhn ist einst aus solchem Anlaß ein besonderes Gesetz ergangen (v. 15/4. 02, GS. S. 77).

*) Das Recht des Wildschadenersatzes war bisher in Preußen durch das WildschadenG. v. 11/7. 91 (GS. S. 307) geregelt — nur in Hannover durch §§ 23 bis 25 Hann. JO. und durch G. v. 21/7. 48, in den früher Kurhessischen Landesteilen durch G. v. 26/1. 54 und § 34 des Kurhessischen JagdG. v. 7/9. 65. Dieses Recht war, soweit es nicht im Gegensatz zum BGB. stand, bei dessen Einführung durch Art. 70, 55 EG. aufrecht erhalten. In den §§ 51 ff. JO. sind im großen und ganzen die früheren Bestimmungen des WildschadenG. v. 11/7. 91 wiedergegeben. Die §§ 51 u. 52 JO. entsprechen unter Berücksichtigung des § 835 BGB. den §§ 1 u. 2, die §§ 54 bis 60 JO. den §§ 5 bis 11 des WschadenG.; einige andere Bestimmungen des letzteren sind zweckmäßig in den 6. Abschnitt unter Wildschadenverhütung eingestellt (§§ 62 bis 64, 66, 68 JO.). Der § 53 JO. ist analog dem § 3 WschadG. von der AbgKommission neu geschaffen. Der § 4 jenes G. ist als durch § 254 BGB. inhaltlich ersetzt fortgefallen.

Da die JO. nicht in Hannover gilt, ist dessen oben erwähntes Recht aufrecht erhalten. Dies ist aber auch durch § 81 JO. für die früher Kurhessischen Landesteile geschehen, so daß auch in ihnen ihr bisheriges Wildschadenrecht weiter gilt. (Siehe dies im Anhang unter A.)

[1]) Die materiellrechtlichen Fragen des Wildschadens beantwortet grundsätzlich der § 835 BGB. (siehe dazu oben unter I A), im besonderen auch die Fragen, was als Wildschaden anzusehen ist, wer grundsätzlich ersatzpflichtig und ersatzberechtigt ist, sowie welcher Schaden und in welchem Umfange er zu ersetzen ist. In den

§ 52. Ersatzpflichtig sind in einem gemeinschaftlichen Jagdbezirke [2]) die Grundbesitzer des Jagdbezirkes nach Verhältnis der Größe der beteiligten Fläche. [3]) Dieselben werden durch den Jagdvorsteher vertreten. [2])

Hat bei Verpachtung der Jagd in gemeinschaftlichen Jagdbezirken der Jagdvorsteher die vollständige Wiedererstattung der zu zahlenden Wildschadenbeträge durch den Jagdpächter nicht ausbedungen, so müssen solche Jagdpachtverträge nach ortsüblicher Bekanntmachung zwei Wochen [4]) öffentlich ausgelegt werden (§ 23). [5]) Sie be-

§§ 52 bis 54 werden einige besondere Fragen des materiellen Wildschadenrechts und alsdann in den §§ 55 ff. die Art der Geltendmachung des Ersatzanspruchs, also das Verfahren, behandelt.

[2]) Siehe darüber §§ 7 ff. u. § 16.

[3]) Der § 52 behandelt den Fall, daß Wildschaden an einem zu einem gemeinschaftlichen Jagdbezirk (vgl. §§ 7 ff.) gehörigen Grundstück entstanden ist. Alsdann ist für ihn die durch seine Grundbesitzer gebildete Jagdgenossenschaft, in deren Jagdbezirk das beschädigte Grundstück liegt, vertreten durch den Jagdvorsteher (vgl. §§ 16 ff.), ersatzpflichtig, nicht der einzelne Grundbesitzer anteilmäßig. Innerhalb der Jagdgenossenschaft soll aber der Betrag des zu zahlenden Wildschadens ebenso wie die Einnahmen (§ 25) nach dem Verhältnis des Flächeninhalts verteilt werden. Praktisch wird diese Verteilung nur dann werden, wenn der Wildschaden die Einnahmen der Jagdgenossenschaft übersteigen sollte; denn nach § 25 hat der Jagdvorsteher den Wildschadenbetrag vorweg aus den Einnahmen zu bestreiten. — Die Ersatzpflicht tritt ein ohne Rücksicht darauf, ob in dem Bezirk die Jagd ruht, durch Selbstbeschießen ausgeübt wird oder verpachtet ist (§ 20). Auch im letzteren Fall ist dem Verletzten gegenüber die Jagdgenossenschaft, nicht der Pächter, ersatzpflichtig. Da aber die Jagd meist verpachtet wird und nach dem Pachtvertrage der Pächter den Wildschaden meist zu ersetzen hat, hat tatsächlich allerdings der Jagdpächter den Wildschaden meist schließlich zu tragen.

[4]) Hinsichtlich der Ortsüblichkeit und Fristberechnung vgl. Anm. 121 u. 122 zu § 21.

[5]) Nach § 21 hat der Jagdvorsteher die beabsichtigte Art der Verpachtung und die Pachtbedingungen bereits vorher und nach § 23 den Pachtvertrag selbst 2 Wochen lang auszulegen. Bei einer Verpachtung mit dem Inhalt des obigen Abs. 2 muß der ganze Vertrag noch bekannt gemacht werden und dann 2 Wochen ausliegen; schließlich bedarf er bei Einspruch auch nur eines Nutzungsberechtigten der Genehmigung, gegen welche nur dem Jagdvorsteher ein Beschwerderecht zusteht (§ 26). Ruht die Jagd, so steht bei vorkommendem Wildschaden jedem Jagdgenossen noch ein Einspruchsrecht zu (§ 20 Abs. 1).

dürfen zu ihrer Gültigkeit der Genehmigung des Kreisausschusses, in Stadtkreisen [5a]) des Bezirksausschusses, wenn seitens auch nur eines Nutzungsberechtigten während der Auslegungsfrist Einspruch erhoben wird.

§ 53. Für Wildschaden ist bei Grundflächen, die einem Eigenjagdbezirk angeschlossen sind (§ 4 Abs. 1 Ziffer 2 Abs. 1, § 7 Abs. 5, §§ 8, 9), der Inhaber des letzteren als Pächter ersatzpflichtig. [6])

Ersatzpflichtig ist im Falle des § 10 der Inhaber des umschließenden Eigenjagdbezirkes auch dann, wenn er den angebotenen Anschluß abgelehnt hat und ein selbständiger Jagdbezirk gebildet ist. Auf das Verfahren finden die Vorschriften über Wildschadenersatz Anwendung. [7])

§ 54. Sofern Bodenerzeugnisse, deren voller Wert sich erst zur Zeit der Ernte bemessen läßt, vor diesem Zeitpunkte beschädigt werden (§ 51), so ist der Schaden in demjenigen Umfange zu erstatten, in welchem er sich zur Zeit der Ernte darstellt. [8])

[5a]) Siehe Anm. 107 zu § 17.

[6]) Der § 53 handelt von dem Wildschaden auf den vom zusammenhängenden Gemeindeland abgelegenen oder alleinliegenden Grundstücken, den sog. Enklaven, sowie auf den sog. Waldzungen des § 7 Abs. 5. Sind solche nach § 8 einem andern gemeinschaftlichen Jagdbezirk zugelegt, so gelten sie gemäß § 12 als dessen Teile, so daß sich alsdann die Ersatzpflicht aus § 52 regelt. Sind sie einem Eigenjagdbezirk angeschlossen, so muß dessen Inhaber den Wildschaden ersetzen. Liegen sie ganz oder größtenteils von einem über 750 ha großen Waldeigenjagdbezirk umschlossen (sog. „Waldenklaven"), so ist dessen Inhaber der Ersatzpflichtige, selbst wenn er nicht die Jagdausübung auf dem beschädigten Grundstück hat, und zwar selbst dann, wenn für die Waldenklave durch Bildung eines außergewöhnlich kleinen gemeinschaftlichen oder Eigenjagdbezirks nach § 10 die selbständige Jagdausübung ermöglicht ist (Abs. 2). Diese Bestimmung enthält eine gegen den Wildstand im einschließenden Walde gerichtete Schutzvorschrift für die Waldenklaven.

[7]) Die im Abs. 2 festgesetzte Ersatzpflicht des anliegenden Waldeigentümers geht über den Rahmen der in § 835 BGB. bestimmten Pflicht hinaus. Diese Erweiterung ist dem Landesrecht durch Art. 71 Nr. 3 u. Art. 3 EGzBGB. gestattet. Durch den obigen Satz soll ein deshalb begründeter Zweifel, ob ein Wildschadenanspruch im Rechtssinne in solchem Falle vorliegt, beseitigt werden.

[8]) Vgl. Anm. 26 zu § 835 BGB. oben unter I A u. § 57 JO.

§ 55. Der Beschädigte,[9]) welcher auf Grund der §§ 51 bis 53 Ersatz für Wildschaden[10]) fordern will, hat diesen Anspruch bei der für das geschädigte Grundstück zuständigen Ortspolizeibehörde[11]) binnen drei Tagen,[12]) nachdem er von der Beschädigung Kenntnis erhalten hat, schriftlich oder zu Protokoll anzumelden.[13]) Bei Versäumung dieser Anmeldung findet ein Ersatzanspruch nicht statt.[14])

Also nicht nur der unmittelbare, sondern auch der mittelbare Schaden ist zu ersetzen.

[9]) Der „Beschädigte" ist gleich dem „Verletzten" des § 835 BGB. und ist derjenige, der tatsächlich wirtschaftlich den Schaden erleidet.

[10]) Nur für die gesetzlichen und wirklichen Wildschadenersatzansprüche, die auf die §§ 51 bis 53 gegründet werden, greift das nachstehende Verfahren Platz. Nicht also z. B. für Ansprüche aus § 64 JO. gegen den Heger, wegen unverhältnismäßiger Flurschäden bei der Jagdausübung aus § 823 BGB. (siehe Anm. 26 unter I A), und wegen Wildschadenersatzes aus dem Pachtvertrage gegen den Jagdpächter. Für derartige Ansprüche sind die ordentlichen Gerichte zuständig (OVG. v. 29/9. 04 in Schultz Jahrb. 3, 86).

[11]) Das ist in Städten die Polizeibehörde, in Landgemeinden der Amtsvorsteher (in Westfalen: Amtmann, Rheinprovinz und Hessen-Nassau: Bürgermeister, Posen: Distriktskommissar) desjenigen Bezirks, in dem das beschädigte Grundstück liegt.

[12]) Die Frist endet mit Ablauf des dritten Tages, wobei der Tag der Kenntnisnahme von der Beschädigung nicht mitgerechnet wird (§§ 187, 188 BGB.). Ist der letzte Tag ein Sonn- oder Feiertag, so rechnet er nicht mit (§ 193 BGB.). Bei späterer als dreitägiger Anmeldung nach der Beschädigung liegt der Nachweis früherer Kenntnisnahme dem Ersatzpflichtigen ob (OVG. 31, 245); die Frist ist gewahrt, wenn der Anmeldebrief am 3. Tage auf der Post des betr. Orts eingetroffen, von der Behörde aber nicht abgeholt ist (OVG. 36, 360).

[13]) Es muß eine formelle Anmeldung erfolgen und zwar schriftlich (auch telegraphisch genügt) oder zu Protokoll; die nur mündliche Anmeldung ohne Protokoll genügt nicht. Die Anmeldung muß vom Beschädigten selbst bzw. dessen gesetzlichen Vertreter (Vormund, Vater usw.) oder dessen Bevollmächtigten geschehen. Letzterer muß dazu besonders oder allgemein schriftlich bevollmächtigt sein, sonst kann die Anmeldung unverzüglich abgelehnt werden (§ 174 BGB.). Bei Miteigentum kann jeder Miteigentümer, bei Nachlaßgrundstücken jeder Miterbe anmelden (§§ 1011, 2032 BGB.).

[14]) Bei nicht rechtzeitiger oder nicht ordnungsmäßiger Anmeldung geht mithin der Ersatzanspruch unter. Der

§ 56. Nach rechtzeitig erfolgter Anmeldung hat die Ortspolizeibehörde [11]) zur Ermittlung und Schätzung des behaupteten Schadens und zur Herbeiführung einer gütlichen Einigung unverzüglich einen Termin an Ort und Stelle anzuberaumen [15]) und zu demselben die Beteiligten [16]) unter der Verwarnung zu laden, [17]) daß im Falle des Nichterscheinens mit der Ermittlung und Schätzung des Schadens dennoch vorgegangen wird. Der Jagdpächter ist zu diesem Termine zu laden.

§ 57. Jedem Beteiligten [16]) steht das Recht zu, in dem Termine zu beantragen, daß die Schätzung des Schadens erst in einem zweiten, kurz vor der Ernte abzuhaltenden Termin erfolge. [18]) Diesem Antrage muß stattgegeben werden.

Anmeldende ist alsdann von der Ortspolizeibehörde einfach ohne weiteres Verfahren abzuweisen. Gegen diesen Ablehnungsbescheid steht dem Beschädigten die Klage bei dem betreffenden Verwaltungsgericht zu (OVG. 36, 360).

[15]) In dem Termin ist hiernach festzustellen, erstens ob ein Wildschaden nach § 51 vorliegt, zweitens wie hoch er ist und drittens ist eine Einigung zu versuchen. Eine Einigung ist schriftlich abzufassen; eine solche kann der Beschädigte nur selbst oder sein gesetzlicher Vertreter bzw. ordnungsmäßig Bevollmächtigter rechtswirksam eingehen. Jeder Geladene kann sich jedes Beweismittels bedienen (OVG. v. 19/9. 04 in Schultz Jahrb. 2, 189) und Sachverständige stellen, solche können auch von Amtswegen geladen werden. Deren Gebühren sind nach § 60 Kosten des Verfahrens. Der Termin ist auch abzuhalten, wenn Beteiligte nicht erscheinen.

[16]) Zu den Beteiligten gehören nur der Verletzte und der Jagdvorsteher des in Betracht kommenden gemeinschaftlichen Jagdbezirks, bei angeschlossenen Grundflächen auch der ersatzpflichtige Inhaber des betr. Eigenjagdbezirks und bei Waldenklaven der Waldeigentümer (§ 53). Nicht gehört dazu der Jagdpächter. Dessen Zuziehung soll aber seine etwaigen Interessen aus dem Pachtvertrag, namentlich bei einer vertragsmäßigen Ersatzpflicht, wahren. Streitigkeiten über die letztere mit dem Jagdpächter gehören vor die ordentlichen Gerichte. Die Höhe des im Wildschadenverfahren festgesetzten Betrags wird der Klage zweckmäßig zugrunde gelegt werden. Bindend für den Richter ist er nicht, wenn nicht im Pachtvertrag dies vereinbart ist.

[17]) Für die Ladung ist eine Form nicht vorgeschrieben; sie hat in ortsüblicher Weise, zweckmäßig schriftlich, zu erfolgen.

[18]) Die Anberaumung des zweiten Termins kann von den Beteiligten bis zum Schluß des ersten beantragt werden, kann aber auch von Amtswegen erfolgen. Vor dem zweiten Termin

§ 58. Auf Grund des Ergebnisses der Vorverhandlungen hat die Ortspolizeibehörde einen Vorbescheid [19]) über den Schadenersatzanspruch und die entstandenen Kosten zu erlassen und den Beteiligten [16]) in schriftlicher Ausfertigung zuzustellen.

Die Zustellung erfolgt nach Maßgabe der für Zustellungen des Kreisausschusses geltenden Bestimmungen.[20])

§ 59. Gegen den Vorbescheid findet innerhalb zwei Wochen [21]) die Klage [22]) bei dem Kreisausschuß, in Stadtkreisen bei dem Bezirksausschusse, [22a]) statt.

---

darf der Beschädigte nicht abernten, andernfalls geht er seines Anspruchs infolge Verzichts der Abschätzung verloren. Aber nur die Schätzung darf auf den zweiten Termin vertagt werden, der Einigungsversuch und die Ermittlung, ob Wildschaden vorliegt, hat im ersten Termin zu erfolgen.

[19]) Der Vorbescheid muß schriftlich abgefaßt und den Beteiligten (also nicht auch dem Jagdpächter) zugestellt werden. Im Falle gütlicher Einigung fällt er naturgemäß weg. Als Partei kommt dabei einerseits der Verletzte, andrerseits der gesetzliche Ersatzpflichtige (§§ 52, 53) in Frage. Gegen einen von beiden, nicht aber gegen den Jagdpächter, ergeht der entweder auf Abweisung des Ersatzanspruchs oder auf Zahlung eines bestimmten Betrags als Schadensersatz lautende und zugleich eine Entscheidung über die Kosten treffende Vorbescheid und wird bei Rechtskraft gegen sie vollstreckbar. Will der vertragsmäßig zum Ersatz verpflichtete Pächter den Betrag des Vorbescheids nicht zahlen, so muß der aus letzterem Verpflichtete ihn an den Verletzten zahlen und dann gegen den Pächter im ordentlichen Rechtsweg auf Erstattung klagen.

Der Vorbescheid ist keine polizeiliche Verfügung, sondern ein Akt der Rechtsprechung; die Klage dagegen (§ 59) ist gegen den zu richten, auf dessen Antrag er erging (OVG. in Danckelmann Jahrb. 27, 325). Ist solcher fälschlich gegen den Jagdpächter ergangen, so steht diesem nicht die Klage aus § 59 zu, sondern er muß gegen den Vorbescheid wie gegen eine polizeiliche Verfügung aus § 127 LandVerwG. vorgehen (OVG. v. 9/10. 02 in PreußVerwBl. 24, 311). Die Polizeibehörde kann den Vorbescheid weder zurücknehmen noch abändern.

[20]) Siehe § 17 des Regulativs v. 28/2. 84 zur Ordnung des Geschäftsgangs und Verfahrens bei den Kreisausschüssen (VMBl. 41).

[21]) Hinsichtlich der Fristberechnung siehe Anm. 12.

[22]) Die Klage steht nur den Beteiligten, also nicht dem Jagdpächter zu (Anm. 16). Sie ist gegen den andern Beteiligten, nicht gegen die Ortspolizeibehörde zu richten und ist auch dann zulässig, wenn der Vorbescheid die Ermittlung und Schätzung wegen Versäumnis der dreitägigen Frist ablehnt (OVG. 36, 360).

Die Entscheidungen des Kreisausschusses und des Bezirksausschusses sind vorläufig vollstreckbar.

Wird innerhalb der zwei Wochen die Klage nicht erhoben, so wird der Vorbescheid endgültig und vollstreckbar.[23])

§ 60. Als Kosten des Verfahrens[24]) kommen nur bare Auslagen, insbesondere Reisekosten und Gebühren der Sachverständigen, Botenlöhne und Portokosten in Ansatz.[25]) Die Kosten des Vorverfahrens werden als Teil der Kosten des Verwaltungsstreitverfahrens behandelt.

Sechster Abschnitt.*) Wildschadenverhütung.

§ 61. Wenn die in der Nähe von Forsten belegenen Grundstücke, welche Teile eines gemeinschaftlichen Jagd-

---

[22a]) und zwar bei dem Ausschuß, in dessen Bezirk das beschädigte Grundstück liegt.

[23]) Vgl. § 60 des LandverwG. und die Ver. betr. das Verwaltungszwangsverfahren v. 7/9. 79 in der Fassung v. 15/11. 99 (GS. S. 545).

[24]) Für das polizeiliche Vorverfahren besteht Kostenfreiheit, nur die baren Auslagen müssen erstattet werden. Für das ihm folgende Streitverfahren werden die Kosten nach § 103 LandverwG. erhoben. Die Auslagen des Vorverfahrens sind ein Teil der Kosten des Streitverfahrens und der unterliegende Teil hat sie mitzutragen (OVG. 26, 272 u. 275).

[25]) Alle entstandenen Auslagen kommen in Ansatz, als solche sind die obigen nur beispielsweise aufgezählt.

*) In dem 6. Abschnitt „Wildschadenverhütung" sind zweckmäßig bei der Kodifikation die bisher getrennten, diesbezüglichen Bestimmungen des JagdpolG. v. 7/3. 50 und des WildschadG. v. 11/7. 91 zusammengestellt und ergänzt. In ihm entsprechen die §§ 61, 65 den §§ 23 u. 21 des erstgenannten, die §§ 62, 64, 66 u. 68 den §§ 12, 14, 16 u. 17 des letztgenannten Gesetzes, der § 63 ist aus dem § 23 des ersteren und § 13 des letzteren gemeinsam gebildet und der § 67 ist von der AbgKom. neu eingestellt. Jene beiden Gesetze sind, weil ihr Inhalt in der JO. wiedergegeben ist, durch § 86 JO. aufgehoben. — In den Kurhessischen Landesteilen gelten gemäß § 81 von diesem Abschnitt nur die §§ 67 u. 68; an Stelle der dort nicht geltenden §§ 61 bis 66 treten für diese Landesteile die unter Anhang A abgedruckten Bestimmungen der früheren kurhessischen Gesetze.

bezirkes bilden,[1]) oder solche Waldenklaven, auf welchen die Jagdausübung dem Eigentümer des sie umschließenden Waldes überlassen ist (§ 7 Abs. 5, §§ 8 und 10), erheblichen Wildschäden durch das aus der Forst übertretende Wild ausgesetzt sind,[2]) so ist die Jagdpolizeibehörde[3]) befugt, auf Antrag der geschädigten Grundbesitzer[4]) nach vorhergegangener Prüfung des Bedürfnisses und für die Dauer desselben den Jagdpächter selbst während der Schonzeit zum Abschusse des Wildes aufzufordern. Schützt der Jagdpächter, dieser Aufforderung ungeachtet, die beschädigten Grundstücke nicht genügend, so kann die Jagdpolizeibehörde den Grundbesitzern selbst die Genehmigung erteilen, das auf diese Grundstücke übertretende Wild auf jede erlaubte Weise zu fangen, namentlich auch mit Anwendung des Schießgewehrs zu töten.[5])

---

[1]) Siehe § 7. Als Teil ist jedes zum gemeinschaftlichen Jagdbezirk gehörige Grundstück, mag es in dessen zusammenhängender Feldmark liegen oder als abgelegene Enklave ihm nach § 10 zugelegt sein, anzusehen.

[2]) Der Zweck dieser Vorschrift ist, die an den Forsten liegenden Grundstücke, weil gerade in jenen das Schadenwild hauptsächlich steht, besonders zu schützen. Diesem besonderen Schutz unterstehen aber nur die an Forsten stoßenden Grundstücke eines gemeinschaftlichen, nicht auch Eigen-Jagdbezirks, sowie Waldenklaven und Waldzungen (§ 7 Abs. 5), wenn auf ihnen die Jagdausübung dem Eigentümer des Forstes zusteht (siehe hierzu die etwas dunklen Worte der AusfA. zu § 61 hinter der JO.). Voraussetzung für die Abschußaufforderung ist außerdem, daß jene Grundstücke einem nach Ermessen der Jagdpolizeibehörde erheblichen Wildschaden und zwar von dem aus jenem Forst austretendem Wilde her ausgesetzt sind. Das Vorhandensein dieser Voraussetzungen ist in einem zu eröffnenden Ermittlungsverfahren festzustellen.

[3]) Siehe § 69.

[4]) Nicht von Amtswegen, sondern nur auf Antrag. Unter Grundbesitzer sind hier nur die Eigentümer zu verstehen; vgl. im Gegensatz dazu § 63. Betreffs der Rechtsmittel siehe § 69 Abs. 2.

[5]) Sonst stehen dem Eigentümer nur die Abwehrmittel aus § 65 zu. Eines Jagdscheins bedürfen für den Fall der Schußerlaubnis die Eigentümer gemäß § 30 Nr. 3 nicht. Von den persönlichen Eigenschaften der Eigentümer kann die Ermächtigung, mangels einer Vorschrift wie in Abs. 2 der §§ 66 u. 67, nicht abhängig gemacht werden.

Das Nämliche gilt rücksichtlich der Besitzer solcher Grundstücke, auf welchen sich die Kaninchen bis zu einer der Feld- und Gartenkultur schädlichen Menge vermehren, in betreff dieser Tiergattung.[6]) Wird gegen die Verfügung der Jagdpolizeibehörde die Beschwerde eingelegt, so bleibt erstere bis zur eingehenden höheren Entscheidung einstweilen gültig.

Das von den Grundbesitzern infolge einer solchen Genehmigung der Jagdpolizeibehörde erlegte oder gefangene Wild muß aber gegen Bezahlung des in der Gegend üblichen Schußgeldes[7]) dem Jagdpächter überlassen und die desfallsige Anzeige binnen 24 Stunden erstattet werden.[8])

§ 62. Ist während des Kalenderjahrs[9]) wiederholt[10]) durch Rot-, Elch- oder Damwild verursachter Wildschaden[11]) durch die Ortspolizeibehörde festgestellt worden,[12]) so muß[13]) auf Antrag des Ersatzpflichtigen oder der

---

[6]) Hinsichtlich der wilden Kaninchen siehe Anm. 12 zu § 41.

[7]) Betreffs des Schußgeldes siehe Anm. 25 oben unter I C.

[8]) Der Jagdpächter muß sich das Wild (wozu nicht die Kaninchen, weil nicht jagdbar, gehören) abholen lassen. Die Unterlassung der Anzeige ist nicht strafbar, kann aber aus § 823 Abs. 2 BGB. ersatzpflichtig machen. Das Behalten des Wildes ist, da es herrenlos ist (vgl. Anm. 6 unter I A), weder als Diebstahl noch als Unterschlagung strafbar, wohl aber als Jagdvergehen aus § 292 StGB. wie die Aneignung von Fallwild (siehe Anm. 31 dazu unter V).

[9]) Also vom 1. Januar bis 31. Dezember.

[10]) Mithin mindestens zweimal in dieser Zeit.

[11]) Hier ist der Wildschaden abweichend von § 51 auf solchen von Rot-, Elch- und Damwild beschränkt. Im WildschadenG. v. 11/7. 91 stand ursprünglich nur Rot- und Damwild, das Elchwild war erst durch G. v. 13/8. 97 eingefügt. Ebenso ist er auch nicht wie in § 61 auf die gemeinschaftlichen Jagdbezirke beschränkt.

[12]) Der § 62 enthält eine Wildschadenverhütungsvorschrift, mithin eine polizeiliche Vorbeugungsmaßregel. Seine Voraussetzung ist deshalb nicht die zweimalige förmliche Feststellung von Wildschaden nach dem Verfahren der §§ 55ff., sondern es genügt dessen polizeiliche Konstatierung (OVG. 24, 294, Dalcke S. 162 Anm. 49; aM. die dort aufgeführten Autoren) und er gilt für alle Grundstücke, auch Eigenjagdbezirke.

[13]) Während im § 61 lediglich die Befugnis der Jagdpolizeibehörde zum Einschreiten verliehen ist, hat sie bei Vorliegen des

Jagdberechtigten die Jagdpolizeibehörde sowohl für den betroffenen, als auch nach Bedürfnis für benachbarte Jagdbezirke[14]) die Schonzeit der schädigenden Wildgattung[15]) für einen bestimmten Zeitraum[16]) aufheben und die Jagdberechtigten zum Abschuß auffordern und anhalten.[17])

§ 63. Genügen diese Maßregeln (§ 62) nicht,[18]) so hat[19]) die Jagdpolizeibehörde den Grundbesitzern und sonstigen Nutzungsberechtigten selbst nach Maßgabe des § 61[20]) die Genehmigung zu erteilen, das auf ihre Grundstücke übertretende Elch-, Rot- und Damwild auf jede erlaubte Weise[21]) zu fangen, namentlich auch mit Anwendung des Schießgewehrs zu erlegen.[8])

§ 64. Schwarzwild[22]) darf nur in solchen Einfriedigungen gehegt werden, aus denen es nicht aus-

---

§ 62 die Verpflichtung dazu, aber nicht von Amtswegen, sondern erst auf Antrag. Wird letzterer abgelehnt, so steht dem Antragsteller dagegen die Beschwerde aus § 69 Abs. 2 zu.

[14]) Der Abschuß wird auf dasjenige Nachbarrevier auszudehnen sein, in dem das in Frage kommende Schadenwild seinen Stand hat.

[15]) Also immer nur für die als Schadensurheber festgestellte Wildart.

[16]) Die Dauer unterliegt dem pflichtgemäßen Ermessen der Behörde. Die Schonzeit muß aber für einen kalendermäßig (also nach Tagen, Wochen usw.) bestimmten Zeitraum aufgehoben werden (OVG. v. 8/10. 06 in Schultz Jahrb. 4, 113).

[17]) Die Befugnis geht weiter wie in § 61. Die Behörde kann durch Androhung von Geldstrafen usw. sowie durch polizeiliche Verfügung gemäß §§ 132 ff. LandverwG. vom Jagdberechtigten den Abschuß erzwingen.

[18]) Die Genehmigung zum Fangen und zum Abschuß des betreffenden Schadenwilds darf erst erteilt werden, wenn die Maßregeln aus § 62 keinen genügenden Erfolg hatten.

[19]) Auch hier wie nach § 62 muß die Abschußerlaubnis erteilt werden, aber hier nicht bloß den Eigentümern sondern auch den Nutzungsberechtigten. Wird sie abgelehnt, so haben die Beteiligten die Beschwerde nach § 69 Abs. 2.

[20]) Mithin unter den Auflagen des Abs. 3 des § 61, d. h. der Eigentümer usw. hat die Anzeige- und Überlassungspflicht, wenn er ein Stück Wild erlegt (siehe Anm. 8 zu § 61).

[21]) Also nicht z. B. mit Schlingen (§ 41), wohl aber, wenn dies in der Ermächtigung steht, in der Schonzeit.

[22]) Das Schwarzwild ist jagdbar (§ 1), unterliegt aber keiner Schonzeit und darf außer in undurchbrechbaren Einfriedigungen

brechen kann. Der Jagdberechtigte, aus dessen Gehege Schwarzwild austritt, haftet für den durch das ausgetretene Schwarzwild verursachten Schaden.[23])

Außer dem Jagdberechtigten darf jeder Grundbesitzer oder Nutzungsberechtigte innerhalb seiner Grundstücke Schwarzwild auf jede erlaubte Art fangen, töten und behalten.[22])

Die Jagdpolizeibehörde kann die Benutzung von Schießwaffen für eine bestimmte Zeit gestatten.[24])

Die Jagdpolizeibehörde hat[25]) außerdem zur Vertilgung uneingefriedigten Schwarzwildes alles Erforderliche anzuordnen, sei es durch Polizeijagden, sei es durch andere geeignete Maßregeln oder Auflagen an die Jagdberechtigten des Bezirkes und der Nachbarforsten.

---

nicht gehegt werden (§ 64). Das sonstige ausschließliche Aneignungsrecht des Jagdberechtigten ist betreffs des Schwarzwilds darin durchbrochen, daß nach Abs. 2 jeder Eigentümer bzw. Nutzungsberechtigte auf seinem Grundstück es auf jede erlaubte Weise (also nur nicht mit Schlingen, § 41) fangen, töten und behalten kann. Dazu gehört, wie aus Abs. 3 hervorgeht, nicht das Erlegen mit der Schußwaffe (vgl. dazu § 368 Nr. 10 StGB.). Der Eigentümer hat also ein beschränktes gesetzliches Jagdausübungsrecht, zu dem er nach § 29 einen Jagdschein haben muß; eines solchen bedarf er auch, wenn er nach Abs. 3 die Erlaubnis zum Abschuß erhält, denn diese enthält keine Ermächtigung zur Jagdausübung, da solche wenn auch beschränkt, ihm schon zusteht (siehe Dalcke S. 69 Anm. 9, Ebner in VerwArch. 14, 162). Doch ist die Frage streitig.

[23]) Der durch Schwarzwild angerichtete Schaden ist zwar an sich Wildschaden nach § 835 BGB. und nach §§ 51 ff. zu ersetzen. Eine besondre Ersatzpflicht setzt aber noch § 64 für den durch gehegtes Schwarzwild angerichteten Schaden fest. Sie trifft abweichend von § 835 bzw. § 52 stets den hegenden Jagdberechtigten ohne Rücksicht auf ein Verschulden und ohne Rücksicht auf die Lage des geschädigten Grundstücks (auch im Eigenjagdbezirk). Da es sich hiernach um keinen aus § 835 BGB. zu ersetzenden Wildschaden handelt, kommt nach § 51 auch nicht das in §§ 55 ff. vorgeschriebene besondre Verfahren zur Anwendung. Der Ersatzanspruch aus § 64 gehört vielmehr vor die ordentlichen Gerichte und zwar, da er immerhin Wildschaden zum Gegenstand hat, vor das örtlich zuständige Amtsgericht (§ 23 Nr. 2 GVG.). Wegen des Streits darüber vgl. Dalcke S. 164 Anm. 63, Bauer S. 250.

[24]) Hinsichtlich des Erfordernisses eines Jagdscheins siehe Anm. 22 am Schluß. Wegen des Rechtsmittels gegen die Versagung des Abschusses siehe § 69 Abs. 2.

[25]) Also auch hierzu besteht eine Verpflichtung der Behörde.

§ 65. Durch Klappern, aufgestellte Schreckbilder sowie durch Zäune kann ein jeder das Wild von seinen Besitzungen abhalten, auch wenn er auf diesen zur Ausübung des Jagdrechts nicht befugt ist.[26]) Zur Abwehr des Rot-, Dam- und Schwarzwildes kann er sich auch kleiner oder gemeiner Haushunde bedienen.[27])

§ 66. Die Jagdpolizeibehörde kann die Besitzer[28]) von Obst-, Gemüse-, Blumen- und Baumschulanlagen[29]) ermächtigen, Vögel und Wild, welche in den genannten Anlagen Schaden anrichten, zu jeder Zeit mittels Schußwaffen zu erlegen.[30]) Der Jagdberechtigte kann verlangen, daß ihm die erlegten Tiere, soweit sie seinem Jagdrecht unterliegen, gegen das übliche Schußgeld überlassen werden.[31])

Die Ermächtigung darf Personen, welchen der Jagdschein versagt werden muß, nicht erteilt werden und ist widerruflich.[32])

§ 67. Die Jagdpolizeibehörde kann die Eigentümer und Pächter solcher zur Fischerei dienender Seen und

[26]) Also jedermann, nicht bloß der Eigentümer, kann durch Ziehung von Zäunen jeder Art seine Pflanzungen schützen. Durch eine Einzäunung wird das betr. Grundstück noch nicht dem Jagdbezirk entzogen. Vgl. dazu § 4 Nr. 2 u. Abs. 3.

[27]) Also nur zur Abwehr der obigen Wildarten dürfen die obigen Hunde, nicht Jagdhunde, benutzt werden. Sie brauchen dazu nicht geknüppelt zu werden und unterliegen nicht dem Tötungsrecht aus §§ 64 ff. II 16 ALR. (siehe Anm. 45 dazu oben unter I C u. Anhang B).

[28]) Darunter sind alle diejenigen, die Besitz haben, also auch die Nutzungsberechtigten zu verstehen.

[29]) Was „Anlagen" sind, ist Tatfrage; dichte Umfriedigungen sind dazu nicht erforderlich, andererseits ist nicht jeder Hausgarten oder jede Anpflanzung eine Anlage.

[30]) Die Abschußermächtigung kann sich auf jagdbares Feder- und Haarwild jeglicher Art beziehen, welches in der Anlage Schaden anrichtet. Für andere schädigende Vögel kann eine ähnliche Tötungserlaubnis aus § 5 Abs. 2 des VogschutzG. (siehe unter IV) gewährt werden. Die Ermächtigung kann auch für die Schonzeit und auch an geeignete Stellvertreter der Besitzer erteilt werden und ersetzt nach § 30 Nr. 3 den Jagdschein. Auch ist sie nicht wie in § 67 auf bestimmte Tiere zu beschränken.

[31]) Vgl. Anm. 7 u. 8 zu § 61.

[32]) Siehe § 34. Diese Beschränkung soll dem Mißbrauch des Abschußrechts zum Schaden des Jagdberechtigten vorbeugen.

Teiche, die nicht zu einem Eigenjagdbezirke gehören (§ 13 Abs. 1), selbst wenn die Jagd auf ihnen ruht, ermächtigen, jagdbare und nichtjagdbare Tiere, welche der Fischerei Schaden zufügen, zu jeder Zeit auf jede erlaubte Weise zu fangen, namentlich auch mit Anwendung von Schußwaffen zu erlegen.[33]) Mit Zustimmung der Jagdpolizeibehörde kann diese Ermächtigung auf bestimmt zu bezeichnende Beauftragte des Eigentümers oder Pächters übertragen werden. Der Jagdberechtigte kann verlangen, daß ihm die erlegten Tiere, soweit sie

[33]) Nach § 13 kann ein Fischzüchter seine Seen und Teiche, wenn sie keinen Eigenjagdbezirk bilden können (§ 4), von dem gemeinschaftlichen Jagdbezirk ausschließen und auf ihnen die Jagd ruhen lassen, während sie nach früherem Recht stets eine Eigenjagd bildeten. Der § 67 gibt ihm ferner eine Befugnis zur Abwehr der der Fischerei schädlichen Tiere. Bisher stand den Fischereiberechtigten nach § 45 FischG. v. 30/3. 80 nur das Recht zu, Fischotter, Taucher, Eisvögel, Reiher, Kormorane und Fischaare ohne Anwendung von Schußwaffen zu töten, zu fangen und zu behalten. Nach obiger Vorschrift kann der Fischereiberechtigte, wenn sein Fischsee bzw. -teich nicht zu einem Eigenjagdbezirk gehört, die Ermächtigung erhalten, jedes ihm schädliche Tier auch in der Schonzeit zu schießen oder sonst zu fangen. Diese Ermächtigung kann auch auf bestimmte Beauftragte des Fischzüchters übertragen werden; z. B. wenn dieser Fischteich einer Frau gehört. Zur Vermeidung von Mißständen darf die Ermächtigung aber nur zuverlässigen Personen und nur für bestimmte Tiere gegeben werden (Abs. 2). Der Eigentümer eines zur Eigenjagd gehörigen Fischsees kann selbst oder sein Pächter durch den Pachtvertrag sich schützen.

Da der Abs. 3 die weitergehenden Vorschriften aufrecht erhalten hat, ist jener § 45 FischG. insoweit bestehen geblieben, als er den Fischereiberechtigten mehr Rechte wie § 67 gibt. Während nach dem letzteren die erlegten Tiere, soweit sie dem Jagdrecht des Jagdberechtigten unterliegen, gegen das übliche Schußgeld überlassen werden müssen, welche Beschränkung der § 45 nicht enthält, darf also der Fischereiberechtigte alle nicht mit der Schußwaffe erlegten Tiere jener oben erwähnten sechs Tierarten (also z. B. Fischotter) behalten ohne Unterschied, ob sie jagdbar sind oder nicht. Alle sonst erlegten jagdbaren Tiere, z. B. wilde Enten, gleichviel ob mit oder ohne Schußwaffe erlegt, muß der Fischereiberechtigte aber herausgeben.

Wird der Abschuß auf Grund einer Ermächtigung des § 67 vorgenommen, so bedarf es nach § 30 Nr. 3 keines Jagdscheines. Stellt der Fischzüchter aber ohne solche aus § 45 jagdbaren Tieren nach, so muß er einen Jagdschein haben, denn er übt alsseinem Jagdrecht unterliegen, gegen das übliche Schußgeld [7]) überlassen werden. [8])

Die Ermächtigung darf Personen, welchen der Jagdschein versagt werden muß, nicht erteilt werden und ist widerruflich. [32]) In ihr sind die Tierarten, zu deren Erlegung die Befugnis erteilt wird, bestimmt zu bezeichnen.

Die weitergehenden Bestimmungen der Fischereigesetze werden hierdurch nicht berührt. [33])

§ 68. Gegen die Anordnung oder Versagung obiger Maßregeln (§§ 66 und 67) seitens der Jagdpolizeibehörde ist nur die Beschwerde an den Bezirksausschuß und gegen dessen Entscheidung die Beschwerde zulässig, welche an den Minister des Innern und den Minister für Landwirtschaft, Domänen und Forsten geht. [34])

Siebenter Abschnitt.*) Behörden.

§ 69. Jagdpolizeibehörde ist der Landrat, in Stadtkreisen [1]) die Ortspolizeibehörde. [2])

---

dann die Jagd ohne eine Ermächtigung, wenn auch auf Grund eines besonderen Rechts, aus (aM. Eberts in Ztschr. f. Jagdr. 07, 135).

Der § 67 gilt auch in Kurhessen, wo sonst der 6. Abschnitt nicht gilt (§ 81).

[34]) Für die Maßregeln für oder gegen die Anlagenbesitzer und die Fischereiberechtigten und zwar nur für diese (§§ 66, 67) ist das abweichende Rechtsmittel des § 68 vorgeschrieben. Die Klage als Rechtsmittel ist ausgeschlossen; die Beschwerde über den Beschluß des Bezirksausschusses geht an den Landwirtschaftsminister, um eine Einheitlichkeit dieser Maßregeln zu sichern. Für die Entscheidungen der Jagdpolizeibehörde aus §§ 61 bis 64 ist die Beschwerde nach § 69 Abs. 2 gegeben.

*) Durch den 7. Abschnitt ist der 15. Titel „Jagdpolizei" des ZuständigkeitsG. v. 1/8. 83 inhaltlos geworden, dessen §§ 104 bis 106 durch § 86 auch ausdrücklich aufgehoben sind. In ihm entsprechen die §§ 69 und 71 den §§ 103 u. 105 jenes G., der § 70 dem § 10 des JagdverwaltG. v. 4/7. 05.

[1]) Also nur in Städten über 25000 Einwohner, die wirklich einen eigenen Kreis bilden (vgl. § 4 Kreisord. v. 13/12. 72, GS. S. 180).

[2]) Rechtsmittel ist gegen alle Verfügungen der Jagdpolizeibehörde binnen 2 Wochen die Beschwerde beim Regierungspräsidenten und gegen dessen Bescheid an den Oberpräsidenten (in Berlin so-

Gegen Beschlüsse der Jagdpolizeibehörde, durch welche Anordnungen wegen Abminderung des Wildstandes getroffen oder Anträge auf Anordnung oder Gestattung solcher Abminderung abgelehnt werden, findet innerhalb zwei Wochen die Beschwerde an den Bezirksausschuß statt;[3]) der Beschluß des Bezirksausschusses ist endgültig.

§ 70. Die Aufsicht über die Verwaltung der Angelegenheiten der gemeinschaftlichen Jagdbezirke wird, soweit in diesem Gesetze nicht etwas anderes bestimmt ist, in Landkreisen von dem Landrat, in höherer und letzter Instanz von dem Regierungspräsidenten, in Stadtkreisen [1]) von dem Regierungspräsidenten, in höherer und letzter Instanz von dem Oberpräsidenten geübt.[4])

Beschwerden bei den Aufsichtsbehörden sind in allen Instanzen innerhalb zwei Wochen anzubringen.

§ 71. Streitigkeiten der Beteiligten[5]) über ihre in den öffentlichen Rechten[6]) begründeten Berechtigungen und Verpflichtungen hinsichtlich der Ausübung der Jagd unterliegen, soweit dieses Gesetz nicht etwas anderes bestimmt,[7]) der Entscheidung im Verwaltungsstreitverfahren.[8])

Zuständig im Verwaltungsstreitverfahren ist in erster

---

gleich an letzteren) oder aber die Klage an den Bezirksausschuß gemäß §§ 127 ff. LandverwG., soweit nicht Ausnahmen im Gesetz besonders vorgeschrieben sind, z. B. Abs. 2, § 4 Abs. 3, § 68.

[3]) Die Fälle des Abs. 2, für welche nur die Beschwerde an den Bezirksausschuß als letzte Instanz gegeben ist, betreffen die Maßregeln aus §§ 61 bis 64. Sie enthalten also ebenso wie § 68 Ausnahmebestimmungen und hätten wohl zweckmäßiger im § 68 als Abs. 2 Platz gefunden.

[4]) Siehe hierzu AusfA. zu § 70 (abgedr. hinter der JO.).

[5]) Zu den Beteiligten gehören die in ihren Rechten etwa verletzten Eigentümer, der Jagdvorsteher, der Eigentümer des umschließenden Waldes usw. überhaupt jeder, der ein Recht auf Grund der Jagdordnung zu haben vermeint. Die Jagdpolizeibehörde ist niemals Beteiligter im obigen Sinne (OVG. 18, 295).

[6]) Alle privatrechtlichen Streitigkeiten, z. B. alle aus dem Jagdpachtvertrag (mit Ausnahme solcher aus § 24 über dessen Nichtigkeit), gehören vor die ordentlichen Gerichte.

[7]) Z. B. §§ 18, 19.

[8]) Gemäß §§ 61 ff. LandverwG.

Instanz der Kreisausschuß, in Stadtkreisen [1]) der Bezirksausschuß.

Achter Abschnitt.*) Strafvorschriften. [1])

§ 72. Mit Geldstrafe bis zu 20 Mark wird bestraft: [2])

1. wer bei Ausübung der Jagd [3]) seinen Jagdschein

---

*) In dem 8. Abschnitt sind die Strafvorschriften aller einzelnen in die JO. hineingearbeiteten Gesetze (vgl. Vorbem. zur JO.) gesammelt, nur § 28 enthält außerdem noch eine solche. In ihm entsprechen die §§ 72 bis 74 den §§ 11 bis 13 des JagdscheinG. v. 31/7. 95, der § 75 dem § 17 Abs. 1 des JagdpolG. v. 7/3. 50, die §§ 76 bis 79 den §§ 13 bis 17 des WildschonG. v. 14/7. 04 und der § 80 vereinigt in sich den § 14 des zuerst, den § 19 des an zweiter und den § 18 des an letzter Stelle erwähnten Gesetzes.

[1]) Alle Strafvorschriften der JO. betreffen Übertretungen im Sinne des § 1 StGB. Sie verjähren in 3 Monaten nach ihrer Begehung, die Strafvollstreckung verjährt in 2 Jahren nach Rechtskraft der Strafverfügung bzw. des Urteils. Versuch und Beihilfe sind nicht strafbar, wohl aber Anstiftung. Die Mindeststrafe ist, wo solche nicht wie im § 76 ausdrücklich bestimmt ist, 1 Mk.; im Unvermögen tritt Haft nach §§ 28, 29 StGB. ein (§ 79). Strafen bis zu 30 Mk. und die etwa verwirkte Einziehung kann der Polizeiverwalter durch Strafverfügung verhängen (G. v. 23/4. 83, GS. S. 65), andernfalls entscheidet das Amtsgericht durch Strafbefehl oder das Schöffengericht durch Urteil. Die Geldstrafen und die eingezogenen Gegenstände (§ 73 Abs. 2, § 78 Abs. 3) bzw. deren Erlös fallen, wenn sie durch die Polizeibehörde endgültig festgesetzt sind, dieser, andernfalls der Gerichtskasse zu (a. a. O. § 7).

Die Strafe trifft auch Ausländer, für die der Bürge des Jagdscheins haftet (§ 29). Auch gegen Militärpersonen ist sie von den Zivilgerichten bzw. der Polizei festzusetzen, da diesen die Verfolgung der Jagdübertretungen gegen erstere verblieben ist. Der etwaige Vollzug der unterstellten Haftstrafe ist aber mittels Ersuchens der Militärbehörde zu bewirken (§ 2 MStGO. v. 1/12. 98, RGBl. 1189). —

Die rechtskräftige Bestrafung aus den §§ 72 ff. kann die Versagung und Entziehung des Jagdscheins rechtfertigen (§§ 34 ff.).

[2]) Der § 72 setzt die Lösung eines Jagdscheins voraus; nur ihn nicht bei sich zu führen, ist aus § 72 strafbar. Besitzt der Jäger einen Jagdschein gar nicht, so tritt die Strafe aus § 73 ein. Ist eine Ermächtigung nach § 30 Nr. 3 überhaupt nicht erteilt, so liegt unberechtigtes Jagen nach § 292 StGB. vor.

[3]) Über den Begriff der Jagdausübung vgl. Anm. 31 zu § 292 StGB. (unter V).

oder die nach § 30 Nr. 3 an dessen Stelle tretende Bescheinigung nicht bei sich führt; [4])

2. wer die Jagd innerhalb der abgesteckten Festungsrayons ausübt, ohne einen von der Festungsbehörde mit dem Einsichtsvermerke versehenen Jagdschein bei sich zu führen [4]) (§ 38).

§ 73. Mit Geldstrafe von 15 bis 100 Mark wird bestraft: [5])

---

[4]) Den nach § 29 erforderlichen Jagdschein oder die schriftliche Ermächtigung aus § 30 Nr. 3 — ebenso den Erlaubnisschein des Jagdberechtigten, wenn dieser den Jäger nicht begleitet — muß der Jäger, solange er sich jagend auf dem Revier befindet, bei sich führen und auf Verlangen dem zuständigen Beamten vorzeigen. Dieser Pflicht sind auch Königl. Förster, wenn sie die Jagd ausüben, selbst im eigenen Revier nicht enthoben (Johow 24 C 85). Aber nur während der Jagdausübung braucht er vorgezeigt zu werden, nicht auch vorher oder nachher (RG. 25, 430). Treibjagden beginnen erst mit dem wirklichen Einnehmen der Plätze (Johow 24 C 85). Andrerseits braucht ihn nur der wirklich eine Jagd Ausübende bei sich zu führen und daher nicht, wer nur nicht jagdbare Tiere, z. B. wilde Kaninchen, wenn auch mit Schußwaffe, erlegen will (Johow 20 C 25). Zur Strafbarkeit genügt allein die Tatsache des Nichtbeisichführens, ein besonderer Dolus ist nicht erforderlich (E. in JW. 92, 203).

Die gleiche Strafe trifft, weil dem „Nichtbeisichführen" gleichstehend, denjenigen, der den Jagdschein bzw. die Ermächtigung dem zuständigen Kontrollbeamten vorzuzeigen sich weigert (GA. 14, 576) oder der ihn nur in solcher Entfernung zeigt, daß der Beamte ihn nicht einsehen kann (Johow 13, 347) und auch den, der die nur aus Schikane geforderte Vorzeigung verweigert (v. Seherr-Thoß S. 85). Ein späterer Beweis, daß der Jagdschein mitgeführt war, befreit nicht von der Strafe (JMBl. 66, 235 u. GA. 18, 577).

Das Recht zur Kontrolle steht allen Beamten des Polizei- und Sicherheitsdienstes zu, den Forst- und Jagdschutzbeamten (auch den Königlichen) aber nur innerhalb ihres Schutzbezirks. Zwar soll den letzteren nach der Rechtsprechung des Reichsgerichts das Kontrollrecht auch außerhalb ihres Reviers zustehen (so auch Dalcke S. 239), im bewußten Gegensatz dazu hat sich das Kammergericht (Johow 20 C 25) aber mit Recht für die erstere Ansicht ausgesprochen (ebenso Bauer S. 316; ferner siehe Erlaß des Landw. Min. v. 24/2. 00 in Preuß. VerwBl. 20, 53).

[5]) Voraussetzung der Strafe aus § 73 ist, daß der Jäger keinen Jagdschein gelöst hat. Dem steht gleich, daß der gelöste der Zeit nach abgelaufen ist. Auch wer ein Recht auf einen unentgeltlichen Jagdschein hat (§ 33), ist aus § 73 strafbar, wenn er solchen nicht gelöst hat oder mit dem unentgeltlichen Jagdschein auf seinem Pachtland jagd (OppR. 7, 709 u. Anm. zu § 33).

wer ohne den vorgeschriebenen Jagdschein zu besitzen,[6]) die Jagd ausübt[3]) oder wer von einem gemäß § 36 für ungültig erklärten Jagdscheine Gebrauch macht.[7])

Ist der Täter in den letzten 5 Jahren[8]) wegen der gleichen Übertretung vorbestraft, so können[9]) neben der Geldstrafe die Jagdgeräte[10]) sowie die Hunde, welche er bei der Zuwiderhandlung bei sich geführt hat, eingezogen werden, ohne Unterschied, ob der Schuldige Eigentümer ist oder nicht.

§ 74. Die Fristen im § 34 Ziffer 3, § 35 Ziffer 1 und 2, § 73 Abs. 2 beginnen mit dem Ablaufe desjenigen Tages, an welchem die Strafe verbüßt, verjährt oder erlassen ist.

§ 75. Wer zwar mit einem Jagdscheine versehen, aber ohne Begleitung[11]) des Jagdberechtigten oder ohne

---

[6]) Wenn jemand, ohne einen Jagdschein zu besitzen d. h. gelöst zu haben, zugleich unberechtigt jagt, so liegt Idealkonkurrenz mit § 292 StGB. vor und aus letzterem ist zu strafen (RG. 22, 234 u. KG. v. 1/2. 06 in Schultz Jahrb. 3, 224). — Auch ein Forstbeamter, der mit dem unentgeltlichen Jagdschein (§ 33) auf dem von ihm selbst gepachteten Grundstück innerhalb seines Dienstbezirks jagt, ist aus § 73 strafbar (OppR. 7, 709).

[7]) Wer einen für ungültig erklärten Jagdschein bei sich führt, kann aus § 73 erst bestraft werden, wenn er von diesem Schein auch wirklich Gebrauch macht, d. h. ihn vorzeigt (KG. v. 26/6. 05 in Johow 30 C 20). Solange die den Jagdschein für ungültig erklärende Verfügung des Landrats nicht rechtskräftig ist, gilt er im Sinne des § 73 noch nicht als ungültig (KG. ebenda).

[8]) Seit Verbüßung, Verjährung oder Erlaß der Strafe (§ 74).

[9]) Hier kann vom Gericht die Einziehung ausgesprochen werden, während sie im Fall des Jagdvergehens aus §§ 292 ff. ausgesprochen werden muß.

[10]) Hinsichtlich des Begriffs „Jagdgeräte" siehe Anm. 49 zu § 295 StGB. (unten unter V).

[11]) Der Begriff der Begleitung ist zweifelhaft und von der Rechtsprechung verschieden ausgelegt. Richtig wird solche dann vorliegen, wenn der Jagdberechtigte im Jagdrevier gleichzeitig anwesend ist und beide nur so weit voneinander entfernt sind, daß der Jagdgast dem Kontrollbeamten gegenüber sich über die Erlaubnis zur Jagdausübung durch Hinweis auf die Person des Jagdberechtigten jederzeit ausweisen kann. Siehe hierzu Dalcke S. 246, Bauer S. 150 ff., sowie KG. v. 28/4. 04 in Schultz Jahrb. 2, 81. — Bei mehreren Jagdberechtigten genügt nicht eine Begleitung

dessen schriftlich erteilte Erlaubnis [12]) bei sich zu führen, [4]) die Jagd auf fremdem Jagdbezirk ausübt, [3]) wird mit einer Strafe von sechs bis fünfzehn Mark belegt.

§ 76. Mit den nachstehenden Geldstrafen wird bestraft, [13]) wer während der Schonzeit erlegt oder einfängt:

---

eines einzelnen unter Zustimmung der anderen. Der Jagdgast muß trotzdem einen von allen Berechtigten ausgestellten Schein haben (Johow 8, 213).

[12]) Der § 75 betrifft die sog. Jagdgäste, d. h. die gelegentlich zur Jagdausübung vom Jagdberechtigten zugezogenen Jäger. Außer den Jagdbeamten, zu denen auch die Privatangestellten rechnen (GA. 38, 383), muß bei Abwesenheit des Jagdberechtigten jeder Nichtberechtigte einen Erlaubnisschein haben; auch z. B. die Familienangehörigen des Jagdberechtigten und selbst der mit Generalvollmacht versehene Gutsverwalter (Johow 11, 282), auch der minderjährige Gutsbesitzer, nicht aber sein gesetzlicher Vertreter (Vater, Vormund). Der Ehemann auf dem Jagdrevier seiner Ehefrau braucht aber einen solchen nicht, da ihm der Nießbrauch und damit das Jagdrecht zusteht (anders aber, wenn das betreffende Grundstück zum vorbehaltenen Vermögen der Frau gehört).

Mündliche Erlaubnis genügt nicht, wohl aber ein privatschriftlicher Schein ohne Beglaubigung. Er darf auf Namen oder auf Inhaber und für beliebige Dauer ausgestellt sein. Er muß vom Jagdberechtigten mindestens selbst unterschrieben sein, bei mehreren solcher von allen Berechtigten (Johow 8, 213). Ein Beamter des Jagdberechtigten ist zur Ausstellung nicht befugt, die Begleitung eines solchen Beamten ersetzt nicht den Schein. Der Erlaubnisschein ist niemals übertragbar (RG. v. 17/5. 06 in Ztschr. f. Jagdr. 07, 4). Wenn jemand vom Jagdberechtigten die schriftliche Erlaubnis hat, mit anderen die Jagd auszuüben, so müssen die anderen trotzdem einen besonderen Schein haben und diesen kann ihnen jener Dritte nicht ausstellen (Johow 32 C 28). Auch wenn der Nachbar die mündlich vereinbarte Jagdfolge ausübt, muß er bei Betreten des Nachbarreviers einen Erlaubnisschein haben.

Unter dem Jagdberechtigten ist hierbei derjenige zu verstehen, der zur Jagdausübung berechtigt ist (Eigenjagdbesitzer, Jagdpächter). Dieser selbst braucht keine Legitimation, z. B. den Pachtvertrag, bei sich zu führen. Hatte der Jäger von diesem auch keine mündliche Erlaubnis, so liegt Jagdvergehen nach § 292 StGB. vor.

[13]) Für jedes Stück Wild ist die Geldstrafe gesondert zu erkennen, keine Gesamtstrafe (§ 74 StGB.). Werden von mehreren Tätern mehrere Stück Wild erlegt, so hat jeder Täter den mehrfachen Betrag verwirkt (DJZ. V, 362). — Bei mildernden Umständen kann die Herabsetzung der Strafe nach Abs. 2 erfolgen. — Die Jagdausübung ohne Jagderfolg stellt § 77 unter Strafe.

Die Strafe trifft denjenigen, welcher berechtigt die Jagd ausübt. Wer unbefugt die Jagd während der Schonzeit ausübt, ist

1. ein Stück Elchwild . . . . 150 Mark,
2. ein Stück Rotwild . . . . 150 „
3. ein Stück Damwild . . . . 100 „
4. einen Biber . . . . 100 „
5. ein Stück Rehwild . . . . 60 „
6. ein Stück Auerwild, eine Trappe, einen Schwan . . . . 30 „
7. einen Dachs, einen Hasen, ein Stück Birk- oder Haselwild, eine Schnepfe oder einen Fasan . . . . 10 „
8. ein Rebhuhn, ein schottisches Moorhuhn, eine Wachtel, eine wilde Ente, einen Kranich, einen Brachvogel, einen Wachtelkönig oder einen sonstigen jagdbaren Sumpf- oder Wasservogel . . 5 „
9. eine Drossel (Krammetsvogel) . . . 2 „

Sind mildernde Umstände vorhanden, so kann die Geldstrafe in den Fällen 1 bis 4 auf 15 Mark, 5 und

---

nach § 293 StGB. zu bestrafen (OppR. 13, 79). Ein Jagdberechtigter, der während der Schonzeit eine Jagd veranstaltet, kann als Anstifter verurteilt werden, ohne Rücksicht darauf, ob er einen Teilnehmer zur Tötung des Schonwilds veranlaßt hat (OppR. 10, 779). — Jedes Erlegen und Fangen von Schonwild wird bestraft, weil keine Ausnahme zugelassen ist (KG. v. 19/3. 03 in Schultz Jahrb. 1, 79). Seinen bisherigen Standpunkt, daß hiernach auch ein Töten des angeschossenen oder kümmernden Wildes aus Mitleid strafbar sein sollte (a. a. O.), hat das Kammergericht aber jetzt mit der Begründung verlassen, daß ein derartiges Wild, weil schon daniederliegend, nicht mehr „erlegt" werden könnte (KG. v. 21/3. 07 in Ztschr. f. Jagdr. 07, 165). Mit Recht ist diese Rechtsbegründung angezweifelt (Ebner a. a. O. S. 195; siehe ferner hierzu Dickel S. 60). Ein Einfangen zum Zweck der Heilung ist vom Kammergericht schon früher als straflos angesehen (Johow 15, 303).

Jedes schuldhafte Verhalten, auch fahrlässiges, führt zur Bestrafung (Johow 5, 326). Ein nur zufälliges Erlegen oder Einfangen, z. B. durch eine abirrende Kugel, durch Fang im Raubzeugeisen, macht aber nicht strafbar. Irrt der Jäger sich in dem Tier, z. B. hält die Fasanhenne für einen Hahn, schießt einen ihm unbekannten Vogel, der alsdann als zu schonender Sumpfvogel erkannt wird, so macht ihn dies aus § 59 StGB. nur straflos, wenn das Verkennen des Tieres selbst nicht durch Fahrlässigkeit verschuldet ist (Johow 11, 268). Ein Irrtum des Jägers in der Schonzeit schützt, weil Rechtsirrtum, nicht vor Strafe.

6 auf 5 Mark, in den Fällen 7 bis 9 bis auf 1 Mark für jedes Stück ermäßigt werden.

§ 77. Mit Geldstrafe bis zu 150 Mark wird bestraft, wer:

1. innerhalb der Schonzeit[14]) auf die durch diese geschützten Tiere die Jagd ausübt,[15]) ohne sie zu erlegen oder einzufangen;[16])
2. den Vorschriften des § 41 zuwider Schlingen stellt, in denen jagdbare Tiere[17]) oder Kaninchen sich fangen können.[18])

Ist in den Schlingen Wild gefangen worden, für welches eine Schonzeit vorgeschrieben ist,[19]) so darf eine niedrigere Strafe, als wie sie nach §§ 50 und 76 angedroht ist, nicht verhängt werden. Das Gleiche findet Anwendung auf Wild, für welches die Schonzeiten deshalb nicht gelten, weil es sich in eingefriedigten Wildgärten befindet.[20])

Bei einer Zuwiderhandlung gegen den § 41 ist[21])

---

[14]) Siehe §§ 39 u. 40.

[15]) Über den Begriff der Jagdausübung siehe Anm. 31 zu § 292 StGB. (unten unter V). Hierunter gehören während der Schonzeit nicht: Schreckschüsse zur Abwehr des Wildes vom Garten, Feststellung von Brutstätten der Rebhühner mittels Hundes im Klee, um die betreffende Stelle nicht abzumähen usw.

[16]) Die Jagdausübung während der Schonzeit mit Erfolg bedroht § 76.

[17]) Siehe § 1.

[18]) Siehe Anm. zu § 41. Jedes Aufstellen solcher geeigneter Schlingen, auch seitens Jagdberechtigter, wird bestraft, und ohne Rücksicht, ob es während oder außer der Schonzeit geschieht. Wird ein Kaninchen oder ein nicht schonungsfähiges Wild (auch z. B. ein Fuchs, vgl. Anm. 2 zu § 1) wirklich gefangen, so tritt trotzdem nur die Strafe aus § 41 Nr. 2 ein (vgl. Abs. 2).

[19]) Wenn also ein Stück Wild, für welches im § 39 überhaupt nur eine Schonzeit vorgesehen ist, in seiner Schußzeit in der Schlinge gefangen ist, tritt die Mindeststrafe aus §§ 50, 76 mit Berücksichtigung der Ermäßigung bei mildernden Umständen (§ 76 Abs. 2) ein. Wird es darin während seiner Schonzeit gefangen, so kommt § 76 von vornherein zur Anwendung.

[20]) Vgl. § 39 Abs. 4 u. Anm. zu § 960 BGB. unter I A.

[21]) Auf das Einziehen der Schlingen muß erkannt werden, aber nur dieser; das in ihnen gefangene Wild gebührt dem Jagdberechtigten. Siehe ferner Anm. 25.

neben der Geldstrafe die Einziehung der Schlingen auszusprechen, ohne Unterschied, ob sie dem Schuldigen gehören oder nicht.

§ 78. Mit Geldstrafe bis zu 150 Mark wird bestraft:

wer den Vorschriften der §§ 43, 44 und 45 zuwider Wild oder Kiebitz- oder Möweneier versendet, zum Verkaufe herumträgt oder ausstellt oder feilbietet, verkauft, ankauft oder den Verkauf von solchem Wilde (Eiern) vermittelt.[22])

Hat der Täter gewerbs-[23]) oder gewohnheitsmäßig[23]) gehandelt, so ist eine Geldstrafe von nicht unter 30 Mark zu verhängen.

Neben der Geldstrafe ist[24]) das den Gegenstand der Zuwiderhandlung bildende Wild (die Kiebitz- und Möweneier) einzuziehen, ohne Unterschied, ob der Schuldige Eigentümer ist oder nicht; von der Einziehung kann abgesehen werden, wenn der Ankauf nur zum eigenen Verbrauche geschehen ist.[25])

---

[22]) Hinsichtlich des Begriffs des Versendens, Feilbietens usw. vgl. die Anm. zu § 43. Auch der Verkauf usw. von lebendem Wild ist strafbar (RG. v. 18/5. 05 in Schultz Jahrb. 2, 184).

[23]) Gewerbsmäßigkeit liegt bei einer fortgesetzten gewinnsüchtigen Tätigkeit vor, so daß sie schon in einer Einzelhandlung gefunden werden kann (siehe Anm. 45 zu § 294 StGB. unten unter V u. RG. v. 28/4. 05 in Schultz Jahrb. 2, 182), Gewohnheitsmäßigkeit setzt eine Mehrheit von Handlungen voraus mit der Geneigtheit, sie fernerhin zu wiederholen (RG. 5, 369).

[24]) Ebenso wie nach § 295 StGB. bei einem Jagdvergehen die Jagdgeräte ohne Rücksicht auf das Eigentum eines Dritten eingezogen werden müssen, muß auch hier auf Einziehung des vertriebenen Wildes (bzw. der Eier) erkannt werden. Nur bei dem Käufer des Wildes, der zum eigenen Verbrauch gekauft hat, kann (z. B. bei entschuldbarer Unkenntnis der Schonzeit) von der Einziehung abgesehen werden. Beim Wildhändler ist also in allen Fällen das Wild einzuziehen.

[25]) Das sog. „objektive" Strafverfahren, d. h. ein Verfahren, wenn die Verfolgung oder Verurteilung einer bestimmten Person nicht ausführbar ist, ist nach §§ 40, 42 StGB. nur bei Verbrechen oder Vergehen zulässig; hier handelt es sich aber um eine Übertretung. Aus §§ 40, 42 kann daher hier zur Einziehung des Wildes nicht vorgegangen werden. Es findet aber das Verfahren aus §§ 477 ff. StPO. Anwendung (Johow 11, 294). Mit der Rechtskraft der Entscheidung geht das Eigentum an den eingezogenen

§ 79. An die Stelle einer nach Maßgabe der vorstehenden Bestimmungen zu verhängenden, nicht beitreibbaren Geldstrafe tritt Haftstrafe nach Maßgabe der §§ 28 und 29 des Reichsstrafgesetzbuchs.[26])

§ 80. Für die Geldstrafe und die Kosten, zu denen Personen verurteilt werden, welche unter der Gewalt, der Aufsicht oder im Dienste eines anderen stehen und zu dessen Hausgenossenschaft gehören,[27]) ist letzterer im Falle des Unvermögens der Verurteilten für haftbar zu erklären, und zwar unabhängig von der etwaigen Strafe, zu welcher er selbst auf Grund dieses Gesetzes oder des § 361 zu 9 des Strafgesetzbuchs verurteilt wird.[28]) Wird festgestellt, daß die Tat nicht mit seinem Wissen verübt ist oder daß er sie nicht verhindern konnte, so wird die Haftbarkeit nicht ausgesprochen.

Hat der Täter noch nicht das zwölfte Lebensjahr vollendet, so wird derjenige, welcher in Gemäßheit der vorstehenden Bestimmungen haftet, zur Zahlung der Geldstrafe und der Kosten als unmittelbar haftbar ver-

---

Gegenständen auf den Fiskus über (RG. 15, 164). Über die Behandlung der eingezogenen Gegenstände vgl. Schultz- von Seherr-Thoß S. 51 Anm. 37 u. Dalcke S. 225 ff.

26) Mindestbetrag ein Tag, Höchstbetrag sechs Wochen. Nach Ermessen der betr. Strafbehörde können 1 bis 15 Mk. für das Unvermögen einem Tag Haft gleichgestellt werden.

27) Dazu sind zu rechnen: Eltern, Vormund, Dienstherr, Lehrherr usw. Doch ist stets Voraussetzung, daß der Täter auch zu dessen Hausgenossen gehört. Zweifelhaft ist, ob der Ehemann für die Ehefrau haftbar ist (Dickel S. 75). Die Frage ist zu bejahen, wie es auch die Praxis tut.

28) Die Haftbarkeit muß ausgesprochen werden, ausgenommen wenn der Gewalthaber nichts von der Tat wußte oder sie, z. B. durch bessere Aufsicht, nicht verhindern konnte. Vermag der Täter die Geldstrafe und Kosten nicht zu zahlen, so wird der für haftbar erklärte Gewalthaber für sie zahlungspflichtig; ist der Täter strafunmündig, d. h. unter 12 Jahren, oder muß er beim Alter von 12 bis 18 Jahren wegen mangelnder Einsicht der Strafbarkeit oder muß er wegen Unzurechnungsfähigkeit straffrei ausgehen, so hat der Gewalthaber selbst Strafe und Kosten zu zahlen. — Er kann zudem selbst aus § 361 Nr. 9 StGB. bestraft werden, wenn er die ihm unterstellten Personen von der Begehung der vorstehenden Übertretung abzuhalten unterläßt (siehe Anm. 56 zu § 261 StGB. unten unter V). — Zu beachten ist Abs. 3.

urteilt. Dasselbe gilt, wenn der Täter zwar das zwölfte, aber noch nicht das achtzehnte Lebensjahr vollendet hatte und wegen Mangels der zur Erkenntnis der Strafbarkeit seiner Tat erforderlichen Einsicht freizusprechen ist,[29]) oder wenn derselbe wegen eines seine freie Willensbestimmung ausschließenden Zustandes straffrei bleibt.[30])

Gegen die in Gemäßheit der vorstehenden Bestimmungen als haftbar Erklärten tritt an die Stelle der Geldstrafe eine Freiheitsstrafe nicht ein.

Neunter Abschnitt.*) Übergangs- und Schlußbestimmungen.

§ 81. An Stelle der §§ 51 bis 66 gelten im ehemaligen Kurfürstentume Hessen die Vorschriften des kurhessischen Wildschadengesetzes vom 26. Januar 1854 (Kurhessische Gesetzsamml. S. 9) und die §§ 26, 28, 34 bis 37, 40 des kurhessischen Jagdgesetzes vom 7. September 1865 (Kurhessische Gesetzsamml. S. 571).[1])

§ 82. Der Bezirksausschuß beschließt über die Erneuerung der auf den schleswigschen Westseeinseln bestehenden Konzessionen zur Errichtung von Vogelkojen sowie über die Erteilung neuer Konzessionen (§ 6 des Gesetzes vom 1. März 1873, Gesetzsamml. S. 27).[2])

---

[29]) Siehe §§ 55 bis 57 StGB.

[30]) Siehe § 51 StGB.

*) In dem 9. Abschnitt sind die §§ 81, 84 u. 86 den neuen Verhältnissen entsprechend neu geschaffen, der § 82 entspricht dem § 108 ZuständigkeitsG. v. 1/8. 83, § 83 dem § 19 Abs. 2 WildschonG. v. 14/7. 04 und § 85 dem § 15 JagdscheinG. v. 31/7. 95.

[1]) In den früher kurhessischen Landesteilen der Prov. Hessen-Nassau ist aus Billigkeitsgründen das dort bisher geltende Wildschaden- und Wildschaden-Verhütungsrecht beibehalten (siehe unten Anhang A 2). Der § 67 JO. betr. das Abschußrecht der Fischereiberechtigten gilt aber auch dort, ebenso auch § 68.

[2]) Vogelkojen, die nur auf den obigen Inseln bestehen, sind Einrichtungen zum Massenfang von wilden Enten. Der oben genannte § 6 lautet: „Die zum Schutze der auf den Schleswigschen Westseeinseln landesherrlich konzessionierten Vogelkojen zu treffenden Maßregeln, die Erneuerung der bestehenden und die Erteilung neuer Konzessionen bleiben der Verordnung der Bezirksregierung vorbehalten."

§ 83. In denjenigen Landesteilen, in denen das Recht, Kiebitz- und Möweneier einzusammeln, anderen Personen als den Jagdberechtigten vor dem Inkrafttreten des Wildschongesetzes vom 14. Juli 1904 (Gesetzsamml. S. 159) zustand, bleibt dieses Recht bis zum Ablaufe der Jagdpachtverträge, die bei dem Inkrafttreten des letzteren Gesetzes bestanden haben, unberührt.[3])

§ 84. Die vor dem 1. Mai 1907 abgeschlossenen Verträge über die Verpachtung eines Jagdbezirkes bleiben bis zu ihrem Ablauf in Kraft.[4]) Im Regierungsbezirke Cassel sollen die nach dem 1. Mai 1907 bis zum Inkrafttreten dieses Gesetzes abgeschlossenen Verträge nicht über den 1. April 1914 hinaus Gültigkeit haben.

Während der Dauer dieser Pachtverträge[5]) können die in dem betreffenden Gemeinde- (Guts-) Bezirke belegenen, nach den bisher geltenden Vorschriften zu Recht gebildeten Eigenjagdbezirke auch dann bestehen bleiben, wenn sie nicht einen land- und forstwirtschaftlich benutzten Flächenraum von wenigstens 75 Hektar einnehmen. Während der gleichen Zeit kann aus Grundflächen, die zwar den Erfordernissen des § 4 Ziffer 2 genügen, nicht aber einen nach den bisher geltenden Vorschriften zur

---

[3]) In Betracht kommen auch diejenigen Landesteile, in denen früher Möwe und Kiebitz nicht jagdbar waren. In allen solchen soll für die Dauer der laufenden Pachtverträge der frühere Rechtszustand bezüglich der Eier bestehen bleiben und erst beim Abschluß eines neuen Pachtvertrags das ausschließliche Einsammelrecht auf den Jagdberechtigten übergehen (vgl. AusfA. zu § 42).

[4]) Hiernach bleiben nur die vor dem 1. Mai 1907 geschlossenen Pachtverträge, und diese ohne Rücksicht auf ihre Dauer, in Kraft; alle nachher, noch nicht unter dem Recht der JO., abgeschlossenen Verträge sind also, mit Ausnahme derer im Bezirk Kassel, außer Kraft getreten. Sie sind ohne weiteres seit dem 10. Aug. 1907, dem Gültigkeitsbeginn der JO., wirkungslos und es sind Neuabschlüsse erforderlich. Dies gilt nicht nur für Pachtverträge über gemeinschaftliche, sondern auch für Eigenjagdbezirke. Die AusfA. (zu § 84) bezeichnet auch die außerhalb des Regbz. Kassel zwischen 1. Mai und 10. August 1907 abgeschlossenen Verträge, wenn die verpachteten Jagdbezirke den Anforderungen der JO. entsprechen, als gültig. Ein Rechtsgrund ist dafür nicht ersichtlich.

[5]) Also sowohl der vor dem 1/5. 07 als auch der im Regbz. Kassel später abgeschlossenen Pachtverträge.

Bildung eines Eigenjagdbezirkes erforderlichen Flächenraum umfassen, ein Eigenjagdbezirk nicht gebildet werden.[6])

Liegen solche Grundflächen in verschiedenen Gemeinde- (Guts-) Bezirken, für die mehrere Pachtverträge in Betracht kommen, so gilt als Zeitpunkt, bis zu dem die bisherigen Eigenjagdbezirke fortbestehen oder von dem ab Eigenjagdbezirke gebildet werden können (Abs. 2), der Ablauf des zuerst beendeten Pachtvertrags.

§ 85. Die vor dem Inkrafttreten dieses Gesetzes ausgestellten Jagdscheine behalten ihre Gültigkeit für die Zeit, auf welche sie ausgestellt sind.[7])

§ 86. Die nachstehend aufgeführten Gesetze werden, soweit sie nicht bereits anderweit aufgehoben sind, für den Geltungsbereich dieses Gesetzes[8]) hierdurch aufgehoben:

1. das Gesetz, betreffend die Aufhebung des Jagdrechts auf fremdem Grund und Boden und die Ausübung der Jagd, vom 31. Oktober 1848 (Gesetzsamml. S. 343);
2. das Jagdpolizeigesetz vom 7. März 1850 (Gesetzsamml. S. 165);
3. das Wildschadengesetz vom 11. Juli 1891 (Gesetzsamml. S. 307);
4. das Jagdscheingesetz vom 31. Juli 1895 (Gesetzsamml. S. 304);
5. das Gesetz, betreffend die Ergänzung einiger jagd-

---

[6]) Die Vorschriften des Abs. 2 sollen beim Vorliegen eines unter bisherigen Verhältnissen abgeschlossenen Pachtvertrags über Eigenjagdbezirke jene Verhältnisse für ihn auch möglichst bestehen lassen. Siehe AusfA. zu § 84 letzter Satz.

[7]) Die von Ausländern vor dem 10. August 1907 zu der geringeren Gebühr des früheren Rechts gelösten Jagdscheine (§ 32) laufen mithin weiter; der Mehrbetrag braucht nicht nachgezahlt zu werden.

[8]) Also soweit von den aufgezählten Gesetzen solche in Landesteilen gelten, in denen die JO. keine Anwendung findet, bestehen sie in ihnen auch weiter, so: das WildschadG. (Nr. 3) in Hohenzollern und Helgoland, das JagdscheinG. (Nr. 4) in Hannover und Hohenzollern, das WildschonG. (Nr. 7) in Hannover und Helgoland. Wegen des Geltungsbereichs der JO. siehe Vorbemerkung zu ihrer Überschrift.

rechtlicher Bestimmungen, vom 29. April 1897 (Gesetzsamml. S. 117);
6. das Gesetz, betreffend Ergänzung der gesetzlichen Vorschriften über die Ausübung der Jagd auf eigenem Grundbesitze, vom 7. August 1899 (Gesetzsamml. S. 151);
7. das Wildschongesetz vom 14. Juli 1904 (Gesetzsamml. S. 159);
8. das Jagdverwaltungsgesetz vom 4. Juli 1905 (Gesetzsamml. S. 271);
9. die Verordnung, betreffend das Jagdrecht und die Jagdpolizei im ehemaligen Herzogtume Nassau, vom 30. März 1867 (Gesetzsamml. S. 426);
10. die §§ 1 bis 5, 7 und 8 des Gesetzes,[9]) betreffend die Aufhebung des Jagdrechts auf fremdem Grund und Boden in den vormals Kurfürstlich Hessischen und Großherzoglich Hessischen Landesteilen und in der Provinz Schleswig-Holstein, vom 1. März 1873 (Gesetzsamml. S. 27);
11. das Gesetz, betreffend das Jagdrecht und die Jagdpolizei im Herzogtume Lauenburg, vom 17. Juli 1872 (Offizielles Wochenblatt für das Herzogtum Lauenburg S. 215);
12. das kurhessische Gesetz, betreffend die Aufhebung der Jagdgerechtsame und die Verhütung des Wildschadens, vom 1. Juli 1848 (Kurhessische Gesetzsamml. S. 47);
13. die §§ 1 bis 4, 8 bis 25, 27, 29, § 30 Ziffer 1 bis 5, §§ 31, 33, 38, 39 des kurhessischen Gesetzes, das Jagdrecht und dessen Ausübung betreffend, vom 7. September 1865 (Kurhessische Gesetzsamml. S. 571); die §§ 5 bis 7 desselben Gesetzes, soweit sie nicht durch das vorliegende Gesetz aufrecht erhalten werden;[10])
14. das Frankfurter Gesetz, die Ausübung der Jagd

---

[9]) Der aufrecht erhaltene § 6 dieses Gesetzes ist oben in § 82 erwähnt und in der Anm. dazu abgedruckt.

[10]) Die aufrecht erhaltenen Bestimmungen dieser Gesetze sind abgedruckt unten im Anhang unter A 2.

betreffend, vom 20. August 1850 (Gesetz- und Statutensamml. der freien Stadt Frankfurt, 10. Bd. S. 323);

15. die Artikel 1 bis 16 des Großherzoglich Hessischen Gesetzes, die Ausübung der Jagd und der Fischerei in den Provinzen Starkenburg und Oberhessen betreffend, vom 26. Juli 1848 (Regierungsblatt S. 209);
16. das Großherzoglich Hessische Gesetz, die Jagdberechtigungen in den Provinzen Starkenburg und Oberhessen betreffend, vom 2. August 1858 (Regierungsblatt S. 257);
17. das Großherzoglich Hessische Jagdstrafgesetz vom 19. Juli 1858 (Regierungsblatt S. 345);
18. die Artikel 1 bis 18 des hessen-homburgischen Gesetzes, die Jagd und Fischerei im Amte Homburg betreffend, vom 8. Oktober 1849 nebst Verordnung, die Verpachtung der Gemeindejagden im Amte Homburg betreffend, vom 8. Oktober 1849 (Regierungsblatt vom 14. Oktober 1849 Nr. 8);
19. das bayerische Gesetz, die Ausübung der Jagd betreffend, vom 30. März 1850 (Bayerisches Gesetzblatt S. 117);
20. die §§ 1 bis 16, 18 bis 21 der bayerischen Verordnung,[11]) polizeiliche Vorschriften über Ausübung und Behandlung der Jagden betreffend, vom 5. Oktober 1863 (Bayerisches Regierungsblatt S. 1657);
21. die §§ 104, 105 Abs. 1 Ziffer 2 und 3, 106 des Gesetzes über die Zuständigkeit der Verwaltungs- und Verwaltungsgerichts-Behörden vom 1. August 1883 (Gesetzsamml. S. 237).

Urkundlich usw.

---

[11]) Der nicht aufgehobene § 17 dieses Gesetzes betrifft das Tötungsrecht an aufsichtslos im Jagdrevier umherstreifenden Hunden und ist abgedruckt im Anhang unter B zu XI.

II A. Anweisung zur Ausführung der Jagdordnung vom 15. Juli 1907.

(Vom 29. Juli 1907, LwMBl. S. 279.)

Die Jagdordnung enthält ein für den ganzen Umfang der Monarchie mit Ausschluß der Provinz Hannover, der Hohenzollernschen Lande und der Insel Helgoland einheitliches Jagdrecht. Sie gibt im wesentlichen das Recht wieder, welches im Geltungsbereich des Gesetzes vom 31. Oktober 1848 (Gesetz-Samml. S. 343) bisher gegolten hat, und stellt somit eine Kodifikation dieses Rechts dar. Fast wörtlich übernommen sind die im § 86 unter Ziffer 3, 4, 6—8 und 21 bezeichneten Gesetze, während dieses bei den unter Ziffer 1 und 2 aufgeführten Gesetzen nur insoweit der Fall ist, als sie nicht mit Rücksicht auf die jüngeren Gesetze als aufgehoben oder veraltet anzusehen waren. Gänzlich neu oder wesentlich verändert sind in der Jagdordnung nur die Vorschriften, betreffend die Ausübung des Jagdrechts, nämlich die §§ 3—15, 17—19, 25—27, 53, 67, 84. Von den sonstigen Vorschriften des geltenden Rechts hat nur § 32 eine materielle Änderung erfahren; die sonst vorgenommenen Änderungen sind formaler Natur und zu dem Zweck vorgenommen, die Unstimmigkeiten zwischen den einzelnen bisher geltenden Jagdgesetzen zu beseitigen oder eine gleiche Ausdrucksweise, insbesondere in der Benennung der Behörden, herbeizuführen. Dieses so gestaltete Recht ist auch, soweit es nicht dort schon gegolten hat, auf die Provinzen Schleswig-Holstein und Hessen-Nassau ausgedehnt, mit der Ausnahme, daß für erstere Provinz im § 82 eine Spezialbestimmung hinsichtlich der Vogelkojen aufrecht erhalten ist und daß nach § 81 im ehemaligen Kurfürstentum Hessen die dort geltenden Wildschadenbestimmungen in Kraft bleiben.

Die Jagdordnung ist für ihren Geltungsbereich die fast ausschließliche Quelle des Jagdrechts. Abgesehen davon, daß nach der ausdrücklichen Bestimmung des § 86 die dort aufgeführten Gesetzesvorschriften aufgehoben werden, kommen neben der Jagdordnung nämlich nur noch die einschlägigen Bestimmungen des BGB., insbesondere über den Wildschaden und das geltende Recht über die Befugnis zum Töten von Hunden und Katzen in Jagdrevieren, in Betracht.

Mit der förmlichen Aufhebung der im § 86 benannten Gesetze kommen auch die zu ihnen erlassenen Ausführungsanweisungen für den Geltungsbereich der Jagdordnung in Wegfall. Ihr Inhalt ist, soweit er mit Bezug auf die kodifizierten Vorschriften materiell noch von Bedeutung ist, in die nachfolgende Ausführungsanweisung übernommen worden, so daß auch dieser in Zukunft ausschließliche Bedeutung zukommt. Der leichteren Übersicht halber wird bei jedem Paragraphen der Jagdordnung bemerkt, welchem der früheren Gesetze er entnommen ist.

Erster Abschnitt.

1. Der erste Abschnitt begrenzt den Umfang des Jagdrechts sowohl nach der objektiven Seite (welche Tiere dem Jagdrecht unterliegen, § 1), wie nach der subjektiven Seite (wer jagdberechtigt ist, § 2 und 3).

2. **Zu § 1.** § 1 entspricht wörtlich dem § 1 des Wildschongesetzes vom 14. Juli 1904 und bestimmt in Verbindung mit letzterer Gesetzesvorschrift einheitlich für den ganzen Staat (ausschließlich Hohenzollern), welche Tiere jagdbar sind.

3. **Zu § 2.** § 2 gibt die Bestimmungen der §§ 1—4 des Gesetzes vom 31. Oktober 1848 wieder, soweit sie jetzt noch von Bedeutung sind, unter Fortlassung derjenigen Vorschriften, welche nur noch rechtsgeschichtlichen Wert haben (Aufhebung des Jagdrechts auf fremdem Grund und Boden und des Rechts der Jagdfolge, § 1 und § 4 Abs. 2), oder welche heute selbstverständlich sind (§ 3 Abs. 1 Satz 2) oder endlich, welche in der Jagdordnung selbst eine anderweite Regelung gefunden haben (§ 3 Abs. 2 und § 4 Abs. 1 des Gesetzes vom 31. Oktober 1848).

4. **Zu § 3.** § 3 regelt die Ausübung des jedem Eigentümer zustehenden Jagdrechts dahin, daß diese nur auf Jagdbezirken erfolgen darf und auf Grundflächen, welche mit solchen vereinigt sind. Die Vereinigung wird bei Eigenjagdbezirken „Anschluß" und bei gemeinschaftlichen Jagdbezirken „Zulegung" genannt, mit dem aus § 12 sich ergebenden sachlichen Unterschied.

Zweiter Abschnitt.

5. Dieser Abschnitt regelt sowohl die Bildung der Jagdbezirke wie die Verwaltung gemeinschaftlicher Jagdbezirke und enthält in ersterer Hinsicht neue, von dem bisher geltenden Recht wesentlich abweichende Bestimmungen, während er bezüglich des letzteren Gegenstandes die Vorschriften des Gesetzes, betreffend die Verwaltung gemeinschaftlicher Jagdbezirke vom 4. Juli 1905 wiedergibt.

6. **Zu § 4,** Abs. 1—3. Die Bestimmungen über die Bildung der Eigenjagdbezirke weichen vielfach von den Vorschriften des § 2 des Jagdpolizeigesetzes ab, so hinsichtlich der Arten der Eigenjagdbezirke, der Einschränkung der Flugwildjagd auf Eigenjagdbezirken

unter 75 ha Umfang, des Verbots, aus gewissen schmalen Landstreifen besondere Eigenjagdbezirke zu bilden oder sie zur Herstellung des Zusammenhangs für Flächen, die sonst getrennt liegen würden, zu benutzen, sowie endlich der Regelung des Jagdrechts auf Wegen. Hierbei ist bei wichtigen Fragen der Jagdpolizeibehörde die Entscheidung überlassen (Abs. 3), die häufig schwierig sein und eine pflichtmäßige Prüfung aller in Betracht kommenden Verhältnisse erfordern wird; es wird zu berücksichtigen sein, daß der Zweck der Bestimmungen darin besteht, die Bildung von Jagdbezirken zu verhindern, die zum ordnungsmäßigen Betrieb der Jagd ungeeignet sind, ohne daß andererseits hierbei weiter gegangen werden darf, als es dieser Zweck unbedingt erfordert. Bei der in Abs. 2 getroffenen Einschränkung der Jagd auf Flugwild auf solchen eingefriedigten Grundflächen, die nicht 75 ha im Zusammenhang umfassen, ist von folgenden Gesichtspunkten ausgegangen: die Zulassung derartiger kleiner Eigenjagdbezirke ist nur für solche Wildarten zu rechtfertigen, die durch die Einfriedigung derartig abgesperrt werden, daß ein Herüberwechseln von Wild von und nach dem eingefriedigten Jagdbezirke nicht erfolgen kann, daß also der Abschuß von Wild in letzterem auf den Wildbestand in den benachbarten Jagdbezirken ohne Einfluß bleibt. Dieses trifft bei Flugwild nicht zu; im allgemeinen wird es daher nicht gerechtfertigt sein, den Inhabern derartiger Jagdbezirke die Jagd auf dieses Wild zu gestatten. Ausnahmen sind nur dann gerechtfertigt, wenn Flugwild in den eingefriedigten Grundstücken selbst sich ständig aufhält (z. B. wenn dort eine Fasanerie angelegt ist), wenn auf ihnen durch Flugwild aus den benachbarten Jagdbezirken Wildschaden angerichtet wird, oder wenn es sich um durchziehendes Wild handelt, welches auch in den benachbarten Jagdbezirken sich nicht dauernd aufhält (z. B. Schnepfen, Krammetsvögel usw.). Auf jeden Fall muß verhindert werden, daß solche eingefriedigten Jagdbezirke als Wildfallen benutzt werden, um das Flugwild aus benachbarten Jagdbezirken durch Futter anzulocken und es dann abzuschießen. Bei Erteilung der Genehmigung wird auch zu berücksichtigen sein, daß nach § 39 letzter Absatz die Schonzeiten nicht für Wild in eingefriedigten Wildgärten gelten. Wenn es sich also um Wildgärten handelt, zu denen übrigens nicht jedes eingefriedigte Stück Land, auf dem sich Wild aufhält, sondern nur solche Gehege zu rechnen sind, die der Wildhege zu dienen bestimmt sind, wird regelmäßig zu erwägen sein, ob nicht die Genehmigung auf die Schießzeiten zu beschränken ist.

Eine neue Regelung hat im Abs. 1 Ziffer 2 die Ausübung der Jagd auf Wegen usw., die in oder an Eigenjagdbezirken liegen, erfahren. Es handelt sich hierbei nur um solche Wege usw., die nicht im Eigentum des Inhabers des Eigenjagdbezirks stehen, da sie anderenfalls zum Eigenjagdbezirk an sich schon gehören würden, wie im Satz 4 der Ziffer 2 bezüglich der Grenzwege, um Zweifel auszuschließen, noch besonders hervorgehoben ist. Diese Wege usw. gehören kraft Gesetzes zum Eigenjagdbezirke, falls der Inhaber des Eigenjagdbezirks nicht auf die Zugehörigkeit verzichtet, jedoch kann der Eigentümer des Weges usw. eine Pachtentschädigung ver=

langen. Der Satz: „Diese Flächen werden dem angrenzenden Eigenjagdbezirke angeschlossen" bedeutet nicht, daß es zum Anschluß eines besonderen Aktes bedarf; er soll zum Ausdruck bringen, daß die sonst im Gesetz an den Anschluß von Flächen an Eigenjagdbezirke geknüpften Folgen auch hier zutreffen (§ 12 Abs. 2: der Anschluß erfolgt pachtweise; § 26: Zulässigkeit des Verwaltungsstreitverfahrens bei Streit über die Höhe des Pachtgeldes; § 53: Wildschadenersatz). Eine weitere Folge des gesetzlichen Anschlusses besteht darin, daß nicht der Jagdvorsteher wie sonst zur Vertretung der Grundstücke bei der Festsetzung der Pachtentschädigung befugt ist, sondern daß der Inhaber des Eigenjagdbezirks unmittelbar mit dem Eigentümer der Wege in Verbindung zu treten hat. Falls eine Einigung über die Pachtentschädigung nicht erzielt wird, entscheidet nach § 19 der Kreisausschuß, gegen dessen Entscheidung nach § 26 das Verwaltungsstreitverfahren stattfindet. Wünscht der Inhaber des Eigenjagdbezirks den Anschluß der Wege usw. nicht, so gehören diese kraft Gesetzes zum gemeinschaftlichen Jagdbezirk des Gemeinde-(Guts-)Bezirks (§ 7) oder es ist mit ihnen nach Maßgabe der §§ 8—10 zu verfahren.

Abs. 4 findet nur Anwendung auf solche Flächen, die teils in der Provinz Hannover, teils im Geltungsbereich der Jagdordnung liegen und entspricht dem Gesetz vom 7. August 1899 (Gesetzsamml. S. 151).

7. **Zu § 5.** Die in Abs. 1 vorgesehene Bildung des Eigenjagdbezirks durch den Eigentümer verlangt keine nach außen erkennbare Handlung des Eigentümers, insbesondere nicht eine dem Jagdvorsteher oder der Jagdpolizeibehörde gegenüber abzugebende Erklärung, sondern erfolgt allein durch den Entschluß, den Jagdbezirk zu bilden. Dagegen ist für das Verfahren nach Abs. 2 Voraussetzung, daß eine Erklärung gegenüber dem Jagdvorsteher ausdrücklich abgegeben wird. Durch den Relativsatz im Abs. 1 wird dem Inhaber des Eigenjagdbezirks die Befugnis beigelegt, in dem von ihm gebildeten Jagdbezirk nunmehr die Jagd auszuüben, mit der stillschweigenden Voraussetzung, daß dieses innerhalb der gesetzlich gezogenen Schranken geschieht; insofern entsprechen diese Worte dem zweiten Satz im Abs. 1 des § 3 des Gesetzes vom 31. Oktober 1848.

8. **Zu § 6.** Abs. 3 entspricht dem § 19 des Kurhessischen Jagdgesetzes vom 7. September 1865. Eine bestimmte Form für die Vornahme der Verpachtung ist nicht vorgeschrieben.

9. **Zu § 7.** Abs. 1 bestimmt, daß alle nicht zu einem Eigenjagdbezirk gehörigen Grundflächen eines Gemeinde-(Guts-)Bezirks den gemeinschaftlichen Jagdbezirk bilden, wenn sie wenigstens 75 ha im Zusammenhang umfassen, und zwar kraft Gesetzes, so daß eine besondere Bildung des Jagdbezirks durch den Jagdvorsteher nicht erforderlich ist. Zu diesem unmittelbar durch das Gesetz gebildeten Jagdbezirk gehören, wenn die Feldmark aus mehreren voneinander getrennt liegenden Teilen besteht, alle diejenigen Teile, die für sich im Zusammenhang wenigstens 75 ha umfassen. Daß die Grundflächen des gemeinschaftlichen Jagdbezirks land- oder forstwirtschaft-

lich benutzbar sein müssen, wie diejenigen, die allein zur Bildung eines Eigenjagdbezirks tauglich sind, ist nicht vorgeschrieben, es werden daher bei Berechnung der Mindestgröße auch alle übrigen Flächen mitgezählt, wie Wege, alle Wasserstücke, Eisenbahnen, Baustellen, Hofräume, Gärten, öffentliche Plätze, Friedhöfe usw., selbst wenn sie für die Ausübung der Jagd nicht in Betracht kommen. Als Grundflächen, die nicht zu einem Eigenjagdbezirk gehören, sind auch diejenigen anzusehen, die an sich zur Bildung eines Eigenjagdbezirks geeignet, aber nicht hierzu verwandt sind, entweder weil der Eigentümer auf sie verzichtet (§ 5 Abs. 2) oder weil er den Anschluß ablehnt (Wege § 4 Abs. 1 Ziffer 2).

Abs. 2 behandelt die Zerlegung eines gemeinschaftlichen Gemeinde-Jagdbezirks in mehrere selbständige Jagdbezirke, die vom Gesetz mit besonderen Sicherungen umgeben ist. Einmal ist die Genehmigung des Kreis-(Bezirks-)Ausschusses vorgeschrieben, sodann ist eine Mindestgröße von 250 ha für jeden einzelnen Jagdbezirk festgesetzt, die nur ausnahmsweise, wenn ein besonderes Interesse der Jagdgenossenschaft es verlangt, bis auf 75 ha herabgesetzt werden darf. Das Erfordernis der Mindestgröße von 250 ha ist nicht dahin zu verstehen, daß der Kreisausschuß in jedem Fall, wenn diese vorhanden ist, die Genehmigung erteilen muß, sondern auch in diesem Fall hängt es von seinem pflichtmäßigen Ermessen ab, ob er der Teilung zustimmen will oder nicht.

Abs. 5 behandelt diejenigen, von Wald umschlossenen Grundflächen der Gemeindefeldmark, welche mit dem aus der Gemeindefeldmark gebildeten gemeinschaftlichen Jagdbezirk im Zusammenhang stehen, während § 10 in Verbindung mit § 8 Abs. 2 sich auf solche, von Wald umschlossenen Flächen bezieht, die von der Feldmark durch andere Gemeinde-(Guts-)Feldmarken oder Eigenjagdbezirke abgeschnitten werden, also Trennstücke der Gemeinde bilden. Der Waldbesitzer kann unter den im Gesetz vorgesehenen Bedingungen die Anpachtung derjenigen Grundflächen verlangen, welche zu mindestens 90% vom Walde begrenzt werden, während höchstens 10% der Grenzlinie nicht den Wald berühren. Innerhalb dieser Grenzen kann er sich die anzupachtenden Grundflächen beliebig herausschneiden, ohne Rücksicht darauf, ob die so geschaffenen Grenzen dieser Flächen mit den Katastergrenzen der einzeln beteiligten Grundstücke zusammenfallen.

10. **Zu §§ 8—10.** § 8 behandelt im Zusammenhang mit § 9 und 10 sowohl diejenigen Trennstücke der Feldmarken, die im Zusammenhang nicht 75 ha umfassen, als auch ganze Feldmarken, die diesen Umfang nicht erreichen. Es ist im § 8 bestimmt, daß diese Flächen, wenn es irgend tunlich ist, zur Bildung von Jagdbezirken, die wenigstens 75 ha umfassen, verwandt werden. Zu diesem Zweck werden drei Möglichkeiten vorgesehen:

1. Zulegung zu einem angrenzenden gemeinschaftlichen Jagdbezirk,
2. Anschluß an einen angrenzenden Eigenjagdbezirk,
3. Bildung eines wenigstens 75 ha umfassenden gemeinschaftlichen Jagdbezirks mit angrenzenden Grundflächen eines

anderen Gemeinde-(Guts-)Bezirks, sei es, daß es sich bei letzterem auch um Flächen handelt, die für sich allein nicht zur Bildung eines gemeinschaftlichen Jagdbezirks geeignet sind, sei es, daß von den zur Bildung eines gemeinschaftlichen Jagdbezirks geeigneten Flächen des angrenzenden Gemeinde-(Guts-)Bezirks Teile abgetrennt werden. Zu dieser Regelung ist übrigens die Genehmigung des Kreisausschusses nicht erforderlich, da § 7 Abs. 3 diese Genehmigung nur für den Fall verlangt, daß von zwei oder mehreren Feldmarken, von denen jede nach § 7, Abs. 1 kraft Gesetzes einen gemeinschaftlichen Jagdbezirk bildet, Teile abgelöst werden sollen.

Die Regelung nach 2 und 3 ist fakultativ; zu 3 nach dem Wortlaut des Gesetzes, zu 2, weil der Eigenjagdbesitzer nicht zum Anschluß gezwungen werden kann. Wenn daher nicht nach Maßgabe von 2 und 3 verfahren wird, muß die Zulegung, wenn ein oder mehrere gemeinschaftliche Jagdbezirke angrenzen, an einen von diesen erfolgen. Kommt eine Einigung zwischen den verschiedenen Jagdvorstehern nicht zustande, so beschließt an ihrer Stelle nach § 18 der Kreisausschuß.

§ 9 trifft Bestimmung für den Fall, daß die zu 2 und 3 besprochene Regelung nicht zustande kommt und zugleich ein gemeinschaftlicher Jagdbezirk, an den der Zwangsanschluß erfolgen könnte, nicht angrenzt; hier ist die Zulegung zu einem getrennt liegenden Jagdbezirk oder die Bildung eines selbständigen, nicht 75 ha im Zusammenhang großen Jagdbezirks zugelassen.

§ 10 endlich gestattet in Erweiterung der Bestimmungen des § 9 die Bildung eines besonderen nicht 75 ha umfassenden Jagdbezirks auch dann, wenn ein im Zusammenhang über 750 ha großer Wald die betreffenden Grundflächen umschließt, dessen Inhaber die Anpachtung ablehnt und die sonst in § 8 und 9 vorgesehenen Möglichkeiten nicht im Wege der Vereinbarung mit den Vertretern der gemeinschaftlichen Jagdbezirke oder den Inhabern der Eigenjagdbezirke durchgeführt werden (das sind: Zulegung zu einem angrenzenden oder getrennt liegenden gemeinschaftlichen Jagdbezirk, Anschluß an einen angrenzenden oder getrennt liegenden Eigenjagdbezirk, Bildung eines wenigstens 75 ha umfassenden gemeinschaftlichen Jagdbezirks mit Teilen einer anderen Gemeinde).

Die Besonderheit dieser Bestimmung besteht darin, daß auch dann, wenn ein gemeinschaftlicher Jagdbezirk angrenzt, dieser nicht gegen seinen Willen gemäß § 18 gezwungen werden soll, die Flächen sich zulegen zu lassen, sondern daß, wenn der Jagdvorsteher die Zulegung nicht wünscht und die sonstigen Möglichkeiten erschöpft sind, der besondere Jagdbezirk zugelassen ist. Der Grund für diese Ausnahmebestimmung besteht darin, daß der angrenzende gemeinschaftliche Jagdbezirk nicht gezwungen werden soll, Grundflächen, auf denen vielleicht ein erheblicher Wildschaden zu gewärtigen ist, zu übernehmen.

11. **Zu § 12.** Der Unterschied in der Bestimmung des Abs. 1 und des Abs. 2 Satz 1 besteht darin, daß im Fall des Abs. 1 die

zugelegten Grundflächen vollwertige Bestandteile des gemeinschaftlichen Jagdbezirks und ihre Eigentümer Jagdgenossen des letzteren mit den gleichen Rechten und Pflichten der sonstigen Jagdgenossen werden, während beim Anschluß an einen Eigenjagdbezirk es sich nur um ein Pachtverhältnis handelt.

12. **Zu § 15.** Die Bestimmung des Kurhessischen Jagdgesetzes vom 7. September 1865, nach der

a) bei Neubildung und
b) bei Aufhebung

eines Eigenjagdbezirks zu a der Inhaber des Eigenjagdbezirks und zu b die Gemeinde (Jagdgenossenschaft) erst dann in die Jagdausübung eintreten darf, wenn von ihnen die etwa zu a von der Gemeinde (Jagdgenossenschaft), zu b vom Eigenjagdberechtigten gezahlten Ablösungskapitalien zurückerstattet sind, ist aufrechterhalten mit der Maßgabe, daß an Stelle von 100 Kasseler Morgen 75 ha treten. Diese Bestimmung ist von besonderer Bedeutung, weil für das ehemalige Kurhessen die Größe der Eigenjagdbezirke von 100 Kasseler Morgen auf 75 ha erhöht ist; wenn also in Zukunft die Gemeinde (Jagdgenossenschaft) bei Eigenjagdbezirken, die letzterem Erfordernis nicht entsprechen, die Jagd ausüben will, muß sie zunächst die etwa gezahlten Ablösungskapitalien zurückerstatten. Das Umgekehrte gilt, wenn ein Eigentümer von seinem Rechte, einen Eigenjagdbezirk nach § 4 Abs. 1 Ziff. 1 durch Einfriedigung zu bilden, Gebrauch macht.

Die weitere Bestimmung des § 5 Kurh. Gesetz vom 7. September 1865, daß erst nach Ablauf der bestehenden Jagdpachtverträge von dem Recht, in die Jagdausübung einzutreten, Gebrauch gemacht werden kann, ist in die Jagdordnung nicht übernommen; der Zeitpunkt, zu dem die Jagd ausgeübt werden darf, bestimmt sich vielmehr auch für das ehemalige Kurhessen fortan nach § 14. Für die Übergangszeit nach Inkrafttreten der Jagdordnung kommt übrigens noch § 84 in Betracht.

13. **Zu § 16** (§ 1 Gesetz betreffend die Verwaltung gemeinschaftlicher Jagdbezirke vom 4. Juli 1905).

Abs. 1. Im Abs. 1 wird der leitende Grundsatz ausgesprochen, daß es sich bei der Verwaltung der Angelegenheiten eines gemeinschaftlichen Jagdbezirks um Interessenangelegenheiten handelt. Was unter dem gemeinschaftlichen Jagdbezirk zu verstehen ist, richtet sich nach den vorhergehenden Bestimmungen.

Abs. 2 und 3. Die Verwaltung der Angelegenheiten der Jagdgenossenschaft und ihre Vertretung erfolgt allein durch eine Einzelperson, den Vorsteher der Gemeinde (Bürgermeister in den Städten sowie in den Landgemeinden der Provinz Hessen-Nassau, Gemeindevorsteher in den sonstigen Landgemeinden, Gutsvorsteher in den Gutsbezirken, in der Rheinprovinz durch den Bürgermeister in den der Städteordnung vom 15. Mai 1856 [G.S. S. 406] unterworfenen Gemeinden, im übrigen durch den Gemeindevorsteher), und zwar kraft des ihm durch dieses Gesetz erteilten Auftrags. Die nach dem Jagdpolizeigesetz vom 7. März 1850 und dem ihm nachgebildeten Lauenburgischen Gesetz vom 17. Juli 1872 vorgeschriebene

Verwaltung oder Mitwirkung in einzelnen Fällen durch den Magistrat in den Städten, die Schöffen in den Landgemeinden, den Amtmann in Westfalen, den Bürgermeister in den nicht der Städteordnung vom 15. Mai 1856 unterworfenen Gemeinden der Rheinprovinz, ferner die Verwaltung durch den Gemeinderat nach der Verordnung für das ehemalige Herzogtum Nassau vom 30. März 1867 und durch die Gemeindeorgane in den übrigen Teilen der Provinz Hessen-Nassau, ist in Fortfall gekommen.

Die nach dem Jagdpolizeigesetz und der Nass. Verordn. vom 30. März 1867 freiere Stellung der Gemeindebehörde als Verwalterin der Angelegenheiten des gemeinschaftlichen Jagdbezirks ist nach folgenden Richtungen eingeschränkt:

1. Für die wichtigeren Beschlüsse des Jagdvorstehers ist die Genehmigung der Verwaltungsbeschlußbehörden vorgeschrieben.
2. Das Gesetz stellt bestimmte Grundsätze auf, die von den Jagdvorstehern bei der Verwaltung der Jagdangelegenheiten zu beachten sind.
3. Den Jagdgenossen ist durch Einräumung eines formellen Beschwerderechts gegen gewisse Beschlüsse des Jagdvorstehers ein weitgehender Einfluß auf die Verwaltung gesichert.
4. Es ist eine besondere Jagdaufsichtsbehörde geschaffen worden, an welche ein allgemeines Beschwerderecht binnen gewisser Frist gegeben ist.

Jagdaufsichtsbehörde ist der zuständige Landrat (Regierungspräsident). Liegt der Jagdbezirk in verschiedenen Land-(Stadt-)Kreisen, so wird die Zuständigkeit durch die nächst höhere, gemeinsam vorgesetzte Behörde bestimmt.

Obwohl der Wortlaut des § 16 mit dem des § 1 des Gesetzes vom 4. Juli 1905 wörtlich übereinstimmt, ist die Bedeutung des Satzes 2 im Abs. 2 doch jetzt eine etwas andere. Nach dem früheren Recht bildeten alle Grundstücke eines Gemeindebezirks, die nicht zu einem Eigenjagdbezirk gehörten, den gemeinschaftlichen Jagdbezirk. Als Jagdvorsteher wirkte der im Satz 2 des Abs. 2 bezeichnete Beamte. Nach der Jagdordnung gehören gewisse Grundflächen (§§ 8—10) nicht kraft Gesetzes zu einem gemeinschaftlichen Jagdbezirk, sondern müssen erst einem Jagdbezirk angegliedert werden (s. auch § 7 Abs. 5); ihre Vertretung liegt zunächst, bis die Vereinigung durchgeführt ist, oder, wenn ein Anschluß an einen Eigenjagdbezirk erfolgt, auch später noch in einem gewissen Umfange (§ 25 Abs. 5) dem Jagdvorsteher nach § 17 Abs. 1 und 2 ob. Auch diese Obliegenheiten hat der Vorsteher der Gemeinde, in der die Grundflächen liegen, als Jagdvorsteher wahrzunehmen, so daß er also wie nach dem früheren Recht alle Grundflächen der Gemeinde-(Guts-)Feldmark, die nicht zu einem Eigenjagdbezirk gehören, zu vertreten hat mit Ausnahme von 2 Fällen:

1. Wenn Grundflächen nach § 8 und 9 einem anderen gemeinschaftlichen Jagdbezirk zugelegt werden, so werden sie Teile von diesem, so daß sie von dessen Jagdvorsteher mitverwaltet werden.
2. Wenn gemeinschaftliche Jagdbezirke aus Teilen mehrerer Gemeinden gebildet sind (§ 7 Abs. 3; §§ 8, 9, 10), bestimmt

die Jagdaufsichtsbehörde den zuständigen Jagdvorsteher (§ 16, Abs. 3).

Abs. 5. Magistratspersonen sind die Mitglieder des Magistrats, wo ein kollegialischer Gemeindevorstand nicht besteht, die Beigeordneten.

14. **Zu § 17.** § 17 gibt den Inhalt des § 2 des Gesetzes vom 4. Juli 1905, jedoch mit wesentlichen Erweiterungen und Veränderungen wieder. Zur Grundlage für die Beschlüsse der Jagdvorsteher sind nicht mehr, wie im letzteren Gesetz, die bei dessen Erlaß bestehenden Gesetze gemacht, sondern die Jagdordnung selbst. Die Jagdvorsteher haben nicht nur über die Bildung der Jagdbezirke zu beschließen, sondern auch über die Höhe der Pachtentschädigung (Abs. 2). Endlich ist das Verfahren insofern abgeändert, als das Genehmigungsverfahren nur in beschränktem Umfange beibehalten (§ 7 Abs. 2 und 3) und an dessen Stelle oder neben ihm das Einspruchsverfahren, wie es das Gesetz vom 4. Juli 1905 schon für die Verpachtung der gemeinschaftlichen Jagdbezirke im § 4 und 6 vorgesehen hatte, für alle in Betracht kommenden Beschlüsse der Jagdvorsteher eingeführt ist. Kollisionen zwischen beiden Verfahren sollen durch die Bestimmung des Abs. 5 vermieden werden.

Zur Bildung eines gemeinschaftlichen Jagdbezirks aus Teilen mehrerer Gemeinden (§ 7 Abs. 3) bedarf es der Zustimmung der sämtlichen beteiligten Jagdvorsteher. Für die Genehmigung des Beschlusses dieser Jagdvorsteher ist nur erforderlich die Zustimmung eines Kreis-(Bezirks-)Ausschusses, dessen Zuständigkeit erforderlichenfalls nach § 58 des Gesetzes über die allgemeine Landesverwaltung vom 30. Juli 1883 festzustellen ist.

15. **Zu § 20** (§ 3 Gesetz vom 4. Juli 1905). Die Bestimmungen entsprechen im allgemeinen dem schon durch das Jagdpolizeigesetz geschaffenen Recht. Sie bedeuten eine wesentliche Neuerung nur für die ehemals kurhessischen Gebietsteile, wo die Jagd allein durch Verpachtung, und zwar durch öffentlich-meistbietende, genutzt werden durfte.

Der aus dem Abs. 2 des § 3 des Gesetzes vom 4. Juli 1905 fortgelassene letzte Satz findet sich im § 27 Abs. 2.

16. **Zu § 21** (§ 4 Gesetz vom 4. Juli 1905). Abs. 1 und 2. Die Art der Verpachtung (freihändig, öffentlich, meistbietend in einem vorher beschränkten Kreis von Bietern) ist zwar dem Ermessen des Jagdvorstehers anheimgestellt, jedoch soll für sie das Interesse der Jagdgenossenschaft maßgebend sein. Im allgemeinen wird dieses Interesse am besten durch die öffentlich-meistbietende Verpachtung gewahrt werden, da diese am wirksamsten die Willkür des Jagdvorstehers ausschließt und den höchsten Ertrag sichert. Jedoch erschöpft vor allem das letztere Moment nicht immer das Interesse der Jagdgenossenschaft und der einzelnen Jagdgenossen, da neben der Erzielung eines angemessenen Pachtzinses die Schonung der Feldfrüchte und die pflegliche Ausübung der Jagd zur Erhaltung der Nachhaltigkeit der Jagdnutzung in Betracht kommen und den Ausschlag für die freihändige Verpachtung oder die Verpachtung mit beschränkter Konkurrenz geben können.

Abs. 3 bis 5. Da die Jagdgenossen sowohl gegen die Art der Verpachtung und die Pachtbedingungen, wie gegen den Pachtvertrag selbst Einspruch erheben dürfen, wird das Verfahren in manchen Fällen längere Zeit in Anspruch nehmen. Die Aufsichtsbehörde wird deshalb darauf hinzuwirken haben, daß die Vorbereitungen zur Verpachtung so rechtzeitig betrieben werden, das zwischen Ablauf des alten Pachtvertrages und Beginn des neuen Vertrages keine pachtfreie Zeit eintritt. Auch wird es zur Vereinfachung und Beschleunigung beitragen, wenn die Aufsichtsbehörde im Einvernehmen mit der Beschlußbehörde Normalpachtverträge entwirft, deren Inhalt den örtlichen Verhältnissen entspricht, und die der Verpachtung zugrunde gelegt werden, soweit nicht die Verhältnisse des einzelnen Falles eine Abweichung gestatten.

Der Jagdvorsteher wird sich rechtzeitig über die Art der Verpachtung und die Pachtbedingungen schlüssig zu machen haben; er hat sodann in ortsüblicher Weise eine Bekanntmachung zu erlassen, aus der die von ihm beabsichtigte Art der Verpachtung und Ort und Zeit der Auslegung der Pachtbedingungen zu ersehen sind.

Wenn die Jagdverpachtung öffentlich-meistbietend erfolgen soll, kann die ortsübliche Bekanntmachung des Termins der Verpachtung (Abs. 5) zugleich mit der ersten öffentlichen Bekanntmachung der Art der Verpachtung (Abs. 3) verbunden werden. Falls dieser Termin wegen des etwa eingeleiteten Einspruchsverfahrens nicht eingehalten werden kann, würde eine neue öffentliche Bekanntmachung erforderlich sein.

Die Bekanntmachung des Versteigerungstermins in einem Blatt hat den Zweck, Bieter auf den Termin aufmerksam zu machen. Die Jagdaufsichtsbehörde wird daher ein solches Blatt auszuwählen haben, welches größere Verbreitung in den Kreisen von Jägern hat. Es ist nicht erforderlich, daß in jedem einzelnen Falle das Blatt bestimmt wird, sondern es genügt, wenn für den Kreis ein für allemal bis auf weiteres ein Blatt bezeichnet wird. Es ist dem Jagdvorsteher unbenommen, auch noch in anderen als dem von der Aufsichtbehörde bestimmten Blatte den Termin bekannt zu machen.

17. **Zu § 22** (§ 5 Gesetz vom 4. Juli 1905). § 22 enthält Vorschriften, welche bei der Verpachtung beachtet werden müssen, wenn der Vertrag nicht nichtig sein soll. Ob die etwaige, in den Ziffern 2 und 4 vorgesehene Genehmigung der Beschlußbehörden gleich nach Auslegung der Pachtbedingungen (§ 21) oder erst nach Auslegung des abgeschlossenen Vertrages und Ablauf der Einspruchsfrist (§ 23) einzuholen ist, wird von der Beschaffenheit des einzelnen Falles abhängen.

Die gemäß Ziffer 1 schriftlich abzufassenden Jagdpachtverträge sind dem Stempel von $^1/_{10}$ v. H. des bedungenen Pachtzinses nach der Tarifstelle 48a des Stempelsteuergesetzes vom 31. Juli 1895 unterworfen, wenn der nach der Dauer eines Jahres zu berechnende Pachtzins mehr als 300 Mk. beträgt. Die Jagdvorsteher sind hiernach verpflichtet, die stempelpflichtigen Verträge in das durch die Bekanntmachung, betreffend die Ausführung des Stempelsteuergesetzes, vom 13. Februar 1896 in der Fassung des Nachtrages I vorgeschriebene Pachtverzeichnis (vgl. Zentralblatt der Abgaben- usw. Gesetzgebung und Verwaltung für 1900, Beilage zum 19. Stück S. 482—485) einzutragen und das Verzeichnis bei demjenigen Hauptamt oder Steueramt bzw. Nebenzollamt, in dessen Geschäftsbezirk die verpachteten Grundstücke belegen sind, oder bei einem benachbarten Stempelverteiler spätestens im Januar jeden Jahres zu versteuern. Statt die Versteuerung durch die Steuerbehörden vornehmen zu lassen, steht es den Jagdvorstehern als Behörden nach Absatz 4 der Stempeltarifstelle 48a auch frei, die Versteuerung der von ihnen zu führenden Verzeichnisse selbst zu bewirken.

Im Interesse der gleichmäßigen Beachtung dieser Bestimmungen wird es sich empfehlen, hierauf besonders aufmerksam zu machen, auch die Normalpachtverträge (s. u. 16 zu § 21 Abs. 3—5) mit einem Zusatz über die Stempelpflichtigkeit der Verträge und die Art ihrer Versteuerung versehen zu lassen.

Unter der Weiterverpachtung aus Ziffer 3 ist nicht die Verlängerung des abgeschlossenen Vertrages mit demselben Pächter, sondern die Übertragung eines Pachtvertrages während seiner Dauer auf einen anderen Pächter zu verstehen (§§ 549, 581 Absatz 2 BGB.).

Die Bestimmung der Ziffer 5 soll unerwünschte Ausländer an der Pachtung von Jagden hindern. Die weitergehenden Befugnisse der Behörden gegenüber Ausländern werden durch diese Vorschrift nicht berührt. Die seit Erlaß des Gesetzes vom 4. Juli 1905 gemachten Erfahrungen zeigen, daß immer noch aus den Jagdverpachtungen an Ausländer Mißstände mancherlei Art, und zwar sowohl auf jagdlichen wie auf anderen Gebieten entstanden sind. Es ist daher dringend notwendig, bei Erteilung der Genehmigung nach § 22 Ziffer 5 besondere Vorsicht walten zu lassen und in jedem Falle eingehend zu prüfen, ob die Persönlichkeit des Ausländers die erforderliche Gewähr gibt.

18. **Zu § 23** (§ 6 des Gesetzes vom 4. Juli 1905). Der nach Absatz 2 zulässige Einspruch soll sich nur gegen diejenigen Teile des Pachtvertrages richten dürfen, die noch nicht in dem Verfahren des § 21 und 22 festgestellt sind, damit nicht über dieselbe Angelegenheit ein doppeltes Verfahren stattfindet. Gegen die Art der Verpachtung und die Pachtbedingungen ist daher ein Einspruch nicht mehr zulässig, soweit sie dem ersten Verfahren zugrunde gelegen haben, sei es, daß sie gegenüber der Bekanntgabe des Jagdvorstehers unverändert geblieben oder daß sie im Einspruchsverfahren abgeändert worden sind. Soweit bei der schließlichen Verpachtung von ihnen abgewichen ist, würde der Einspruch aus § 23 Absatz 2 nicht ausgeschlossen sein. Im allgemeinen wird sich der hier zugelassene Einspruch nur richten können gegen die Höhe des Pachtzinses und die Person des Jagdpächters.

19. **Zu § 24** (§ 7 des Gesetzes vom 4. Juli 1905). Die Entscheidung über die Nichtigkeit der Jagdpachtverträge ist in den angegebenen Fällen zur Wahrung der Einheitlichkeit der Rechtsprechung den Verwaltungsgerichten überwiesen, weil diese Gerichte

mit den inhaltlich gleichartigen Entscheidungen befaßt sind, wenn die Jagdpolizeibehörde es für angezeigt erachtet, die Ausübung der Jagd auf Grund eines nichtigen Vertrages im polizeilichen Interesse zu verbieten. Diese Befugnis der Jagdpolizeibehörde zum Einschreiten gegen nichtige Verträge wird durch die neugeschaffene ähnliche Befugnis der Jagdaufsichtsbehörde nicht berührt; inhaltlich unterscheidet sich letztere Befugnis von der ersteren dadurch, daß sie unter Beachtung der gesetzlichen Voraussetzungen lediglich von dem pflichtmäßigen Ermessen der Jagdaufsichtsbehörde abhängig ist und nicht an dieselben Voraussetzungen geknüpft ist, wie solche für ein polizeiliches Einschreiten bestehen.

Das Recht der Jagdaufsichtsbehörde, für die Dauer eines Verwaltungsstreitverfahrens wegen der Nutzung der Jagd die erforderlichen Anordnungen zu treffen, wenn dem Pächter die Ausübung der Jagd untersagt ist, entspricht dem praktischen Bedürfnis, daß die Jagdgenossen während eines solchen, oft langwierigen Verfahrens nicht der Erträgnisse der Jagdnutzung verlustig gehen. Welche Anordnungen zu treffen sind, hängt von dem Ermessen der Behörde ab. (Zwischenverpachtung bis zur endgültigen Entscheidung, Abschießen durch Jäger, um Erträge zu erzielen und Wildschaden zu verhindern usw.)

20. **Zu § 25.** § 25 enthält den § 8 des Gesetzes vom 4. Juli 1905, neu ist der Absatz 5.

Auf die Pachtgelder und sonstigen Einnahmen der Jagdnutzung haben diejenigen Personen Anspruch, welche bei ihrem Fälligwerden Jagdgenossen, d. h. Eigentümer oder Nießbraucher der Grundstücke des gemeinschaftlichen Jagdbezirks sind.

Die Verteilung der Pachtgelder an die Anteilsberechtigten erfolgt durch den Jagdvorsteher in der bisher ortsüblichen Weise.

Ob die Jagdeinkünfte, wenn sie herkömmlich für gemeinnützige Zwecke verwendet worden sind, fernerhin diesem Zwecke gewidmet werden sollen oder ob sie fortan unter die Jagdgenossen zu verteilen sind, bestimmt der Jagdvorsteher. Daß die bisher zu gemeinnützigen Zwecken verwendeten Erträge nun immer denselben Zwecken erhalten bleiben, ist nicht erforderlich. Es kommt nur darauf an, daß der Zweck ein gemeinnütziger ist, wenn er auch auf einem anderen als dem bisherigen Verwendungsgebiet liegt. Auch Gemeindezwecke gehören hierher. Von Bedeutung ist diese Bestimmung hauptsächlich für diejenigen Teile der Provinz Hessen-Nassau, auf die die Vorschriften des Gesetzes vom 4. Juli 1905 nunmehr ausgedehnt worden sind und wo bisher kraft gesetzlicher Bestimmung oder herkömmlich die Jagderträge in die Gemeindekasse geflossen und zu Gemeindezwecken verwandt worden sind. Es steht nichts entgegen, daß es hierbei verbleibt, allerdings mit der Einschränkung, daß jeder Grundeigentümer befugt ist, die Auszahlung seines Anteils zu verlangen.

Der Abs. 5 bestimmt, daß der Vorsteher der Gemeinde als Jagdvorsteher auch dann die Rechnungsgeschäfte führen soll, wenn Grundflächen des Gemeinde-(Guts-)bezirks einem Eigenjagdbezirk angeschlossen sind und nicht zum gemeinschaftlichen Jagdbezirk gehören.

Die Vorschrift des Abs. 6 gilt übrigens auch für die Fälle des Abs. 5, da die im letzteren besprochenen Grundflächen früher in der Regel zum gemeinschaftlichen Jagdbezirk der Gemeinde gehörten und ebenso behandelt wurden wie deren übrige Flächen.

Wenn der gemeinschaftliche Jagdbezirk aus mehreren Gemeinden oder Teilen mehrerer Gemeinden besteht, sind die Kassengeschäfte von derjenigen Gemeindekasse zu führen, die dem zum Jagdvorsteher bestellten Gemeindevorsteher (§ 16 Abs. 3) untersteht.

21. **Zu § 26.** § 26 enthält die Bestimmungen des § 9 des Gesetzes vom 4. Juli 1905, jedoch mit den Erweiterungen, die durch die neu hinzugekommenen Vorschriften der Jagdordnung (§ 17 Abs. 4 und 5; § 18; § 19; § 52 Abs. 2) veranlaßt sind.

Die Vorschrift, daß der Beschluß in gewissen Fällen endgültig sein soll, jedoch von dem Jagdvorsteher angefochten werden darf, bedeutet eine Ausnahme von der Regel, daß die Beschlüsse der Beschlußbehörden entweder mit einem Rechtsmittel von seiten aller Beteiligten anfechtbar oder aber — in Ausnahmefällen — endgültig sind. Diese Ausnahme hat den Zweck, den Jagdgenossen, denen die unmittelbare Verwaltung der Jagdangelegenheiten nicht übertragen worden ist, durch die Person ihres gesetzlichen Vertreters, des Jagdvorstehers, ein weiteres Einwirkungsrecht auf diese Verwaltung einzuräumen. Es entspricht dem Zwecke dieser Bestimmung, daß der Jagdvorsteher nur in dringenden Fällen von dem Rechtsmittel Gebrauch macht.

22. **Zu § 27.** Abs. 1 gibt den § 13 des Jagdpolizeigesetzes vom 7. März 1850 wieder. Abs. 2 enthält den zweiten Satz des Abs. 2 § 3 des Gesetzes vom 4. Juli 1905, während sein übriger Inhalt neu ist.

23. **Zu § 28.** § 28 entspricht dem § 5 des Gesetzes vom 31. Oktober 1848 mit geringer Abweichung, soweit er noch gilt. Für die Verwandlung der Geldstrafe in Freiheitsstrafe (Abs. 2) kommt jetzt das RStGB. in Betracht (vgl. auch § 79 der Jagdordnung); im Abs. 3 ist statt „Stadtvorstand gesetzt: „Gemeinde-(Guts-)vorstand", weil Festungswerke jetzt auch in Landgemeinden oder Gutsbezirken vorkommen.

24. Dritter Abschnitt.

Der dritte Abschnitt (§§ 29—38) gibt den Inhalt der §§ 1—10 des Jagdscheingesetzes vom 31. Juli 1895 unverändert wieder, mit der im § 32 der Jagdordnung vorgenommenen Änderung des § 4 des Jagdscheingesetzes über die Höhe der Ausländerjagdscheine, sowie mit der formalen Änderung im § 30 Ziffer 3, wo entsprechend der Fassung des sechsten Abschnitts die Erteilung der Ermächtigung zur Ausübung der Jagd nur der Jagdpolizeibehörde, nicht mehr der Aufsichtsbehörde vorbehalten ist. Die §§ 11—13 finden sich unverändert als §§ 72—74, § 14 als § 80 in erweiterter Form im achten Abschnitt, während § 15 als § 85 im neunten Abschnitt steht.

25. **Zu § 29** (§ 1 des Jagdscheingesetzes vom 31. Juli 1895).

I. Ausfertigung der Jagdscheine.

Zur Ausstellung der Jagdscheine sind die folgenden fünf verschiedenen Formulare nach Maßgabe der beiliegenden Muster*) zu benutzen:

a) für den Jahresjagdschein gelbe Farbe,
b) für den Tagesjagdschein rote Farbe,
c) für den Jahresjagdschein für Ausländer gelbe Grundfarbe mit schräg aufgedrucktem grünen Kreuz, Angabe des Bürgen mit Name und Wohnort und dem seitlichen Aufdrucke: „Für Ausländer",
d) für den Tagesjagdschein für Ausländer rote Grundfarbe mit schräg aufgedrucktem grünen Kreuz und gleichfalls mit Angabe des Bürgen und dem Aufdrucke: „Für Ausländer",
e) für den unentgeltlich zu erteilenden Jagdschein weiße Farbe (wie bisher) mit dem Aufdrucke „unentgeltlich gemäß § 33 der Jagdordnung vom 15. Juli 1907".

Die Rückseite hat das in der Anlage II mitgeteilte Muster*) zu enthalten. Die Wahl des Materials (z. B. fester Pappdeckel oder Leinwand) bleibt den ausstellenden Behörden überlassen. Auch empfiehlt es sich, um Unglücksfällen vorzubeugen, auf einem Anhange zum Jagdscheinformulare die für das Verhalten der Schützen auf Treibjagden zu beobachtenden Hauptregeln zum Abdrucke zu bringen, wie dieses schon in einzelnen Regierungsbezirken (z. B. Trier) geschieht.

Jeder Jagdschein muß neben der Bezeichnung und Unterschrift der ausstellenden Behörde, welche auch durch Aufdruck mit einem Faksimilestempel geleistet werden kann, deren Amtssiegel, die Nummer, unter welcher der Jagdschein in der Jahreskontrolliste eingetragen ist, und die Angabe der dafür entrichteten Abgabe enthalten.

Ausfertigungsgebühren dürfen für den ausgestellten Jagdschein nach § 32 Abs. 2 nicht erhoben werden; die Anschaffungskosten sind von denjenigen Kommunalkassen zu decken, in welche nach § 32 Abs. 4 die Abgaben fließen, die Kosten für die unentgeltlich zu erteilenden Jagdscheine aus dem Dispositionsfonds der Regierungen für polizeiliche Zwecke (vgl. ME. vom 14. März 1850 MBl. S. 107), sofern nicht auch diese freiwillig aus den Kommunalkassen bestritten werden.

Doppelausfertigungen (Duplikate) sind gegen Entrichtung von 1 Mk. nach § 32 Abs. 3 zulässig, und zwar sowohl für abhanden gekommene, verbrannte, verlorene Exemplare, wie für noch vorhandene; sie sind jedoch mit dem ausdrücklichen und deutlichen Vermerke „Doppelausfertigung" zu versehen.

---

*) Sind der Raumersparnis wegen nicht wiedergegeben.

Bei Erneuerung eines Jagdscheines ist tunlichst der abgelaufene, früher bezogene einzuziehen und zu vernichten. War der frühere Jagdschein in doppelter Ausfertigung ausgestellt, so sind, soweit angängig, beide Exemplare einzuziehen und zu vernichten.

Der Tag der Lösung des Jagdscheins braucht nicht mit dem Tage der Ausfertigung zusammenzufallen. Es steht also nichts im Wege, daß ein Jagdschein schon einige Tage, ehe seine Gültigkeitsdauer beginnen soll, ausgestellt und dem Nachsuchenden zugefertigt wird.

Wird die Zusendung der ausgefertigten Jagdscheine durch die Post gewünscht, so hat sie bei unentgeltlichen Jagdscheinen für Staatsforstbeamte portofrei zu erfolgen; bei allen übrigen trägt die Portokosten der Empfangsberechtigte.

II. Kontrollisten.

Über sämtliche, im Laufe eines Rechnungsjahres ausgestellten Jagdscheine ist von den Landräten (Ortspolizeibehörden) eine Kontrolliste nach Maßgabe des in der Anlage III beigegebenen Musters*) zu führen.

In diese Liste sind sämtliche Jagdscheine nach der Reihenfolge der Ausstellungen unter laufender Nummer für das Rechnungsjahr vom 1. April bis 31. März einzutragen.

Die im Laufe eines Monats ausgegebenen Jagdscheine sind, namentlich in den Landkreisen, allmonatlich in dem Kreisblatte oder dem für die amtlichen Publikationen bestimmten Organe zu veröffentlichen.

Nach Schluß eines jeden Rechnungsjahres sind die einzelnen Kolonnen 7—13 aufzurechnen und das so gewonnene Resultat in einer Übersicht an die Regierungspräsidenten einzureichen, welche das Gesamtergebnis für ihren Regierungsbezirk, ebenso wie der Polizeipräsident von Berlin für seinen Bezirk, bis spätestens zum 1. Mai jeden Jahres dem Minister für Landwirtschaft, Domänen und Forsten vorzulegen haben.

III. Unentgeltliche Jagdscheine.

Unentgeltliche Jagdscheine sind gemäß § 33 nur an die auf Grund des § 23 des Forstdiebstahlgesetzes vom 15. April 1878 beeidigten, sowie an diejenigen Personen zu verabfolgen, welche sich in der für den Staatsforstdienst vorgeschriebenen Ausbildung befinden. Vor der Ausstellung hat sich die Jagdpolizeibehörde zu vergewissern, ob eine dieser Voraussetzungen vorliegt. Zu den Personen, die Anspruch auf einen unentgeltlichen Jagdschein haben, gehören auch die Angehörigen der Klasse A eines Jägerbataillons. Selbstverständlich erlischt die Befugnis zur Führung eines unentgeltlichen Jagdscheines, sobald diese Voraussetzungen aufhören. Für die Königlichen Oberförster und die ihnen untergebenen Forstschutzbeamten empfiehlt es sich, die Beschaffung der unentgeltlichen Jagdscheine in der Weise zu bewirken, daß der Oberförster für die

Beamten seines Reviers gemeinsam die Ausfertigung der unentgeltlichen Jagdscheine bei der zuständigen Behörde beantragt, und diese sie dem Oberförster zustellt.

Es wird zweckmäßig sein, dies Verfahren in analoger Weise auch für die Gemeinde- und Privatforstverwaltungen einzuführen, dergestalt, daß die betreffende Gemeindebehörde oder der Privatforstbesitzer für seine sämtlichen zu berücksichtigenden Beamten gemeinsam die Ausstellung der unentgeltlichen Jagdscheine beantragt.

IV. Ausländer-Jagdscheine.

Ausländern, d. h. Personen, welche nicht einem deutschen Bundesstaate oder den Reichslanden Elsaß-Lothringen angehören, kann dann, wenn sie in Preußen einen Wohnsitz oder einen Grundbesitz mit einem Grundsteuerreinertrag von 150 Mk. haben, ein Jagdschein zu denselben Sätzen verabfolgt werden, wie den Inländern; in diesem Falle ist dazu auch nicht das für Ausländer vorgeschriebene, sondern das gewöhnliche Formular zu verwenden.

Haben sie dagegen keinen Wohnsitz oder Grundbesitz in Preußen, so können sie nach § 32 einen Jahres- oder Tagesjagdschein nur zu dem erhöhten Satze von 100 Mk. oder 20 Mk. erhalten. Außerdem darf ihnen dann, wenn sie in Preußen keinen Wohnsitz haben, selbst wenn sie daselbst Grundeigentum besitzen, ein Jagdschein nur gegen die Stellung eines Bürgen, der gemäß § 29 Abs. 2 haftbar ist, erteilt werden. Die Jagdpolizeibehörden haben hierbei die Zuverlässigkeit und Sicherheit des Bürgen ganz besonders sorgfältig zu prüfen, und wenn sie ihnen nicht ausgiebig genug erwiesen ist, die Verabfolgung des Jagdscheines zu verweigern. Ob der Name des Bürgen auf dem Jagdschein mit anzugeben ist, bleibt im einzelnen Falle dem Ermessen der ausstellenden Behörde überlassen.

V. Zuständigkeit und Verfahren.

Hinsichtlich der Zuständigkeit für Erteilung der Jagdscheine ist nicht allein der Wohnsitz des Nachsuchenden maßgebend, sondern es genügt auch die Tatsache, daß er zur Ausübung der Jagd berechtigt ist. Dies wird z. B. überall da der Fall sein, wo jemand einen zur selbständigen Ausübung der Jagd berechtigenden Grundbesitz, oder, wo er eine Jagd gepachtet hat, oder wo er auch nur zur Ausübung der Jagd durch einen Erlaubnisschein oder eine Einladung in Begleitung des Jagdinhabers ermächtigt ist. Vielfach wird dies also auch in Kreisen stattfinden, in denen der Betreffende keinen Wohnsitz hat. Danach kann es sich häufig ereignen, daß der Landrat (oder die im § 29 als zuständig bezeichnete Jagdpolizeibehörde) um Ausstellung eines Jagdscheines von Personen angegangen wird, die ihm, da sie nicht zu seinen Kreisinsassen gehören, gänzlich fremd sind.

In diesem Falle ist er um so mehr verpflichtet, zu prüfen und sich davon zu überzeugen, ob gegen den Antragsteller keinerlei Tatsachen vorliegen, welche nach §§ 34 und 35 die Versagung eines Jagdscheines bedingen oder rechtfertigen würden. Dies wird sich unschwer durch Erkundigungen bei der Jagd- oder Ortspolizeibehörde des Wohnorts des Betreffenden feststellen lassen, die sich insbesondere auch darauf zu erstrecken haben, ob ihm etwa im Kreise seines Wohnorts die Erteilung eines Jagdscheines bereits versagt oder der erteilte Schein wieder entzogen worden ist, und ob er deshalb den Versuch gemacht hat, den Jagdschein in einem anderen Kreise zu erhalten. Im übrigen wird den für die Erteilung zuständigen Behörden selbst überlassen werden können, auf welche Weise sie sich die Überzeugung davon verschaffen wollen, ob gegen den einen Jagdschein Nachsuchenden keiner der gesetzlichen Versagungsgründe vorliegt.

Wünscht der den Jagdschein Nachsuchende im Interesse einer schnellen Erlangung der Karte den durch die Nachforschungen über seine Persönlichkeit bedingten Zeitaufwand zu vermeiden, so ist es ihm unbenommen, dem Gesuche um Ausstellung des Jagdscheines gleich ein Attest der Jagd- oder Ortspolizeibehörde seines Wohnortes beizufügen, welches sich über die Zulässigkeit seines Antrages ausspricht. Es wird jedoch darauf hingewiesen, daß ein solches Attest den Zeugnisstempel von 1,50 Mk. nach der Tarifstelle 77 des Stempelsteuergesetzes vom 31. Juli 1895 erfordert.

Für die Entziehung des Jagdscheines (§ 36) ist nicht jede Jagdpolizeibehörde zuständig, die nach § 29 zur Erteilung befugt gewesen wäre, sondern nur diejenige, welche tatsächlich den zu entziehenden Jagdschein ausgestellt hat. In allen Fällen, in denen nicht die Jagdpolizeibehörde am Wohnsitz des Jagdscheininhabers den Jagdschein erteilt oder entzogen hat, ist die letztere sowohl von der Erteilung als auch von der Entziehung jedes Jahres-Jagdscheins in Kenntnis zu setzen.

VI. Kontrolle der Jagdausübung.

Bei der Verschiedenartigkeit der einzelnen Jagdscheinsorten und der Höhe der Abgabe ist eine sorgfältige Überwachung der Jagdausübung dahin geboten, ob die Jagenden, insbesondere die Ausländer, mit einem richtigen, für ihre Person ausgestellten Jagdschein versehen sind.

VII. Beschlagnahme der Jagdgeräte und Hunde.

Hinsichtlich der Ablieferung und Verwertung bzw. Vernichtung der beschlagnahmten Jagdgerätschaften und Hunde verbleibt es bei den bestehenden Vorschriften.

26. **Zu § 31.** Die im Gebiet der Jagdordnung ausgestellten Jagdscheine gelten auch in der Provinz Hannover und den Hohenzollernschen Landen und umgekehrt. Es ergibt sich das klar einmal aus dem Wortlaut des § 31 der Jagdordnung und aus dem nicht abgeänderten Wortlaut des § 3 des Jagdscheingesetzes vom 31. Juli 1895, sowie aus dem Umstande, daß mit der Herübernahme der Bestimmungen des Jagdscheingesetzes in die Jagdordnung der

Gesetzgeber nicht beabsichtigt hat, das bestehende Recht materiell zu ändern. Die formelle Aufhebung des Jagdscheingesetzes für den Geltungsbereich der Jagdordnung hat nur den Zweck, das Nebeneinanderbestehen gleichlautender Gesetzesvorschriften zu verhindern; für die Führung, Ausstellung usw. der Jagdscheine gilt hier die Jagdordnung, dort das Jagdscheingesetz; die nach dem einen oder dem anderen Gesetz ausgestellten Jagdscheine gelten aber für den ganzen Umfang der Monarchie. Dieses bezieht sich auch auf die Ausländer-Jagdscheine, wenngleich für sie beide Gesetze verschieden hohe Abgaben vorschreiben.

Vierter Abschnitt.

27. Der vierte Abschnitt (§§ 39—50) gibt unverändert die §§ 2—12 und 14 des Wildschongesetzes vom 14. Juli 1904 wieder. § 1 letzteren Gesetzes ist § 1 der Jagdordnung, die §§ 13, 15, 16, 17, 18 sind unverändert als §§ 76, 77, 78, 79, 80 in den achten Abschnitt übernommen, während § 19, soweit er noch Bedeutung hat, sich als § 83 im neunten Abschnitt findet.

28. **Zu § 40** (§ 3 Wildschongesetz).

1. Die im Herbst vom Norden nach dem Süden durchziehenden Drosseln erscheinen in den einzelnen Gegenden zu verschiedenen Zeiten. Abs. 2 zu b soll die Möglichkeit geben, den Krammetsvogelfang dann erst beginnen zu lassen, wenn die heimischen Drosseln bereits fortgezogen sind.
2. Die gänzliche Aufhebung der Schonzeit für wilde Enten wird sich nur dann rechtfertigen lassen, wenn diese Vögel durch massenhaftes Auftreten der Fischerei ernstlich schädlich werden.
3. Der Beschluß Abs. 2 zu a hat nur Gültigkeit für die Dauer der jährlichen Jagdperiode; die Beschlüsse zu b und c können gefaßt werden für eine näher bestimmte Reihe von Jahren oder auf unbestimmte Zeit bis zu ihrer Wiederaufhebung.
4. Abs. 2 zu c gibt die Möglichkeit, die Schonzeit für Rehkälber zu verlängern oder auf das ganze Jahr auszudehnen. Wenn es nun auch richtig ist, hiervon in allen Fällen Gebrauch zu machen, in denen ohne Abänderung der Schonzeit ein übermäßiger Abschuß der Rehkälber zu erwarten ist, so hieße es doch die Absicht dieser Vorschrift verkennen, wenn ohne Unterschied für ganze Regierungsbezirke die Schonzeit auf das ganze Jahr ausgedehnt wird. Abs. 3 des § 40 gestattet ausdrücklich eine verschiedene Behandlung der einzelnen Teile des Regierungsbezirks. Da der ordnungsgemäß vorgenommene Abschuß von Rehkälbern ein vorzügliches Mittel ist, durch Beseitigung überzähliger und schwacher Stücke einen numerisch richtigen und kräftig entwickelten Bestand an Rehwild zu erzielen, würde es verfehlt sein, die Abschußmöglichkeit dann zu beseitigen, wenn eine weidmännische Handhabung des Abschusses gewährleistet ist.

Es entspricht deshalb durchaus der Absicht des Gesetzes, auch dann, wenn im allgemeinen im Bezirk die Verhältnisse die Verlängerung oder Ausdehnung der Schonzeit auf das ganze Jahr notwendig machen, hiervon für einzelne Jagdbezirke, insbesondere größere Waldkomplexe, abzusehen und es bei der Bestimmung des § 39 zu 6 zu belassen.

29. **Zu § 41** (§ 4 Wildschongesetz). Da die Drosseln (Krammetsvögel) zu den jagdbaren Tieren gehören, stellt die Ausübung des Dohnenstieges eine Jagdausübung dar. Wer diese Jagd ausübt, muß einen auf seinen Namen lautenden Jagdschein bei sich führen. Der Erlaß von Polizeiverordnungen soll der überflüssigen Tierquälerei bei Ausübung des Dohnenstieges vorbeugen (vgl. Runderlaß des Landwirtschaftsministers an die Regierungen vom 11. Februar 1891 I B 1250/III 2033).

Kaninchen gehören, da sie im § 1 nicht aufgeführt sind, nicht zu den jagdbaren Tieren.

30. **Zu § 42** (§ 5 Wildschongesetz). Kiebitze und Möwen gehören als Sumpf- und Wasservögel zu den jagdbaren Tieren. Das Sammeln der Eier dieser Vögel stellt eine Jagdausübung dar, zu der es aber nach § 30 der Lösung eines Jagdscheins nicht bedarf. § 83 hat den Zweck, in denjenigen Landesteilen, in denen die Kiebitze und Möwen bis zum Inkrafttreten des Wildschongesetzes v. 14. Juli 1904 nicht jagdbar waren, ihre Eier mithin von anderen Personen als den Jagdberechtigten gesammelt werden durften, diese Befugnis bis zum Ablauf der zur damaligen Zeit bestehenden Jagdpachtverträge zu erhalten. Erst beim Abschluß neuer Jagdpachtverträge steht auch hier das Recht, die Eier zu sammeln, den Jagdberechtigten allein zu.

Damit, daß die Kiebitze und Möwen allgemein zu jagdbaren Tieren erklärt worden sind, sollte diesen für die Landwirtschaft nützlichen Vogelarten ein Schutz gegen ihre Ausrottung gegeben werden. Dieses würde, besonders bezüglich der Kiebitze, vereitelt werden, wenn das Eiersammeln stets bis zum 30. April gestattet sein sollte, da in einigen Gegenden der Kiebitz, seltener die Möwe, so zeitig im Jahre anfängt Eier zu legen, daß bei der ausnahmslosen Freigabe des Eiersammelns bis zum 30. April auch die letzten Gelege in Gefahr kämen, fortgenommen zu werden. In solchen Fällen ist es angezeigt, die Zeit des Eiersammelns einzuschränken.

Andererseits beginnt in manchen Gegenden, besonders im Osten, die Möwe erst im Anfang Mai mit dem Eierlegen, hier kann die Frist unbedenklich verlängert werden.

31. **Zu § 43** Abs. 2 (§ 6 Abs. 2 Wildschongesetz). Für den Vertrieb von Wild aus Kühlhäusern gelten folgende Bestimmungen:

§ 1.

Der Vertrieb von Wild aus Kühlhäusern wird in der Zeit vom Beginn des fünfzehnten Tages der für die betreffende Wildart festgesetzten Schonzeit bis zu deren Ablauf für folgende Wildarten, nämlich für Elch-, Rot-, Dam- und Rehwild sowie für Hasen, zugelassen.

§ 2.

Das Wild, welches in der angegebenen Zeit aus den Kühlhäusern vertrieben werden soll, um versendet, zum Verkauf herumgetragen oder ausgestellt oder feilgeboten oder verkauft zu werden, ist seitens der Ortspolizeibehörde am rechten Gehör mit einer Ohrmarke zu versehen, die auf der einen Seite, dem Knopf, den Preußischen Wappenadler, umgeben von der Bezeichnung des Ortes, an dem die Ohrmarke ausgegeben und angebracht ist, z. B. „Berlin", und dem Worte „Kühlhaus", auf der anderen Seite, einer flachen Platte, eine fortlaufende Nummer zu enthalten hat. Der Adler ist erhaben zu prägen. Die Ohrmarke ist so einzurichten und zu befestigen, daß sie von dem Gehör nicht entfernt werden kann, ohne daß der Knopf zerstört wird.

§ 3.

Der Beauftragte der Polizeibehörde hat die Ohrmarke selbst an dem Wild anzubringen. Die Polizeibehörde hat in einer Liste zu vermerken, welche Nummern sie für jedes Kühlhaus verwendet hat. Die Inhaber der Kühlhäuser müssen darüber Buch führen, wann und an welchen Abnehmer sie das betreffende Stück Wild aus den Kühlhäusern abgegeben haben und welche Nummer an diesem angegeben war. Bei Hasen kann mit Genehmigung der Landespolizeibehörde davon abgesehen werden, daß auf den Ohrmarken Nummern angebracht werden, und daß über die Abgabe des Wildes aus dem Kühlhaus Buch geführt wird.

§ 4.

Das aus den Kühlhäusern in der im § 1 angegebenen Zeit vertriebene Wild darf nur mit der Ohrmarke versehen und nur im unzerlegten und unabgehäuteten Zustande, wenn auch ausgenommen, versendet, zum Verkauf herumgetragen oder ausgestellt oder feilgeboten, verkauft oder angekauft werden.

§ 5.

Die Landräte, in Städten mit mehr als 10000 Einwohnern die Ortspolizeibehörden, sind ermächtigt, für den Vertrieb von Wild in der im § 1 angegebenen Zeit aus solchen Kühlhäusern, deren Einrichtungen einen ordnungsmäßigen Betrieb gewährleisten, die nachfolgenden Erleichterungen, einzeln oder insgesamt, auf Widerruf zuzugestehen, wenn der Betrieb der besonderen Kontrolle der Polizeibehörden unterstellt, namentlich den Beauftragten der Polizei jederzeit freier Zutritt zu den der Aufbewahrung des Wildes dienenden Räumen zugesichert wird:

1. Flugwild darf vertrieben werden, wenn es mit einer Plombe gekennzeichnet ist. Die Plombe ist durch die Nasenlöcher anzubringen. Es ist zulässig, mit derselben Plombe zugleich mehrere Stück Flugwild zu kennzeichnen.
2. Hasen können durch Anbringung einer Plombe an der Heese des rechten Hinterlaufs anstatt an der Ohrmarke gekenn-

zeichnet werden. Die so bezeichneten Hasen dürfen auch im abgehäuteten, im übrigen aber unzerlegten Zustande vertrieben werden.

3. Das mit der Ohrmarke versehene Elch-, Rot-, Dam- und Rehwild (§ 2) darf in zerlegtem Zustande vertrieben werden, wenn die einzelnen Teile, welche versendet zum Verkauf herumgetragen oder ausgestellt, feilgeboten, verkauft oder angekauft werden sollen, mit einer Plombe gekennzeichnet sind, bevor sie das Kühlhaus verlassen.

4. Für Wild oder Wildteile, welche mit einer Plombe vertrieben werden, ist die Anbringung einer Nummer und die Buchführung über die erfolgte Abgabe (§ 3) nicht erforderlich; jedoch ist die Abgabe von Elch-, Rot-, Dam- und Rehwild im zerlegten Zustande in dem Buche bei der betreffenden Nummer zu vermerken.

§ 6.

Die amtlichen Plomben (§ 5) sind mittels einer Schlinge so zu befestigen, daß sie nicht entfernt werden können, ohne daß die Schlinge zerstört wird.

Die Plombe trägt auf der Vorderseite den preußischen Wappenadler, auf der Rückseite das Wort „Kühlhaus“ und den Namen des Ortes, an dem sie angebracht ist, z. B. „Berlin“, ferner an Orten, in denen für mehrere Kühlhäuser die vorstehenden Erleichterungen zugestanden worden sind, zur Bezeichnung des einzelnen Kühlhauses einen Buchstaben, welchen die Behörde bestimmt.

Die Anbringung der Plomben erfolgt durch Beauftragte der Ortspolizei oder in ihrer Gegenwart und unter ihrer Verantwortlichkeit durch Angestellte des Kühlhauses. Die Plombenzange bleibt im Gewahrsam der Polizeibehörde.

§ 7.

Die durch die Ausführung vorstehender Bestimmungen entstehenden Kosten sind von den Inhabern der Kühlhäuser zu tragen. Sie sind als Gebühren bei der Anbringung der Ohrmarken zu erheben, welche von den Landespolizeibehörden durch eine Gebührenordnung festzusetzen sind. Die Gebühren sind so zu bemessen, daß sie die Kosten ihrer Erhebung einschließlich einer Entschädigung für die Mühewaltung der mit der Anbringung der Marken betrauten Polizeibeamten, der Anbringung und Beschaffung der Ohrmarken und der Listenführung über die ausgegebenen Nummern nicht übersteigen.

Für die Festsetzung der Gebührenordnung gilt bis auf weiteres unser, des Ministers des Innern und des Finanzministers Erlaß vom 23. Dezember 1904 M. d. J. IV. b. 2531, F. M. I. 20 466.

§ 8.

Die Landespolizeibehörden haben die weiter noch erforderlichen Ausführungsbestimmungen für ihre Verwaltungsbezirke zu erlassen.

32. **Zu §§ 43—46** (§§ 6—9 des Wildschongesetzes). Das Wildschongesetz vom 14. Juli 1904 hatte es sich zur Aufgabe gestellt, durch Verschärfung der Bestimmung über die Kontrolle des Verkehrs mit Wild den Wilddiebstahl zu erschweren. Diese Aufgabe kann nur erfüllt werden, wenn die in den §§ 6—9 dieses Gesetzes — jetzt §§ 43—46 der Jagdordnung — gegebenen Handhaben voll ausgenutzt werden. § 43 stellt zunächst das in einzelnen Gerichtsentscheidungen angezweifelte Recht der Verwaltungsbehörden, im Wege der Polizeiverordnung den Verkehr mit Wild zu regeln, außer Frage und schreibt eine solche Regelung vor. Solche Polizeiverordnungen sind nunmehr fast für sämtliche Provinzen erlassen worden; es wird zunächst abzuwarten sein, ob ihre Bestimmungen sich in der Praxis bewähren oder ob eine Änderung erforderlich ist. Wenn letzterer Fall erledigt, ist davon auszugehen, daß im Interesse der Einheitlichkeit es bei Provinzialverordnungen für den gesamten Umfang der Provinzen verbleibt und daß nur da, wo innerhalb der Provinz so verschiedenartige Verhältnisse sich herausstellen sollten, daß ihre Berücksichtigung erforderlich ist, Regierungsbezirksverordnungen zu erlassen sind. Zu prüfen ist insbesondere, ob der Ursprungsschein für alle Wildarten vorgeschrieben werden muß, oder ob Ausnahmen für einzelne kleinere Wildarten zugelassen werden können. Besondere Aufmerksamkeit ist der Frage zuzuwenden, wie es verhindert werden kann, daß ein Mißbrauch der ausgestellten Bescheinigungen durch nochmalige Verwendung stattfindet. Als ein Mißstand ist es in einzelnen Gegenden empfunden worden, daß in den erlassenen Polizeiverordnungen die Befugnis zur Ausstellung der durch § 46 vorgeschriebenen Ursprungsscheine allgemein den Gemeindevorstehern zugestanden ist; es sind Fälle vorgekommen, wo letztere den Jagdpächtern schon von ihnen unterschriebene aber sonst unausgefüllte Blankoformulare in größerer Anzahl überlassen haben, und wo hiermit erheblicher Mißbrauch getrieben worden ist. § 46 enthält allerdings keine Bestimmung darüber, wer die Ursprungsscheine auszustellen hat. Aus Abs. 2 des § 45 ist aber zu folgern, daß es der Absicht des Gesetzes entspricht, wenn die Gemeinde-(Guts-)Vorsteher der Regel nach nur dann im einzelnen Fall mit dieser Obliegenheit zu betrauen sind, wenn nach Prüfung sich ihre Zuverlässigkeit ergibt. Als ein wirksames Mittel, die Identität des mittels Ursprungsscheins versandten Wildes festzustellen, hat sich bei dem größeren Wilde die Vorschrift erwiesen, daß in dem Scheine das Gewicht des Stücks Wild angegeben wird.

Die Polizeiverordnungen müssen regeln die Versendung des Wildes, d. h. den Verkehr von Ort zu Ort; sie können auch Bestimmungen treffen für den Handel mit Wild, d. h. den Verkehr an einem und demselben Orte. Endlich bedarf es der Erwägung, ob die Ausstellung der Bescheinigung nach § 45 Abs. 2 der Jagdordnung in den Verordnungen näher zu regeln ist, anderenfalls empfiehlt es sich, im Aufsichtswege für den Verwaltungsbezirk eine einheitliche Frist vorzuschreiben, für welche diese Bescheinigung auszustellen ist und mit deren Ablauf sie ihre Gültigkeit verliert.

Die Landräte sind darauf hinzuweisen, daß bei der Auswahl der Gemeinde-(Guts-)Vorsteher, welche mit der Ausstellung der Bescheinigungen nach § 45 Abs. 2 oder auf Grund der gemäß § 46 erlassenen Polizeiverordnungen betraut werden, mit der äußersten Vorsicht zu verfahren ist.

Nach Erlaß der Verordnungen ist von ihnen den Eisenbahn- und Oberpostdirektionen Kenntnis zu geben (vgl. Zirkularverfügungen vom 9. August 1873 und 30. August 1873, Ministerial-Blatt für die innere Verwaltung S. 274).

33. **Zu § 48** (§ 11 Wildschongesetz). § 48 will die bisher fehlende landesgesetzliche Bestimmung, welche die Voraussetzung für die Erlaubnis aus § 5 des Reichs-Vogelschutzgesetzes vom 22. März 1888 bildet, schaffen und wird vor allem für Störche, die an sich unter den Schutz dieses Gesetzes fallen, in Frage kommen. Es ist aber darauf zu halten, daß die neue Bestimmung nicht zur allgemeinen Ausrottung des Storches ausgenutzt wird, sondern nur dann zur Anwendung gelangt, wenn und solange der Storch wirklich eine ernste Gefahr für das jagdbare Feder- und Haarwild bedeutet.

34. **Zu § 50** (§ 14 Wildschongesetz). Hier kommt vor allem das Steppenhuhn in Frage, wenn dieses wiederum nach Preußen einwandern sollte.

35.

Fünfter Abschnitt.

Der fünfte Abschnitt ist dem Wildschadengesetz vom 11. Juli 1891 entnommen und entspricht dessen §§ 1—11. Das materielle Recht über die Verpflichtung zum Ersatz des Wildschadens findet sich jetzt im § 835 BGB.; deshalb wird im § 51 hierauf verwiesen. Die in den folgenden Paragraphen enthaltenen Bestimmungen regeln nur das formelle Verfahren zur Verfolgung von Wildschadenersatzansprüchen. § 1 des Wildschadengesetzes ist durch § 51 ersetzt; § 4 des Wildschadengesetzes ist ganz fortgelassen, mit Rücksicht darauf, daß sein Inhalt durch § 254 BGB. aufgehoben ist, der übrigens die Jagdberechtigten in weiterem Umfang als der aufgehobene § 4 schützt, da dieser ein doloses Verhalten voraussetzte, während § 254 schon denjenigen Beschädigten schlechter stellt, der auch nur fahrlässig gehandelt hat. Die §§ 54—60 entsprechen wörtlich den §§ 5—11 des Wildschadengesetzes.

36. **Zu § 52.** § 52 gibt den § 2 des Wildschadengesetzes wieder mit der Abänderung, daß die ersatzpflichtigen Grundbesitzer nicht durch die Gemeindebehörde, sondern durch den Jagdvorsteher vertreten werden und daß die Frist zur Auslegung der Verträge (Abs. 2) in Übereinstimmung mit der Frist des § 23 auf zwei Wochen festgesetzt ist.

37. **Zu § 53.** § 53 entspricht dem § 3 des Wildschadengesetzes, ist aber entsprechend der anderen Behandlung der Enklaven anders gefaßt.

Sechster Abschnitt.

38. Der sechste Abschnitt gibt die §§ 21 und 23 des Jagdpolizeigesetzes, die §§ 12 bis 14, 16 und 17 des Wildschadengesetzes wieder und enthält im § 67 neues Recht. Sofern die ersteren Gesetze vom „Landrat“ oder der „Aufsichtsbehörde“ sprechen, sind diese Bezeichnungen durch das Wort „Jagdpolizeibehörde“, die hiermit gemeint war, ersetzt worden. § 15 des Wildschadengesetzes ist durch §§ 1 und 41 Abs. 1 ersetzt.

39. **Zu § 61.** § 61 entspricht dem § 23 des Jagdpolizeigesetzes. Die im Abs. 1 zur näheren Bezeichnung der Waldenklaven in Klammern beigefügten „§§ 8 und 10“ gehören zusammen. § 10 behandelt zwar den Fall, daß die Jagd auf Waldenklaven nicht vom Waldbesitzer übernommen ist; dieser § 10 ist aber hier angezogen, weil sonst von derartigen Waldenklaven in der Jagdordnung nicht gesprochen ist. Es sind gemeint Enklaven im Sinne des § 8 Abs. 2, die von einem im § 10 besprochenen 750 ha großen Walde umschlossen sind.

40. **Zu §§ 62—66.** §§ 62—64 und 66 entsprechen den §§ 12—14 und 16 des Wildschadengesetzes, § 65 dem § 21 des Jagdpolizeigesetzes.

41. **Zu § 67.** Die Bestimmung dieses Paragraphen ist dem § 66 nachgebildet und soll die Eigentümer und Pächter von Fischereiseen und Teichen an Stelle des ihnen entzogenen Eigenjagdrechts in die Lage bringen, sich der schädigenden Tiere zu erwehren. Abs. 3 hat den § 45 des Fischereigesetzes vom 30. Mai 1874/30. März 1880 im Auge, nach dem es den Fischereiberechtigten auch ohne Ermächtigung der Jagdpolizeibehörde gestattet ist, die dort bezeichneten Tiere (Fischottern, Taucher, Eisvögel, Reiher, Kormorane und Fischaare) ohne Anwendung von Schußwaffen zu töten oder zu fangen und für sich zu behalten.

42. **Zu § 68.** § 68 gibt den § 17 des Wildschadengesetzes wieder und ist zugleich auf den Fall des § 67 ausgedehnt.

Siebenter Abschnitt.

43. Dieser Abschnitt gibt das geltende Recht wieder. § 69 entspricht dem Inhalt nach dem § 103 des Zuständigkeitsgesetzes vom 1. August 1883, ebenso § 71 dem des § 105 des Zuständigkeitsgesetzes, nur daß hier die Aufzählung der einzelnen Beispielsfälle, in denen das Verwaltungsstreitverfahren zur Anwendung kommen soll, weggefallen ist. § 70 stimmt wörtlich überein mit § 10 des Gesetzes über die Verwaltung gemeinschaftlicher Jagdbezirke vom 4. Juli 1905.

44. **Zu § 70** (§ 10 Gesetz vom 4. Juli 1905). Der Umfang der Aufsichtsbefugnisse ist im Gesetz nicht näher umgrenzt; er folgt mithin aus dem Gesetz selbst und den übrigen hierher gehörigen

gesetzlichen Bestimmungen. Aufgabe der Aufsichtsbehörde ist es, dafür zu sorgen, daß die Bestimmungen des Gesetzes, soweit sie nicht jagdpolizeilichen Charakters sind, beachtet werden; insbesondere liegt ihr ob, darüber zu wachen, daß die Vorschriften über die Verwaltung der Angelegenheiten der gemeinschaftlichen Jagdbezirke beachtet werden und die Geschäftsführung hierbei dem Gesetze gemäß gehandhabt und in geordnetem Gange gehalten wird. Da die Jagdordnung in dieser Hinsicht im wesentlichen zwingende Vorschriften gibt, wird die Aufsicht sich darauf beschränken können, deren Befolgung zu überwachen und erforderlichenfalls zu erzwingen. In den wenigen Fällen, in denen die Jagdordnung eine Rücksichtnahme auf das Interesse der Jagdgenossenschaft verlangt, wird die Jagdaufsichtsbehörde nicht minder die Aufgabe haben, darüber zu wachen, daß dieses Interesse gewahrt wird.

Die Mittel, den Jagdvorsteher zur Erfüllung seiner Pflicht anzuhalten, sind im § 132 des Gesetzes über die allgemeine Landesverwaltung vom 30. Juli 1883 gegeben. Unberührt sind die bestehenden Vorschriften über die Dienstvergehen der Gemeindevorsteher, Bürgermeister und Gemeindebeamten (§ 20 und 36 des Zuständigkeitsgesetzes vom 1. August 1883) geblieben, nach denen die Dienstvergehen auch dann zu ahnden sein werden, wenn der Gemeindevorsteher usw. sich ihrer als Jagdvorsteher schuldig macht.

Achter Abschnitt.

45. Der achte Abschnitt faßt die bisher in den verschiedenen Gesetzen (Jagdpolizeigesetz, Jagdscheingesetz und Wildschongesetz) enthaltenen Strafvorschriften zusammen und gibt sie im wesentlichen unverändert wieder. Entnommen sind: aus dem Jagdpolizeigesetz (§ 17 Absatz 1) der § 75; aus dem Jagdscheingesetz (§§ 11—13) die §§ 72—74; aus dem Wildschongesetz (§§ 13, 15—17) die §§ 76—79. § 80 gibt den § 18 des Wildschongesetzes unverändert wieder und ersetzt in dieser Fassung zugleich den § 19 des Jagdpolizeigesetzes und den § 14 des Jagdscheingesetzes.

Neunter Abschnitt.

46. **Zu § 84.** Abs. 1. Die vor dem 1. Mai 1907 abgeschlossenen Verträge über die Verpachtung bleiben allgemein bis zu ihrem Ablaufe in Kraft. Für die später bis zum Inkrafttreten der Jagdordnung geschlossenen Verträge wird unterschieden zwischen dem Regierungsbezirk Kassel und dem übrigen Geltungsbereich der Jagdordnung. Im ersteren behalten sie nicht über den 1. April 1914 hinaus Gültigkeit; wenn ihre Vertragszeit noch länger läuft, enden sie doch zu diesem Zeitpunkt. Im sonstigen Geltungsbereich der Jagdordnung sind die zwischen dem 1. Mai 1907 und dem Tage des Inkrafttretens des Gesetzes abgeschlossenen Verträge nur dann gültig, wenn die Jagdbezirke, die verpachtet sind, den Anforderungen

der Jagdordnung entsprechend gebildet sind. Wenn dieses nicht der Fall ist, sind die Jagdvorsteher verpflichtet, ohne Rücksicht auf die bestehenden Verträge zur Bildung der Jagdbezirke zu schreiten und dann die Neuverpachtung vorzunehmen. Unter den Jagdbezirken, um die es sich im Abs. 1 handelt, sind sowohl Eigen- wie gemeinschaftliche Jagdbezirke zu verstehen, erstere aber nur dann, wenn der Jagdbezirk als solcher verpachtet ist, nicht nur der Abschuß einer gewissen Anzahl von Wild. Abs. 2 hält während der Dauer der Pachtverträge einmal diejenigen Eigenjagdbezirke aufrecht, die nicht so groß sind, wie § 4 Abs. 1 Ziff. 2 es erfordert (d. h. vornehmlich alle Jagdbezirke in Kurhessen von wenigstens 100 Kasseler Morgen, aber unter 75 ha Umfang), andererseits verbietet er, daß in dieser Zeit aus Flächen, die wohl nach der Jagdordnung, aber nicht nach dem bisherigen Recht zur Bildung eines Eigenjagdbezirks ausreichen, ein solcher gebildet wird (d. s. alle Flächen, die zwischen 75 ha und 300 preußischen Morgen im Zusammenhang umfassen).

47. **Zu § 85.** § 85 ist wichtig für die Ausländerjagdscheine, für die die Abgabe nach der Jagdordnung erhöht ist.

Berlin, den 29. Juli 1907.

II B. Übersicht der Schon- und Schießzeiten.

Lfde. Nr.	Wildgattung	Schonzeit	Schießzeit
1	Männliches Elchwild	1. Okt. bis 31. Aug.	1. bis 30. Sept.
2	Weibliches Elchwild [1]) u. Elchkälber	das ganze Jahr	
3	Männliches Rot- und Damwild	1. März bis 31. Juli	1. Aug. bis Ende Febr.
4	Weibliches Rot- und Damwild und ihre Kälber	1. Febr. bis 15. Okt.	16. Okt. bis 31. Jan.
5	Rehböcke [2])	1. Jan. bis 15. Mai	16. Mai bis 31. Dez.
6	Weibliches Rehwild u. Rehkälber [3])	1. Jan. bis 31. Okt.	1. Nov. bis 31. Dez.
7	Dachse [4])	1. Jan. bis 31. Aug.	1. Sept. bis 31. Dez.
8	Biber [3])	1. Dez. bis 30. Sept.	1. Okt. bis 30. Nov.
9	Hasen	16. Jan. bis 30. Sept.	1. Okt. bis 15. Jan.
10	Auerhähne	1. Juni bis 30. Nov.	1. Dez. bis 31. Mai
11	Auerhennen	1. Febr. bis 30. Nov.	1. Dez. bis 31. Jan.
12	Birk-, Hasel- und Fasanenhähne [2])	1. Juni bis 15. Sept.	16. Sept. bis 31. Mai

[1]) Weibliches Elchwild kann mit Genehmigung des Ministers für Landwirtschaft vom 16. bis 30. Sept. geschossen werden.

[2]) Die Schießzeit kann bis zu 14 Tagen vor Beginn und nach Schluß, beim Rehbock nur nach Schluß der obigen Schonzeit durch Beschluß des Bezirksausschusses ausgedehnt werden.

[3]) Der Abschuß kann für das ganze Jahr durch Beschluß des Bezirksausschusses verboten werden.

[4]) Die Schießzeit kann durch Beschluß des Bezirksausschusses beliebig und zwar bis auf das ganze Jahr ausgedehnt werden.

Lfde. Nr.	Wildgattung	Schonzeit	Schießzeit
13	Birk-, Hasel- und Fasanenhennen [2])	1. Febr. bis 15. Sept.	16. Sept. bis 31. Jan.
14	Rebhühner, Wachteln u. schottische Moorhühner [2])	1. Dez. bis 31. Aug.	1. Sept. bis 30. Nov.
15	Wilde Enten [4])	1. März bis 30. Juni	1. Juli bis Ende Febr.
16	Schnepfen	16. April bis 30. Juni	1. Juli bis 15. April
17	Trappen	1. April bis 31. Aug.	1. Sept. bis 31. März
18	Wilde Schwäne, Kraniche, Brachvögel, Wachtelkönige und alle jagdbaren Sumpf- u. Wasservögel	1. Mai bis 30. Juni	1. Juli bis 30. April
19	Drosseln (Krammetsvögel) [5])	1. Jan. bis 20. Sept.	21. Sept. bis 31. Dez.

[5]) Die Fangzeit kann bis auf die Zeit vom 1. Oktober bis 31. Dezember durch den Bezirksausschuß verkürzt werden.

III. Reichsgesetz, betreffend die Schonzeit für den Fang von Robben.

Vom 4. Dezember 1876 (RGBl. S. 233).

Wir Wilhelm usw., verordnen im Namen des Deutschen Reichs, nach erfolgter Zustimmung des Bundesrats und des Reichstags, was folgt:

Mit Geldstrafe bis zu fünftausend Mark werden Deutsche und zur Besatzung eines deutschen Schiffes gehörige Ausländer bestraft, wenn sie den vom Kaiser mit Zustimmung des Bundesrats erlassenen Verordnungen[1]) zuwiderhandeln, durch welche der Fang von Robben in den Gegenden zwischen dem siebenundsechzigsten und fünfundsiebenzigsten Grade nördlicher Breite und dem fünften Grade östlicher und siebenzehnten Grade westlicher Länge, vom Meridian von Greenwich aus gerechnet, für bestimmte Zeiten des Jahres beschränkt oder verboten wird.

Urkundlich usw.

---

[1]) Hierzu: Verordnung, betreffend die Schonzeit für den Fang von Robben. Vom 29/3. 77 (RGBl. S. 409), welche lautet:

Wir Wilhelm usw. verordnen . . . . . . was folgt:

In den Gegenden zwischen dem siebenundsechzigsten und fünfundsiebenzigsten Grade nördlicher Breite und dem fünften Grade östlicher und siebenzehnten Grade westlicher Länge, vom Meridian von Greenwich aus gerechnet, ist es den Deutschen und den zur Besatzung eines deutschen Schiffes gehörigen Ausländern verboten, den Fang von Robben, einschließlich der sog. Klappmützen, vor dem 3. April jedes Jahres zu betreiben.

Urkundlich usw.

IV. Reichsgesetz, betr. den Schutz von Vögeln.*)

Vom 22. März 1888 (RGBl. S. 111).

Wir Friedrich, von Gottes Gnaden Deutscher Kaiser, König usw. verordnen im Namen des Reichs, nach erfolgter Zustimmung des Bundesrats und des Reichstags, was folgt:

---

*) Das Vogelschutzgesetz ist ein ReichsG., während die Jagdordnung v. 15/7. 07 LandesG. ist. Da nach Art. 2 der RV. ReichsG. den LandesG. vorgehen, schafft das obige G. bezüglich der Vögel ein einheitliches Recht für ganz Deutschland (ausgenommen für Helgoland, welches bei dem Erlaß des Gesetzes noch nicht zu Deutschland gehörte). Nur in denjenigen Bestimmungen, deren Abänderung dieses G. ausdrücklich dem Landesrecht gestattet, darf das Vogelrecht durch die Landesgesetzgebung anders gestaltet werden. Wo infolge solcher das preußische Vogelrecht von den obigen Bestimmungen abweicht, ist dies durch kleineren Druck im Text angedeutet. Das G. enthält das Mindestmaß von Schutzvorschriften für die Vögel, so daß die Bundesstaaten schärfere Bestimmungen außerdem erlassen können.

Die Staaten Deutschland, Österreich-Ungarn, Liechtenstein, Belgien, Spanien, Frankreich, Luxemburg, Monaco, Schweden und Schweiz, sowie Griechenland und Portugal, welche letztere beiden sich aber die Ratifizierung vorbehalten haben, haben auf einer internationalen Konferenz in Paris eine Übereinkunft zum Schutz der für die Landwirtschaft nützlichen Vögel vom 19/3. 02 (RGBl. 06, 89) geschlossen, zu der der Beitritt von Italien und der afrikanischen Mittelmeerländer, in denen die größten Massenmorde von Vögeln stattfinden, zu erhoffen ist. Danach haben die Vertragsstaaten binnen 3 Jahren ihre Gesetze mit den Bestimmungen der Übereinkunft, die im großen und ganzen mit dem Inhalt des obigen G. übereinstimmt, in Einklang zu bringen (Art. 10). Aus diesem Anlaß ist im April 07 dem Reichstag bereits ein Entwurf eines Abänderungsges. vorgelegt, nach welchem die §§ 1 u. 3 des obigen G. dahin erweitert werden sollen, daß auch die An- und Verkaufsvermittlung, die Ein-, Aus-

§ 1.[1]) Das Zerstören und das Ausheben von Nestern oder Brutstätten der Vögel, das Zerstören und Ausnehmen von Eiern, das Ausnehmen und Töten von Jungen, das Feilbieten und der Verkauf der gegen dieses Verbot erlangten Nester, Eier und Jungen ist untersagt.[2])

Dem Eigentümer und dem Nutzungsberechtigten[3]) und deren Beauftragten steht jedoch frei, Nester, welche sich an[4]) oder in[4]) Gebäuden oder in Hofräumen befinden, zu beseitigen.

Auch findet das Verbot keine Anwendung auf das Einsammeln, Feilbieten und den Verkauf der Eier von Strandvögeln, Seeschwalben,[5]) Möwen[6]) und Kiebitzen,[6])

---

und Durchfuhr und der Transport der Eier und Vögel verboten sein, die Benennung des G. in die schon übliche als „Vogelschutzgesetz" und seine Einführung auch in Helgoland erfolgen soll.

Eine allgemeine Anleitung zur Ausübung des Schutzes der heimischen Vogelwelt ist im Auftrage des LandwMin. veröffentlicht im LwMBl. 05, 95.

[1]) An sich unterliegen alle Vögel, einschließlich ihrer Jungen und Eier, soweit sie nicht im Eigentum jemandes stehen (wie z. B. das häusliche Federvieh, die Stubenvögel), privatrechtlich als herrenlose Gegenstände dem allgemeinen Aneignungsrecht (§§ 958, 960 BGB., Art. 69 EGzBGB., § 117 I 9 ALR., siehe oben unter I). Eine Ausnahme davon bildet das jagdbare Federwild, welches mit Jungen und, soweit zulässig, mit den Eiern (siehe § 42 JO. unter II) dem ausschließlichen Aneignungsrecht des Jagdberechtigten unterliegt. Das jagdbare Federwild fällt nicht unter obiges Gesetz (siehe § 8 b), sondern unterliegt dem Schutz der jagdrechtlichen Bestimmungen. Die obigen Schutzvorschriften finden Anwendung auf alle nicht jagdbaren Vögel mit Ausnahme der in § 8 unter c aufgeführten schädlichen und der etwa gemäß § 5 durch Landesgesetz ausgenommenen Vögel.

[2]) Das vorsätzliche und rechtswidrige Zerstören und Ausnehmen der Nester usw. ist verboten und nach § 6 strafbar. Ein zufälliges Zerstören usw. ist nicht strafbar, z. B. also nicht versehentliches Zertreten der Nester beim Mähen des Klees, das Zerstören eines Nestes beim Fällen eines Baumes (StenogrBer. des Reichstags S. 1128).

[3]) Wie: Pächter, Mieter, Nießbraucher usw. aber natürlich nur so weit ihr Nutzungsrecht selbst sich erstreckt.

[4]) Bzw. auf Gebäuden, wie dies bei Storchnestern der Fall zu sein pflegt.

[5]) Strandvögel und Seeschwalben gehören in Preußen als Wasservögel nach § 1 JO. zu den jagdbaren Vögeln. Nach § 42

jedoch kann durch Landesgesetz oder durch landespolizeiliche Anordnung das Einsammeln der Eier dieser Vögel für bestimmte Orte oder für bestimmte Zeiten untersagt werden.

§ 2. Verboten ist ferner: [7])

a) das Fangen [8]) und die Erlegung von Vögeln zur Nachtzeit mittels Leimes, Schlingen, Netzen oder Waffen; als Nachtzeit gilt der Zeitraum, welcher eine Stunde nach Sonnenuntergang beginnt und eine Stunde vor Sonnenaufgang endet; [9])

b) jede Art des Fangens [8]) von Vögeln, solange der Boden mit Schnee bedeckt ist;

c) das Fangen [8]) von Vögeln mit Anwendung von Körnern oder anderen Futterstoffen, denen betäubende oder giftige Bestandteile beigemischt sind, oder unter Anwendung geblendeter Lockvögel; [9])

d) das Fangen [8]) von Vögeln mittels Fallkäfigen und Fallkästen, Reusen, großer Schlag- und Zugnetze, sowie mittels beweglicher und tragbarer, auf dem Boden oder quer über das Feld, das Niederholz, das Rohr oder den Weg gespannter Netze. [9])

Abs. 3 a. a. O. ist deshalb in Preußen das Einsammeln ihrer Eier verboten.

[6]) Kiebitz und Möwe sind in Preußen nach § 1 JO. ebenfalls jagdbar. Das Einsammeln ihrer Eier ist deshalb Jagdausübung und darf **nur** vom Jagdberechtigten erfolgen, der nach § 30 Nr. 1 JO. aber keinen Jagdschein dazu braucht. Näheres über Kiebitze und Möwen siehe zu § 42 JO. (unter II).

[7]) Die Verbote des § 2 sollen namentlich die **Massen**erlegung von Vögeln verhindern. Nach § 3 ist der Fang der geschützten Vögel (Anm. 1) nur von Mitte September bis Ende Februar gestattet, aber nach § 2 auch **in dieser Zeit**: nur zur **Tageszeit** mit den zu a genannten Mitteln; **nicht**, solange **allgemein** noch Schnee liegt (b) und **überhaupt nicht**, also **niemals**, mit den zu c u. d aufgeführten Mitteln.

[8]) Dem Fangen wird nach § 4 **jede Art** des bloßen **Nachstellens** gleichgeachtet.

[9]) Mit den zu a aufgeführten Mitteln ist das Nachstellen **und Erlegen** von **einzelnen** Vögeln zur **Tageszeit und außerhalb der Schonzeit** (§ 3) also gestattet, mit den zu c u. d erwähnten Mitteln aber ist es **ausnahmslos und jederzeit** verboten.

Der Bundesrat ist ermächtigt, auch bestimmte andere Arten des Fangens sowie das Fangen mit Vorkehrungen, welche eine Massenvertilgung von Vögeln ermöglichen, zu verbieten.[10])

§ 3. In der Zeit vom 1. März bis zum 15. September ist das Fangen und die Erlegung von Vögeln sowie das Feilbieten und der Verkauf toter Vögel überhaupt untersagt.[11])

Der Bundesrat ist ermächtigt, das Fangen und die Erlegung bestimmter Vogelarten, sowie das Feilbieten und den Verkauf derselben auch außerhalb des im Absatz 1 bestimmten Zeitraums allgemein oder für gewisse Zeiten oder Bezirke zu untersagen.[10])

§ 4. Dem Fangen im Sinne dieses Gesetzes wird jedes Nachstellen zum Zweck des Fangens oder Tötens von Vögeln, insbesondere das Aufstellen von Netzen, Schlingen, Leimruten oder anderen Fangvorrichtungen gleichgeachtet.[12])

---

[10]) Solche Verbote sind bisher nicht ergangen.

[11]) Hiernach sind alle Vögel (mit Ausnahme: a) der jagdbaren, b) der in § 8 aufgeführten, c) der etwa nach § 5 landesgesetzlich ausgenommenen) in der Zeit vom 1. März bis 15. September jeglicher Nachstellung (§ 4) entzogen und unterliegen nur vom 16. September bis Ende Februar dem allgemeinen Aneignungsrecht (Anm. 1) mit den Fangbeschränkungen des § 2. Die in § 8 aufgeführten Vögel dagegen sind jederzeit verfolgbar, die jagdbaren (§ 1 JO.) darunter aber nur vom Jagdberechtigten und nur außerhalb ihrer besonderen Schonzeit; denjenigen jagdbaren Vögeln, für die eine Schonzeit nicht besteht (wie z. B. Adlern, wilden Gänsen) darf der Jagdberechtigte jederzeit nachstellen.

Das Feilbieten (vgl. Anm. zu § 43 JO.) und der Verkauf nur frisch erlegter Vögel ist in jener Zeit untersagt, nicht auch ausgestopfter oder zu irgend einem Zweck (z. B. zur Nahrung) konservierter oder lebender Vögel. Wohl aber kann durch Polizeiverordnung der Verkauf von lebenden Vögeln, deren Fang polizeilich verboten wurde (vgl. § 9), untersagt werden (KG. v. 4/5. 03 bei Bauer S. 624). Durch das Verbot erwirbt der Staat keine irgendwelchen Rechte an den Vögeln; der Fänger erwirbt nicht das Eigentum an ihnen (§ 958 Abs. 2 BGB., RG. v. 11/7. 04, 37, 232).

[12]) Also nicht bloß das tatsächliche Einfangen von Vögeln sondern schon jegliche Art des Nachstellens, wozu schon das Aufstellen der Fangmittel gehört, ist verboten und wird aus § 6

§ 5.[13]) Vögel, welche dem jagdbaren Feder- und Haarwilde[14]) und dessen Brut und Jungen, sowie Fischen[15]) und deren Brut nachstellen, dürfen nach Maßgabe der landesgesetzlichen Bestimmungen über Jagd und Fischerei von den Jagd- oder Fischereiberechtigten und deren Beauftragten getötet werden.[16])

Wenn Vögel in Weinbergen, Gärten, bestellten Feldern, Baumpflanzungen, Saatkämpen und Schonungen Schaden anrichten, können die von den Landesregierungen bezeichneten Behörden[17]) den Eigentümern und Nutzungsberechtigten der Grundstücke und deren Beauftragten oder öffentlichen Schutzbeamten (Forst- und Feldhütern, Flurschützen usw.),[18]) soweit dies zur Abwendung dieses Schadens notwendig ist, das Töten solcher Vögel innerhalb der betroffenen Örtlichkeiten auch während der im § 3 Absatz 1 bezeichneten Frist gestatten.[19]) Das Feilbieten und

---

bestraft, wenn es in der Schonzeit (§ 3) oder mit untersagten Mitteln (§ 2) geschieht. Schlingen, in denen sich jagdbare Vögel fangen können, dürfen zu keiner Zeit aufgestellt werden (§§ 41 u. 77 JO. unter II).

[13]) Der Absatz 1 dieses §, welcher die Ausnahmen von der Regel des Vogelschutzes enthält, fehlte im Entwurf und ist erst im Reichstage auf Antrag der Abg. Baumbach und Gen. in das Gesetz aufgenommen.

[14]) Wie z. B. der Storch. Über ihn siehe Anm. 38 zu § 48 JO. unter II.

[15]) Wie z. B. der Eisvogel (Königsfischer) und die Wasseramsel.

[16]) Auf diesem § 5 fußt der § 48 JO. (unter II). Durch letzteren ist den Bezirksausschüssen im Gebiet der JO. (siehe Vorbemerkung zu dieser) die Befugnis erteilt, nicht jagdbare, der Jagd oder Fischerei schädliche Vögel (z. B. den Storch) dauernd oder vorübergehend von dem Vogelschutz auszunehmen. Zum ferneren Schutz der Fischerei kann ferner noch § 67 JO. den Fischereiberechtigten die Erlegung jeglicher der Fischerei schädlichen Vögel von der Jagdpolizeibehörde gestattet werden (siehe Näheres Anm. 33 zu § 67 JO. unter II).

[17]) Landrat bzw. Ortspolizeibehörde.

[18]) In manchen Weinbergsgegenden darf zur Zeit der Traubenreife nur der Flurschütze (auch nicht der Eigentümer) den Weinberg betreten; es sind deshalb die öffentlichen Schutzbeamten besonders erwähnt.

[19]) Durch den in der Vorbemerkung erwähnten Gesetzentwurf soll diese Tötung auf solche „mit Feuerwaffen" beschränkt und die

der Verkauf der auf Grund solcher Erlaubnis erlegten Vögel sind unzulässig.

Ebenso können die im Absatz 2 bezeichneten Behörden einzelne Ausnahmen von den Bestimmungen in §§ 1 bis 3 dieses Gesetzes zu wissenschaftlichen oder Lehrzwecken, sowie zum Fang von Stubenvögeln für eine bestimmte Zeit und für bestimmte Örtlichkeiten [20]) bewilligen. [19])

Der Bundesrat bestimmt die näheren Voraussetzungen, unter welchen die im Absatz 2 und 3 bezeichneten Ausnahmen statthaft sein sollen. [21])

Von der Vorschrift unter § 2 b kann der Bundesrat für bestimmte Bezirke eine allgemeine Ausnahme gestatten. [21])

§ 6. Zuwiderhandlungen [22]) gegen die Bestimmungen dieses Gesetzes oder gegen die von dem Bundesrat auf Grund derselben erlassenen Anordnungen werden mit Geldstrafe bis zu einhundertundfünfzig Mark oder mit Haft bestraft. [23])

Der gleichen Strafe unterliegt, wer es unterläßt, Kinder oder andere unter seiner Gewalt stehende Personen, welche seiner Aufsicht untergeben sind und zu seiner Hausgenossenschaft gehören, von der Übertretung dieser Vorschriften abzuhalten. [24])

---

im Abs. 3 erwähnten Ausnahmen auf solche „zur Wiederbevölkerung mit einzelnen Vogelarten“ erweitert werden.

[20]) Z. B. in Thüringen und Hessen zur Abrichtung junger Dompfaffen.

[21]) Solche sind bisher nicht bekannt gegeben.

[22]) Die Zuwiderhandlungen sind Übertretungen im Sinne des StGB.; sie verjähren in 3 Monaten seit Begehung der Tat; Versuch und Beihilfe sind nicht strafbar, wohl aber Anstiftung. Vgl. ferner Anm. 1 zu § 72 JO. (unter II). Der unbeabsichtigte Fang geschützter Vögel im Dohnenstieg ist nach § 8 Abs. 4 straffrei.

[23]) Hierdurch ist die Bestimmung des § 368 Nr. 11 RStGB., wonach: „mit Geldstrafe bis zu 60 Mark oder mit Haft bestraft wird, wer unbefugt Eier oder Junge von jagdbarem Federwilde oder von Singvögeln ausnimmt“, in betreff der Singvögel ersetzt worden.

Außerdem bedroht § 33 des Feld- und Forst-PolizeiG. v. 1/4. 80 (siehe Anm. 36) den Vogelfang auf fremden Grundstücken mit Strafe.

[24]) Vgl. § 361 Nr. 9 StGB. unten unter V und die Anm. dazu. Hier wie dort genügt die Tatsache der Straftat für sich

§ 7. Neben der Geldstrafe oder der Haft kann [25]) auf die Einziehung der verbotswidrig in Besitz genommenen, feilgebotenen oder verkauften Vögel, Nester, Eier, sowie auf Einziehung der Werkzeuge erkannt werden, welche zum Fangen oder Töten der Vögel, zum Zerstören oder Ausheben der Nester, Brutstätten oder Eier gebraucht oder bestimmt waren, ohne Unterschied, ob die einzuziehenden Gegenstände dem Verurteilten gehören oder nicht.

Ist die Verfolgung oder Verurteilung einer bestimmten Person nicht ausführbar, so können die im vorstehenden Absatz bezeichneten Maßnahmen selbständig erkannt werden. [26])

§ 8. Die Bestimmungen dieses Gesetzes finden keine Anwendung

a) auf das im Privateigentum befindliche Federvieh; [27])
b) auf die nach Maßgabe der Landesgesetze jagdbaren Vögel; [28])
c) auf die in nachstehendem Verzeichnis aufgeführten Vogelarten: [29])

---

allein zur Bestrafung nicht; es muß vielmehr noch eine schuldhafte Unterlassung bzw. Vernachlässigung der pflichtmäßigen Aufsicht seitens des Gewalthabers hinzutreten. Diese wird aber nicht vermutet, sondern muß dem Gewalthaber nachgewiesen werden. (Olshausen, StGB. § 361 Nr. 9; GA. 26, 453.) Der Gewalthaber wird selbst bestraft, nicht nur wie in § 80 JO. für haftbar erklärt.

[25]) Die Einziehung ist hier also dem Ermessen des Gerichts überlassen, anders nach § 295 StGB. bei unberechtigtem Jagen und nach § 78 Abs. 3 JO. bei Wildhandel während der Schonzeit, wo die Einziehung ausgesprochen werden muß.

[26]) Nach den §§ 40—42 StGB. ist das sog. „objektive Strafverfahren" sonst nur bei Vergehen und Verbrechen zulässig; durch die obige Vorschrift ist es auch auf die Übertretungen gegen das obige Gesetz ausgedehnt. Zuständig sind die Schöffengerichte.

[27]) Außer auf die gewöhnlichen Haustiere und Stubenvögel auch auf die in Volièren, zoologischen Gärten, Menagerien usw. gehaltenen Vögel zu beziehen. Hinsichtlich des etwaigen Aneignungsrechts an diesen für den Fall ihres Entfliegens siehe §§ 958, 960 BGB. und Anm. 11 dazu (oben unter I A).

[28]) Die jagdbaren und deshalb dem Jagdschutz unterliegenden Vögel sind in § 1 JO. (unter II) einzeln und erschöpfend aufgezählt.

[29]) Die Vögel des Verzeichnisses zu c unterstehen weder den Schutzvorschriften des Eigentums (wie die zu a) noch der Jagd

1. **Tagraubvögel mit Ausnahme der Turmfalken,**[30])
2. **Uhus,**[31])
3. **Würger (Neuntöter),**
4. **Kreuzschnäbel,**[32])
5. **Sperlinge (Haus- und Feldsperlinge),**
6. **Kernbeißer,**
7. **Rabenartige Vögel (Kolkraben, Rabenkrähen, Nebelkrähen, Saatkrähen, Dohlen, Elstern, Eichelheher, Nuß- oder Tannenheher),**
8. Wildtauben (Ringeltauben, Hohltauben, Turteltauben),[33])
9. Wasserhühner (Rohr- und[33]) **Bleßhühner),**
10. Reiher (**eigentliche Reiher,** Nachtreiher oder Rohrdommeln),[33])
11. Säger (Sägetaucher, Tauchergänse),
12. alle nicht im Binnenlande brütende Möwen,[33])
13. **Kormorane,**
14. Taucher (Eistaucher und Haubentaucher).

Auch wird der in der bisher üblichen Weise betriebene Krammetsvogelfang, jedoch nur in der Zeit vom 21. September bis 31. De-

---

(wie zu b), noch denen des Vogelschutzgesetzes. Sie sind vielmehr als nicht nützlich die einzigen Vögel, welche wirklich „vogelfrei" sind, d. h. sie sind der Nachstellung und Aneignung für jedermann und zu jeder Zeit unterworfen (§§ 958, 960 BGB.).

Da die Jagdbarkeit der Vögel durch Landesgesetz bestimmt wird und die jagdbaren nach § 8 b vom obigen Gesetz ausgenommen sind und den diesbezüglichen jagdrechtlichen Schonvorschriften unterliegen, kann das obige reichsgesetzliche Verzeichnis in jedem Bundesstaate beschränkt sein; in Preußen ist dies bezüglich der im Text abweichend gedruckten Vögel der Fall.

[30]) Von den Tagraubvögeln (Habichte, Falken, Bussarde usw.) untersteht also nur der Turmfalke dem obigen Vogelschutz. Die zu ihnen gehörigen Adler sind jagdbar (§ 1 JO.).

[31]) Alle übrigen Eulenarten unterstehen also dem Vogelschutz.

[32]) Durch den in der Vorbemerkung erwähnten Gesetzentwurf soll der Kreuzschnabel im Verzeichnis gestrichen werden.

[33]) Sie sind durch § 1 JO. für jagdbar erklärt und fallen deshalb in Preußen gemäß b) unter den jagdrechtlichen Wildschutz. — Unter Reiher sind in Nr. 10 alle bei uns vorkommenden Reiherarten zu verstehen; sie sind als Wasservögel ebenfalls jagdbar mit Ausnahme des grauen oder Fischreihers. Deshalb unterliegt nur letzterer keinem Schutz, die nur als Irrgäste bei uns vorkommenden Purpur-, Silber- und Seidenreiher aber dem Wildschutz.

zember je einschließlich, durch die Vorschriften dieses Gesetzes nicht berührt.[34])

Die Berechtigten, welche in Ausübung des Krammetsvogelfangs außer den eigentlichen Krammetsvögeln auch andere, nach diesem Gesetze geschützte Vögel unbeabsichtigt mitfangen, bleiben straflos.[35])

§ 9. Die landesrechtlichen Bestimmungen, welche zum Schutze der Vögel weitergehende Verbote enthalten, bleiben unberührt.[36]) Die auf Grund derselben zu erkennenden Strafen dürfen jedoch den Höchstbetrag der in diesem Gesetzen angedrohten Strafen nicht übersteigen.

§ 10. Dieses Gesetz tritt am 1. Juli 1888 in Kraft.

---

[34]) Der Krammetsvogel ist jetzt in Preußen ebenfalls jagdbar und sein Fang in § 41 Abs. 2 JO. geregelt. Für Preußen ist daher der obige Absatz 2 bedeutungslos geworden.

[35]) Die Straflosigkeit tritt nur für das Mitfangen ein. Wer die im Dohnenstieg mitgefangenen noch lebenden Vögel in der Schonzeit tötet oder behält, ist nach § 6 strafbar. — Nach dem MinistReskr. v. 13/7. 98 (Danckelmann Jahrb. 30, 318) dürfen in den Staatswaldungen die Dohnen nur während der für den Drosselfang freigegebenen Zeit fängisch gehalten werden, und sind nach Ablauf dieser Zeit entweder abzunehmen oder die Schlingen an denselben auszuziehen oder ganz zu entfernen.

[36]) Das Vogelschutzgesetz bezweckt das Mindestmaß des Vogelschutzes festzusetzen, deshalb sind alle einen weitergehenden Schutz aussprechenden Vorschriften der Bundesstaaten aufrecht erhalten und solche können von ihnen auch neu erlassen werden. Dazu gehören auch Polizeiverordnungen, durch welche weitere Vögel des Verzeichnisses in § 8 (wie z. B. die Saatkrähe) geschützt werden. —

Aufrecht erhalten ist auch der § 33 des Feld- und ForstpolizeiG. v. 1/4. 80, welcher lautet:

„Mit Geldstrafe bis zu dreißig Mark oder mit Haft bis zu „einer Woche wird bestraft, wer, abgesehen von den Fällen des „§ 368 Nr. 11 des Strafgesetzbuchs, auf fremden Grund„stücken unbefugt nicht jagdbare Vögel fängt, Sprenkel „oder ähnliche Vorrichtungen zum Fangen von Singvögeln auf„stellt, Vogelnester zerstört oder Eier oder Junge von Vögeln „ausnimmt."

Wer jagdbaren Vögeln nachstellt, ist aus §§ 292 ff. StGB. strafbar.

V. Die für die Jagd in Betracht kommenden Vorschriften des Strafgesetzbuchs für das Deutsche Reich.*)

Vom 15. Mai 1871 (RGBl. S. 137).

I. Teil. Von der Bestrafung der Verbrechen, Vergehen und Übertretungen im allgemeinen.

4. Abschnitt. Gründe, welche die Strafe ausschließen oder mildern.

§ 53. Eine strafbare Handlung ist nicht vorhanden,[1]) wenn die Handlung durch Notwehr geboten war.[2])

Notwehr ist diejenige Verteidigung, welche erforderlich

---

*) Das StGB. gilt als Reichsgesetz im ganzen Deutschen Reich unter Aufhebung des Strafrechts der einzelnen Bundesstaaten. Wie aber das BGB. auf dem Gebiet des Zivilrechts (siehe Vorbemerkung zu I A), so hat auch das StGB. auf dem Gebiet des Strafrechts einzelne landesrechtliche Strafbestimmungen, soweit deren Inhalt nicht im StGB. selbst behandelt ist, gemäß § 2 EGzStGB. v. 31/5. 70 aufrecht erhalten. Zu den aufrecht erhaltenen gehören auch die landesrechtlichen Strafbestimmungen über die Jagd. Hieraus erklärt sich, daß die Strafvorschriften der einzelnen Jagdgesetze und eine Reihe von provinzialrechtlichen Strafbestimmungen auf dem Gebiete des Jagdrechts noch heute zur Anwendung zu bringen sind.

[1]) Die Rechtswirkung ist die, daß die sonst strafbare Tat als Notwehrhandlung straflos ist. Die zivilrechtliche Definition der Notwehr nach § 227 BGB. (oben unter I A) entspricht genau der des Strafrechts. Deshalb ist eine Notwehrhandlung auch nicht rechtswidrig und verpflichtet mithin auch nicht zivilrechtlich zum Schadensersatz. — Die Frage, ob Notwehr vorlag, ist nicht nach der subjektiven Anschauung des Handelnden, sondern nach der objektiven Sachlage zu beantworten; nimmt der Handelnde sie irrtümlich an, so kann seine Freisprechung wegen Überschreitung nach Abs. 3 erfolgen (GA. 41, 382).

ist, um einen gegenwärtigen, [3]) rechtswidrigen [4]) Angriff [5]) von sich oder einem anderen [6]) abzuwenden.

Die Überschreitung der Notwehr ist nicht strafbar, wenn der Täter in Bestürzung, Furcht oder Schrecken über die Grenzen der Verteidigung hinausgegangen ist. [7])

---

[2]) Ein anderes Abwehrmittel muß nicht vorhanden gewesen sein. Die Möglichkeit, sich dem Angriff durch die Flucht zu entziehen, schließt die Notwehr nicht aus, besonders nicht, wenn die Flucht unehrenhaft war oder nur unter Preisgabe berechtigter Interessen erfolgen konnte (GA. 46, 31). Keine straflose Notwehrhandlung liegt vor, wenn der Täter ein weniger gefährliches Abwehrmittel anwenden konnte (E. v. 2/1. 05 im Recht 9, 95). Die Mittel der Abwehr müssen zur Energie des Angriffs in einem entsprechenden Verhältnis stehen (E. v. 21/11. 04 in DJZ. 10, 268 u. Schultz Jahrb. 2, 164).

[3]) Auch ein unmittelbar bevorstehender Angriff, z. B. das Erheben des Gewehrs seitens des Wilderers zum Schuß, berechtigt zur Notwehr, nicht aber schon die bloße Befürchtung, daß ein Angriff beabsichtigt sei. Eine Gefahr droht auch noch unmittelbar, nachdem der Gegner bereits einmal geschossen hat, da bei den gebräuchlichen Feuerwaffen meist zwei Schuß ermöglicht sind (JW. 05, 366). Mit dem Angriff selbst endet auch die Notwehr, so daß solche gegen den fliehenden Angreifer nicht mehr vorliegt; die Forst- und Jagdbeamten sind aber durch Art. 4 der Instruktionen zum G. üb. den Waffengebrauch v. 31/3. 37 ermächtigt, auch gegen einen fliehenden Frevler die Waffe zu gebrauchen, wenn dieser auf Anruf die Schußwaffe nicht ablegt oder sie wieder aufnimmt und nach den Umständen eine drohende Gefahr für Leib und Leben vorliegt (siehe unten Anhang C).

[4]) Der Angriff muß ein rechtswidriger sein; gegen berechtigte Gewalt, also gegen eine berechtigte Amtshandlung oder gegen eine Notwehrhandlung, gibt es keine Notwehr.

[5]) Ein Angriff durch Menschen muß vorliegen; gegen Tiere gibt es keine Notwehr, da § 227 BGB. die Abwehr nicht als berechtigte Notwehr anerkennt (RG. 34, 295). Jedermann ist aber zur Tötung eines Tieres behufs Abwehr einer von diesem drohenden Gefahr aus § 228 BGB. berechtigt (Urt. v. 7/10. 01 in DJZ. 7, 152), so daß keine Sachbeschädigung aus § 303 StrGB. vorliegt.

[6]) Der Angriff braucht nicht gegen Leib oder Leben des Handelnden oder eines Dritten gerichtet zu sein, auch ein Angriff auf andere Rechtsgüter (Ehre, Eigentum) berechtigt zur Notwehr (GA. 38, 68). Als erlaubte Notwehr aus § 227 BGB. kann der Jagdberechtigte bzw. sein mit dem Jagdschutz Betrauter dem Jagdfrevler das Gewehr wegnehmen. E. v. 14/10. 02, RG. 35, 403.

[7]) Es tritt in diesen Fällen also Straflosigkeit ein, trotzdem eine eigentliche Notwehrhandlung nicht vorlag. Die obige

§ 54. Eine strafbare Handlung ist nicht vorhanden, wenn die Handlung außer dem Falle der Notwehr in einem unverschuldeten, auf andere Weise nicht zu beseitigenden Notstande [8]) zur Rettung aus einer gegenwärtigen Gefahr für Leib oder Leben [9]) des Täters oder eines Angehörigen [9]) begangen worden ist.

II. Teil. Von den einzelnen Verbrechen, Vergehen und Übertretungen und deren Bestrafung.

6. Abschnitt. Widerstand gegen die Staatsgewalt.

§ 117. [10]) Wer einem Forst- oder Jagdbeamten, [10a]) einem Waldeigentümer, Forst- oder Jagdberechtigten, [11])

Aufzählung ist erschöpfend und eine analoge Ausdehnung unzulässig (RG. 9, 120). Selbst wenn der Angegriffene den Angriff provoziert hatte, kommt Abs. 3 für ihn zur Anwendung (E. v. 2/3. 05 im Recht 9, 200).

[8]) Die strafrechtliche Definition des Notstands weicht erheblich von der zivilrechtlichen des § 228 BGB. ab (siehe oben unter I A). Auf beiden Rechtsgebieten liegt Notstand bei Angriffen von Tieren vor, jedoch sind ihre Voraussetzungen voneinander verschieden.

[9]) Anders wie bei der Notwehr nach § 53 (s. Anm. 6) muß hier eine Gefahr nur für die Person eines Menschen vorliegen und zwar solche auch nur wieder für den Täter selbst oder für einen seiner Angehörigen. Über letztere vgl. Anm. 33. Einen Vermögensnotstand als Strafausschließungsgrund erkennt das StrGB. nicht an (GA. 37, 67).

[10]) Der § 117 stellt im Verhältnis zu §§ 113 u. 114 StGB. ein besonderes Strafgesetz dar. In dem Widerstand gegen einen in Ausführung einer rechtmäßigen Amtshandlung begriffenen Forstbeamten kann daher nicht zugleich in Idealkonkurrenz neben § 117 Verletzung des § 114 gefunden werden. E. v. 31/1. 01 in RG. 34, 113).

[10a]) D. h. solchen Beamten, denen der Schutz eines Waldes oder Jagdrevieres als besondere Pflicht obliegt, also nicht nur alle vom Staate oder Reich für den Forst- und Jagdschutz besonders angestellten Beamten, sondern auch die Gemeinde- und Privat-Forstbeamten, gleichviel, ob sie auf Lebenszeit oder vorübergehend angestellt, und ob sie vereidigt sind oder nicht, wie z. B. ein zum Jagdaufseher bestellter, nicht vereideter Forstlehrling (GA. 21, 514). Auch die von Privatwaldeigentümern angestellten und in Gemäßheit des ForstdiebstG. v. 15/4. 1878 vereideten Forstschutzbeamten genießen die Rechte der Jagdbeamten im Sinne dieses

oder einem von diesen bestellten Aufseher [12]) in [13]) der rechtmäßigen Ausübung [14]) seines Amtes oder Rechtes

---

Paragraphen (OR. 17, 104; 2, 288; 3, 62 u. 582; 8, 102 u. 598, u. RG. 2, 306; 7, 272; 10, 106; 19, 101; 23, 358; GA. 42, 259; E. v. 4/11. 02 in DJZ. 02, 217). Ebenso sind die im Kgl. Privatdienste (Hofjagdamt) für den Feld- und Forstschutz angestellten Personen Beamte im Sinne des § 359 StGB. (RG. 12, 419). Dagegen sind Kgl. Forstreferendare, welche den Oberförstern zeitweise zu Betriebsregulierungsarbeiten als Hilfsarbeiter überwiesen sind, zu der Ausübung des Forstschutzes ohne weiteres nicht berechtigt, und genießen den Schutz des § 117 vermöge ihrer Dienststellung als Forstbeamte nicht (RG. 13, 215). Auch ein bloßer Waldaufseher, welcher nur von dem Eigentümer bestellt ist, um dessen Privatrechte auszuüben, ohne daß ihm polizeiliche Funktionen von der Obrigkeit übertragen sind, genießt den Schutz des § 117 (RG. 1, 112).

[11]) Dazu gehören z. B. auch Servitut- und Nutzungsberechtigte, Nießbraucher, Pächter usw., insbesondere der Jagdpächter (OppR. 14, 447), er muß aber auf Grund eines rechtsgültigen Pachtvertrags wirklich zur Jagd berechtigt sein (RG. 26, 144). Als solcher hat er auch das Recht den Jagdfrevler nach der Legitimation zu fragen und ihn der Polizei zuzuführen (GA. 42, 259).

[12]) Der Aufseher kann nicht nur von den Waldeigentümern, Forst- oder Jagdberechtigten, sondern auch von einem, von ihnen angestellten Forst- oder Jagdbeamten bestellt werden (Annal. 3, 246). Im Bereiche der Preußischen Staatsverwaltung kann aber ein Forstschutzbeamter einen Aufseher nicht mit der Wirkung bestellen, daß auf einen ihm geleisteten Widerstand § 117 StGB. Anwendung findet (RG. 29, 310). Auf die Art, die Form und die Dauer der Bestellung kommt nichts an, ebensowenig wie es einer besonderen Verpflichtung oder Vereidigung bedarf (vgl. oben Anm. 10a). Die Bestellung kann auch auf eine nur kurz begrenzte Zeit, und selbst für einen einzelnen konkreten Vorgang erfolgen (RG. 10, 333; RR. 6, 300). Dagegen kann der Begriff des Jagdaufsehers nicht auf Personen ausgedehnt werden, welche nur zu einer bestimmten dienstlichen Verrichtung zur Unterstützung von Beamten zugezogen sind (§ 113 StGB). Die Stellung der Aufseher setzt immerhin eine gewisse selbständige Tätigkeit voraus (RR. 2, 753; Annal. 3, 246), es muß daher im einzelnen Falle ausdrücklich festgestellt werden, ob der von Privatpersonen bestellte Aufseher örtlich und sachlich innerhalb der ihm übertragenen Befugnisse gehandelt hat (RR. 3, 624; 4, 605; 5, 377; RG. 6, 400).

[13]) „In“ nicht „während“ (E. v. 7/3. 05 in GA. 52, 250).

[14]) Die rechtmäßige Ausübung des Amtes oder Rechtes setzt voraus, daß der Beamte bzw. Berechtigte zur Vornahme der betreffenden (Amts-)Handlung am fraglichen Orte befugt ist, und sich bei der Handhabung des Forst- oder Jagdschutzes in den Schranken seiner Befugnis bzw. seines Rechts hält (RG. 8, 288; 11, 421; 19, 101; 21, 10 u. 203; 24, 314; 27, 70; RR. 8, 102).

durch Gewalt oder durch Bedrohung mit Gewalt Wider-

Die Ausübung des Amtes wird auch dadurch noch nicht eine unrechtmäßige, daß der Beamte bei der Annahme der Voraussetzungen, unter denen er sein Einschreiten für geboten hielt, sich in einem tatsächlichen Irrtum befunden hat, sofern er nur bei pflichtgemäß vorgenommener Prüfung eine genügende tatsächliche Veranlassung zum Einschreiten nach den Umständen des Falles annehmen konnte (RR. 3, 582). Dieser Grundsatz findet aber keine Anwendung auf die von einem Waldeigentümer, Forst- oder Jagdberechtigten zum Forst- oder Jagdschutz bestellten Aufseher (RG. 1, 112 u. 6, 400; RR. 4, 605). Nur dann, wenn diese Privataufseher unter staatlicher Autorität den geltenden gesetzlichen Bestimmungen gemäß bestellt und in Eid und Pflicht genommen sind, findet der obige Grundsatz von der Unschädlichkeit eines derartigen tatsächlichen Irrtums für die Rechtmäßigkeit der vorgenommenen Amtshandlung auch auf sie Anwendung (RG. 2, 306; RR. 2, 288; 3, 624), da sie alsdann dieselben polizeilichen Funktionen wie die übrigen Forstschutzbeamten haben; diese sind ihnen durch den Beeidigungsakt unter staatlicher Autorität übertragen, und sie haben deshalb bei deren Ausübung die Stellung öffentlicher Beamten (OppR. 17, 104; E. v. 4/11. 02 in DJZ. 02, 217). Aber nicht nur der Widerstand oder Angriff, welcher innerhalb des Gebietes, in welchem die Forst- und Jagdbeamten ihr Amt auszuüben haben, geleistet worden ist (MinReskr. v. 12/3. 43; JMBl. 109; E. d. KompGerHof. v. 24/11. 55; JMBl. 56, 59), ist nach §§ 117 ff. strafbar, es genügt zum Tatbestande vielmehr auch ein Widerstand außerhalb des Schutzreviers, für welches der Forst- oder Jagdbeamte angestellt ist, wenn er in unmittelbarem Zusammenhange mit einer innerhalb des Reviers vorgenommenen Amtshandlung des Beamten verübt worden (GA. 15, 200; OppR. 8, 73; RG. 2, 167; 21, 10; RR. 1, 789; 6, 478; 8, 367); es befindet sich ein Forstschutzbeamter auch dann in der rechtmäßigen Ausübung seines Amtes, wenn er außerhalb seines Schutzbezirks Handlungen vornimmt, welche die Feststellung einer Jagdkontravention (z. B. Aufforderung zum Vorzeigen des Jagdscheines, Feststellung der Persönlichkeit usw.) bezwecken (RG. 2, 306; 3, 336; 7, 272; 19, 101; 20, 344; 24, 314; RR. 2, 288; 3, 62 u. 352; 6, 478), und es ist der Forst- oder Jagdbeamte auch zur Vornahme jagdpolizeilicher Funktionen außerhalb seines Schutzrevieres nicht nur dann befugt, wenn diese mit der Amtsausübung in dem ihm zugewiesenen Revier in bestimmter Beziehung stehen, sondern auch dann, wenn es sich um die Wahrung öffentlicher forstpolizeilicher Interessen überhaupt handelt (RG. 10, 106; 20, 344; RR. 6, 131; GA. 42, 102; Johow 14, 335 und besonders E. v. 30/10. 03 in DJZ. 9, 172 u. v. 18/12. 03 in KG. 37, 32 u. v. 26/3. 06 im Recht 10, 574). Der hierbei geleistete Widerstand ist aus § 117 StGB. strafbar. AM. ist das KG. v. 23/6. 98 in Johow 19, 284 u. v. 15/3. 00 in Johow 20 C 25. Siehe hierzu Dalcke S. 181 ff.

Auch das OVG. erkennt eine solche Befugnis der Forstbeamten

stand leistet,[15]) oder wer eine dieser Personen während der

---

nur für den Fall der Gefahr im Verzuge an (E. v. 18/5. 97 bei Danckelmann 29, 307). Zu Beschlagnahmen und zur Vornahme von Durchsuchungen in der Wohnung des Jagdfrevlers sind die Forst- und Jagdbeamten nur befugt, wenn sie zu Hilfsbeamten der Staatsanwaltschaft bestellt sind und Gefahr im Verzuge ist (RG. 13, 270; 24, 344; 37, 32; RR. 3, 355 u. 582; 8, 105 u. 367; 9, 556.) Nach der allgemeinen Verf. v. 23/11. 81 sind zu Hilfsbeamten der Staatsanwaltschaft erklärt: Die Revierförster, Hegemeister, Förster, Forstaufseher und Forsthilfsjäger, sowie diejenigen Waldwärter, welche auf Forstanstellungsberechtigung nach dem Regulativ v. 15/2. 79, jetzt v. 1/10. 93, dienen (JMBl. 82 S. 312), und zwar auch dann, wenn sie zeitweilig als Forstpolizeisergeanten in Städten fungieren, für ihren Geschäftsbezirk und für die Dauer dieser Dienstfunktion (Allg. Verf. v. 3/1. 83, BMBl. S. 24); ausgedehnt auf die Gemeinde-Forstschutzbeamten überhaupt, welche aus der Klasse der auf Forstversorgung dienenden Jäger hervorgegangen sind (Allg. Verf. v. 3/1. 99, BMBl. S. 45). Zu einer vorläufigen Festnahme der Person des Jagdfrevlers sind Privatjagdbeamte nur berechtigt, wenn die Voraussetzungen des § 127 StPO. vorliegen, d. h. wenn der Frevler auf frischer Tat betroffen wird und der Flucht verdächtig ist oder seine Persönlichkeit nicht sofort festgestellt werden kann (RG. 15, 356; 19, 101; 21, 10); dagegen hat auch ein Privatförster das Recht, den Frevler mit Gewalt aus dem Forste zu entfernen (RG. 27, 70).

Der Jagdberechtigte bzw. sein mit dem Jagdschutz Betrauter kann als erlaubte Notwehr nach § 227 BGB. (siehe oben unter I A) dem ertappten Jagdfrevler das Gewehr wegnehmen (E. v. 14/10. 02 in RG. 35, 403). Ebenso kann der Forstaufseher dem unbefugten Pilzsammler die Pilze wegnehmen (RG. v. 21/4. 03 in GA. 50, 278).

[15]) Der Widerstand muß gegen die Tätigkeit d. h. gegen die Vornahme einer Amts- oder Rechtshandlung der in diesem Paragraph aufgeführten Personen gerichtet sein, braucht aber nicht notwendig einen direkten Angriff auf die Person zu enthalten. Es genügt z. B. ein Sichfesthalten, Anklammern an Gegenständen, auch ein bloßes Sichniederwerfen, wenn der Beamte 2c. nur dadurch genötigt wird, zur Beseitigung des Hindernisses eine erhöhte Kraftanstrengung anzuwenden oder aber von der Amtshandlung abzustehen (OTr. 22, 70; OppR. 17, 51). Immer aber wird eine aktive Tätigkeit, ein Handeln vorausgesetzt, ein bloß passives körperliches Verhalten, wie bloßer Ungehorsam, genügt nicht. Der § 117 erfordert also, daß der Forstbeamte 2c. in der rechtmäßigen Ausübung seines Amtes 2c. begriffen ist, daß ihm darin Widerstand geleistet, d. h. eine aktive Tätigkeit gegen den Beamten entwickelt wird, welche dazu bestimmt und an und für sich geeignet ist, die Vollziehung der betreffenden Amts-(Rechts-)Handlung nicht zur Vollendung gelangen zu lassen, und daß dieser Widerstand

Ausübung ihres Amtes oder Rechtes tätlich angreift,[16]) wird mit Gefängnis von vierzehn Tagen bis zu drei Jahren bestraft.[17])

Ist der Widerstand oder der Angriff[18]) unter Drohung mit Schießgewehr,[19]) Äxten oder anderen gefährlichen

---

durch Gewalt oder durch Bedrohung mit Gewalt erfolgte (RG. 4, 375). Auch derjenige, welcher es unternimmt, einen Forstbeamtem während der rechtmäßigen Ausübung seines Amtes einzusperren, ist nach obigem Paragraph wegen „tätlichen Angriffs" zu bestrafen (RG. 28, 32), und auch derjenige, welcher das Gewehr, welches ihm der Beamte wegnehmen will, festhält (E. v. 5/4. 07 in Ztschr. f. Jagdr. 07, 166).

[16]) Auch hierbei wird Rechtmäßigkeit der Ausübung des Amtes usw. ebenso erfordert, wie bei dem „Widerstand leisten" (OppR. 13, 461; RG. 3, 17). Zum Tatbestande gehört mithin außer dem Willen, Widerstand zu leisten usw., einmal das Bewußtsein, daß derjenige, gegen welchen die die objektiven Merkmale des Widerstandes oder des tätlichen Angriffs an sich tragende Handlung gerichtet ist, zu den in diesem Paragraph aufgezählten Personen gehört, und daß er sich wirklich in der rechtmäßigen Ausübung seines Amtes 2c. befindet. Ein Irrtum des Widerstand Leistenden über die Rechtmäßigkeit des Amts oder Rechts schließt aber ebensowenig, wie sein irriger Glaube, daß er selbst zur Vornahme der Handlung, in welcher der Beamte 2c. ihn stört, berechtigt sei, die Strafbarkeit aus (OppR. 4, 241; 7, 356; RG. 3, 14; 2, 423; RR. 3, 582; 8, 367). Dagegen fällt der Widerstand, welcher den Berechtigten bei Ausübung ihres Jagdrechts entgegengesetzt wird (z. B. wenn Nachbarn über die Grenzen ihrer beiderseitigen Forst- oder Jagdbezirke in Streit geraten usw.), nicht unter den Tatbestand des in diesem Paragraph vorgesehenen Vergehens (StenBer. S. 436; RG. 2, 170; RR. 2, 835; 6, 641).

[17]) Zuständig sind die Strafkammern, doch ist auf Antrag der Staatsanwaltschaft Überweisung an die Schöffengerichte zulässig, „wenn nach den Umständen des Falls anzunehmen ist, daß wegen des Vergehens auf keine andere und höhere Strafe, als Gefängnis von höchstens drei Monaten oder Geldstrafe von höchstens sechshundert Mark, allein oder neben Haft oder in Verbindung mit einander oder in Verbindung mit Einziehung zu erkennen sein werde" (§ 75 Nr. 1 des GVG, RGBl. 98, 371 ff.).

[18]) Gemeint ist, wie in Absatz 1, ein „tätlicher Angriff".

[19]) Darunter ist jedoch nicht auch der bloße Besitz eines Schießgewehrs und die Nichtbefolgung der Aufforderung, es niederzulegen, zu rechnen (OppR. 7, 75). Der Widerstand usw. gegen den Forst- oder Jagdbeamten wird dadurch nicht ausgeschlossen, daß das zur Drohung benutzte Gewehr ungeladen ist (RG. 9, 176; RR. 5, 643; GA. 38, 359). Das Gewehr muß aber zur Zeit der Drohung sich in den Händen des Drohenden befunden haben (RG. 28, 314).

Werkzeugen[20]) erfolgt, oder mit Gewalt an der Person[21]) begangen worden, so tritt Gefängnisstrafe nicht unter drei Monaten ein.[22])

Sind mildernde Umstände vorhanden, so tritt in den Fällen des Absatz 1 Gefängnisstrafe bis zu Einem Jahre, in den Fällen des Absatz 2 Gefängnisstrafe nicht unter Einem Monat ein.[22])

§ 118. Ist durch den Widerstand oder den Angriff eine Körperverletzung[23]) dessen, gegen welchen die Handlung begangen ist, verursacht[24]) worden, so ist auf Zuchthaus bis zu zehn Jahren zu erkennen.[25])

Sind mildernde Umstände vorhanden, so tritt Gefängnisstrafe nicht unter drei Monaten ein.

§ 119. Wenn eine der in den §§ 117 und 118 bezeichneten Handlungen von mehreren[26]) gemeinschaftlich[27]) begangen worden ist, so kann die Strafe bis um

---

[20]) Was „als gefährliches Werkzeug" anzusehen ist, ist Tatfrage.

[21]) Gewalt an der Person ist nicht gleichbedeutend mit: Gewalt gegen die Person. Während für die Gewalt gegen die Person ausreichend ist, daß die Vergewaltigung der letzteren bezweckt worden, erfordert die Gewalt an der Person, daß die Gewaltshandlung die Person selbst betroffen hat, daß also auf letztere eine Einwirkung erfolgt ist (RG. 16, 172; GA. 43, 131).

[22]) Im Falle des Abs. 2 ist die Überweisung an die Schöffengerichte ausgeschlossen.

[23]) Hierunter ist jede körperliche Mißhandlung sowohl als auch Gesundheitsbeschädigung zu verstehen (RG. 11, 24; RR. 6, 489).

[24]) Es kommt also nur auf den äußeren Kausalnexus an, d. h. nur darauf, daß die Körperverletzung die mittelbare oder unmittelbare Folge des Widerstandes usw. gewesen ist, nicht aber auch, daß diese auch von dem Täter beabsichtigt war, da in diesem Falle Idealkonkurrenz mit dem in den §§ 223—226 vorgesehenen Vergehen bzw. Verbrechen vorliegt (OppR. 16, 494).

[25]) Zuständig sind die Schwurgerichte (§§ 80, 73 Nr. 2 des GVG.).

[26]) „Mehrere" sind auch nur „zwei" Personen (OppR. 13, 334; 14, 142).

[27]) D. h. durch das bewußte und gewollte Zusammenwirken mehrerer begangen, ohne daß es jedoch einer vorherigen (ausdrücklichen oder stillschweigenden) Verabredung oder Übereinkunft bedarf; es genügt ein Einverständnis der Täter über ihr Zusammenwirken, selbst wenn es erst während der Ausübung der Tat (stillschweigend) entstanden ist (RR. 7, 453; OppR. 6, 564; 19, 174, 550). Es wird dann vielmehr ein jeder als Täter be-

die Hälfte des angedrohten Höchstbetrages, die Gefängnisstrafe jedoch nicht über fünf Jahre erhöht werden. [28])

25. Abschnitt. Strafbarer Eigennutz und Verletzung fremder Geheimnisse.

§ 292. [29]) **Wer an Orten, an denen zu jagen er nicht berechtigt ist,** [30]) **die Jagd ausübt,** [31]) **wird mit Geld-**

---

straft, als hätte er Alles allein getan, was durch die Tätigkeit Aller bewirkt oder verursacht worden ist (§ 47 StGB., OppR. 15, 812).

[28]) Auch in den Fällen des § 119 sind mildernde Umstände (§ 118 Abs. 2) zu berücksichtigen (OppR. 16, 404; GA. 23, 431).

[29]) „Dieser Paragraph bestraft den Eingriff in ein fremdes Jagdrecht, d. h. in die Berechtigung, in einem bestimmten Reviere, mit Ausschließung anderer, jagdbare wilde Tiere, welche sich in niemandes Eigentum oder Gewahrsam befinden, zum Zweck des Erlegens, des Einfangens oder sonstiger Besitznahme aufzusuchen, zu verfolgen und zu okkupieren" (Oppenhoff, StGB. S. 655; RG. 3, 226; 5, 277; 6, 375 und § 30 II 16 ALR. oben unter I A), und zwar nicht nur mittels der Jagd im eigentlichen Sinne des Wortes, sondern auch durch jede andere Art der Besitzergreifung, sei es durch Fangen in Schlingen, Netzen, Fallen, sei es durch einfaches Ansichnehmen des Tieres, ohne vorgängige Verfolgung, durch Ausnehmen oder Aufgreifen der Jungen von vierfüßigen jagdbaren Tieren (GA. 1, 261), oder durch Aneignung toten Wildes (des sog. Fallwildes, RG. 15, 269).

[30]) Die Jagdberechtigung ergibt sich aus § 4 ff. JO.

[31]) Hierunter sind alle Handlungen und Anstalten zu verstehen, welche den Zweck haben, jagdbare wilde Tiere („Wild") aufzusuchen, zu verfolgen, oder ihnen nachzustellen, um sie zu erlegen, einzufangen oder sonst in Besitz zu nehmen. Es genügt dazu eine solche auf die Aneignung abzielende Tätigkeit, welche zur wirklichen Ergreifung des Wildes noch eines weiteren Abschlusses bedarf. Daher ist auch schon das Aufstellen von Schlingen behufs Einfangens des Wildes, selbst wenn erst mit der Aufstellung begonnen und diese noch nicht völlig beendet ist, ja selbst schon das Aufsuchen der zur Legung von mitgeführten Schlingen geeigneten Stellen, ein „Ausüben der Jagd" (RG. 11, 249; RR. 8, 379). Daß das Tier wirklich erlegt oder in Besitz genommen wird, ist nicht nötig (RG. 4, 262; RR. 3, 409), ebensowenig wie es auf das Motiv der Handlung (Bereicherung, Vergnügen, Abwehr von Wildschaden usw.) (JW. 91, 51; RR. 8, 555; RG. 13, 195; 14, 419; 26, 216) ankommt. Es genügt das bloße „Jagen" d. h. Aufsuchen und Verfolgen (Hetzen) des Wildes und ein Stehen auf dem Anstande (OppR. 4, 361; 10, 786; 14, 520; RR. 8, 102). Daher braucht auch das Nachstellen usw. nicht gerade zu dem Zweck geschehen zu sein, sich das

Wild anzueignen, oder der wirklichen Aneignung (Okkupation) ein Nachstellen überhaupt vorhergegangen zu sein (RR. 4, 715). Ebenso ist das Schießen über die Grenze nach einem in einem fremden Revier befindlichen Wilde, sowie das Verfolgen des auf eigenem Jagdgebiete angeschossenen Wildes in ein anderes Revier unbefugte Jagdausübung (OppR. 8, 665; 10, 420; 9, 339; GA. 2, 129; RG. 4, 262; RR. 3, 409). Dasselbe gilt, wenn jemand sich auf einem fremden Revier auf den Anstand stellt, wenn auch mit einem noch nicht geladenen Gewehr (RG. 20, 4). Stellt sich dagegen der Täter nur auf fremdes Gebiet, um von dort aus das auf sein eigenes benachbartes Revier übertretende Wild zu erlegen, so ist dies keine unberechtigte Ausübung der Jagd, sondern unterliegt dem § 368 Nr. 10 StGB. (s. unten). (OppR. 13, 43; 16, 640; GA. 17, 663; 20, 115; RG. 6, 375; RR. 4, 556.) Dagegen liegt solche vor, wenn der Betreffende sich zwar auf seinem eigenen Jagdrevier aufstellt, durch Treiber oder Hunde aber aus dem benachbarten fremden Revier sich das Wild zutreiben läßt (RR. 8, 420; 10, 565; RG. 20, 98). Auch das bloße Durchstreifen eines fremden Jagdreviers mit schußfertigem oder jederzeit schußfertig zu machendem Gewehr ist Ausübung der Jagd. Denn der Versuch schließt das Jagen seinem Begriff nach in sich (E. v. 1/2. 06 in Schultz Jahrb. 3, 222). Selbst derjenige, welcher zur Wildschadenverhütung auf seinem Grundstücke, auf welchem er zu jagen nicht berechtigt ist, ohne Ermächtigung (§ 61 ff. JO.), Wild tötet oder zu töten sucht, fällt unter § 292, und wenn es durch Auslegen vergifteten Köders geschieht, unter § 293 (RG. 14, 419 und RR. 8, 555). Zu beachten ist hierbei aber, daß der obige § sich nur auf j a g d b a r e wilde Tiere („Wild" § 293), und nicht auf solche, welche Gegenstand des freien Tierfanges sind (siehe § 1 JO.), bezieht. (GA. 4, 505; RG. 5, 85; 8, 71; 10, 234; 19, 49; RR. 3, 573; 4, 278; 5, 135; 6, 689). Auch die unberechtigte Aneignung von sog. Fallwild ist „Ausübung der Jagd" (GA. 26, 449; RG. 3, 226; 13, 84). Gleichviel, ob das Fallwild noch zum Gebrauch für Menschen geeignet, oder selbst völlig wertlos ist (RR. 4, 713), wenn nur nicht eine Zerstörung eingetreten ist, welche den Begriff eines jagdbaren Tieres überhaupt aufhebt, wie dies bei vollständiger Verwesung der Fall ist (RR. 5, 126; GA. 43, 48). (Vgl. dagegen D a l c k e a. a. O. S. 208 ff.) Die besonderen Vorschriften des Landesstrafrechts über die unbefugte Aneignung von Fallwild sind durch den § 292 beseitigt (RG. 19, 49). Die Aneignung von Hirschgeweihen und Rehgehörnen ist n u r Jagdausübung, wenn sie noch einen integrierenden Teil des Wildes bilden (RG. 13, 84). F ü r a b g e w o r f e n e H i r s c h g e w e i h e bestehen Provinzialrechte, nach denen sie an den Jagdberechtigten abzuliefern sind. Diese sind nebst ihren besonderen Straffestsetzungen erhalten geblieben (JW. 94, 500). Sie und sonst näheres siehe im Anhang unter B. Das sog. Hirschesprengen, d. i. das Aufscheuchen der Hirsche, um sie zum vorzeitigen Abwerfen der Geweihe zu bringen, ist Jagdausübung (E. v. 14/2. 07, RG. 40, 7). — Die Wegnahme von Wild aus einer vom strafe bis zu dreihundert Mark oder mit Gefängnis bis zu drei Monaten bestraft.[32])

Ist der Täter ein Angehöriger[33]) des Jagdberechtigten,[34]) so tritt die Verfolgung nur auf Antrag ein.[35]) Die Zurücknahme des Antrages ist zulässig.

Jagdberechtigten aufgestellten Falle ist Diebstahl (siehe Anm. 11 zu § 128 I 9 ALR unter I C, GA. 17, 865; RG. 15, 268); ist die Schlinge usw. von einem Nichtjagdberechtigten aufgestellt, so liegt in der Wegnahme nicht Diebstahl sondern Jagdvergehen (RG. 23, 89); wird das gewilderte Wild von einem Dritten dem Wilderer außerhalb des Jagdreviers weggenommen, so liegt keine von beiden Straftaten vor, sondern nur unter Umständen Diebstahlsversuch (am untaugl. Objekt). (RG. v. 6/12. 06 in Ztschr. f. Jagdr. 07, 103.) — Das Ausnehmen oder Greifen der Jungen von jagdbaren Vierfüßlern aus dem Lager ist Jagdausübung (GA. 1, 261). Das Ausnehmen der Eier und Jungen von jagdbarem Federwild ist zwar an sich Jagdausübung, aber nur aus § 368 Nr. 11 StGB. (unter V) strafbar. — Das Töten eines jagdbaren Tiers im Notstand des § 228 BGB. (siehe oben unter I A) ist kein Jagdvergehen und straflos; jedoch darf der durch das Wild drohende Nachteil nicht in vergütungsfähigem Wildschaden bestehen (E. in JW. 01, 306).

Einer gewinnsüchtigen Absicht bedarf es nicht, es genügt das Bewußtsein von der Rechtswidrigkeit der Jagdausübung (GA. 20, 128; RG. 4, 362 u. in JW. 91, 51). Ein tatsächlicher Irrtum des Jagenden, wenn er nicht auf Fahrlässigkeit beruht, im Jagdrevier oder in der Jagdbarkeit des Tiers, macht ihn wegen mangelndem Dolus straflos (GA. 25, 563; RG. 10, 234). Dagegen schließt ein Irrtum über die Zulässigkeit der Wildfolge, weil Rechtsirrtum, die Strafbarkeit des die Jagdgrenze überschreitenden Jägers nicht aus (GA. 52, 262). — Jagt jemand unberechtigt und ohne gelösten Jagdschein, so liegt Idealkonkurrenz vor und es tritt Strafe aus § 292 ein (GA. 2, 416).

[32]) Zuständig sind die Schöffengerichte (§ 27 Nr. 2 des GVG., RGBl. 98, 371 ff.); auch kann auf Antrag der Staatsanwaltschaft durch schriftlichen Strafbefehl des Amtsrichters ohne vorgängige Verhandlung die Strafe festgesetzt werden, wenn sie neben einer etwa verwirkten Einziehung 150 Mark Geldstrafe oder sechs Wochen Freiheitsstrafe nicht übersteigt (§ 447 StPO., RGBl. S. 253 ff.).

[33]) Als Angehörige sind anzusehen: Verwandte und Verschwägerte auf- und absteigender Linie, Adoptiv- und Pflegeeltern und -Kinder, Ehegatten, Geschwister und deren Ehegatten und Verlobte (§ 52 StGB.).

[34]) d. h. hier desjenigen, welcher an dem betreffenden Orte zur Ausübung des Jagdrechts befugt ist, im Falle der Verpachtung der Jagd also der Jagdpächter, nicht der Eigentümer (GA. 24, 599). Der Antrag des Jagdpächters ist unwirksam, wenn der Pachtvertrag nicht rechtsbeständig ist (GA. 24, 600), wohl aber,

§ 293. Die Strafe kann[36]) auf Geldstrafe bis zu sechshundert Mark oder auf Gefängnis bis zu sechs Monaten erhöht werden, wenn dem Wilde nicht mit Schießgewehr oder Hunden, sondern mit Schlingen,[37]) Netzen, Fallen oder anderen Vorrichtungen[38]) nachgestellt oder, wenn das Vergehen während der gesetzlichen Schonzeit,[39]) in Wäldern,[40]) zur Nachtzeit[41]) oder gemeinschaftlich[42]) von mehreren[43]) begangen wird.[44])

---

wenn bei Rechtsbeständigkeit des Pachtvertrages dem Pächter der Jagdschein entzogen ist, da er immer noch Inhaber des Jagdrechts geblieben ist (ebenda S. 599). Ist auf einem gemeinschaftlichen Jagdbezirk die Jagd nicht verpachtet, so ist zur Stellung des Strafantrages der die Jagdgenossenschaft vertretende Jagdvorsteher berechtigt.

[35]) Die Antragsfrist beträgt 3 Monate seit dem Tage, an dem der Antragsberechtigte Kenntnis von der Tat und der Person des Täters hat (§ 61 StGB.).

[36]) braucht aber nicht notwendig; die Strafschärfung ist also nur fakultativ.

Die Erschwerungsgründe des § 293 müssen auf alle Fälle des Vergehens, d. h. auf alle Fälle der unberechtigten Jagdausübung gemäß § 292 Anwendung finden, sofern sie nicht nach der Natur der Sache und der Art der Verübung des Vergehens unanwendbar sind (RG. 15, 268). Es genügt daher für den Eintritt der höheren Strafe auch nur einer der aufgeführten straferhöhenden Umstände, daß also entweder während der gesetzlichen Schonzeit, oder in Wäldern, oder zur Nachtzeit, oder gemeinschaftlich von mehreren das Vergehen begangen worden ist.

[37]) Das Aufstellen von Schlingen, in denen sich jagdbare Tiere fangen können, ist nach § 41 JO. überhaupt verboten. Der Jagdberechtigte, der gegen dieses Verbot handelt oder der die Schonzeiten nicht beachtet, ist nicht aus § 293 sondern aus § 77 JO. strafbar. Ein Nachstellen mit Schlingen liegt auch vor, wenn der Täter deren Legen für die Zwecke seiner Jagdausübung nur veranlaßt hat (E. v. 11/11. 04 in DJZ. 10, 220).

[38]) Dahin gehört auch das Auslegen vergifteter Köder (RG. 14, 419).

[39]) Die Schonzeiten sind in §§ 39 u. 40 JO. (siehe oben unter II) festgesetzt. Die Unkenntnis der Schonzeiten schützt nicht und schließt die Bestrafung nicht aus.

Auf die Aneignung von sog. Fallwild können die Erschwerungsgründe des § 293 bezüglich des Nachstellens mit Schlingen, Fallen usw. und während der gesetzlichen Schonzeit nicht angewendet werden, da einem bereits toten oder von anderen getötetem Wilde nicht mehr „nachgestellt“ werden kann, und ebensowenig eine Verletzung der Bestimmungen über die Schonzeit bei Aneignung von Fallwild möglich ist (RG. 26, 216). Trotzdem hat das Reichsgericht einzelne

§ 294. Wer unberechtigtes Jagen gewerbsmäßig[45]) betreibt, wird mit Gefängnis nicht unter drei Monaten

---

der strafbaren Momente des § 293 (wenn nämlich das Vergehen zur Nachtzeit, in Wäldern oder gemeinschaftlich von mehreren begangen wird) auch auf die Aneignung von Fallwild für anwendbar erklärt (RG. 15, 268; RR. 9, 127).

[40]) Es kommt für die Frage, ob die Tat „im Walde" verübt ist, nicht darauf an, ob sich der Täter im Walde und das Wild im Freien befunden hat, oder umgekehrt (RG. 25, 120). Nur das Wild braucht sich im Walde zu befinden (E. v. 16/9. 02 in GA. 49, 282). Wald soll jede zur Forstnutzung verwendete Fläche sein (E. v. 25/3. 98 in GA. 46, 203). AM. mit Recht Dalcke S. 212. Vielmehr ist als Wald eine mit (niedrigen oder hohen) Bäumen (oder Gebüschen) bestandene forstwirtschaftlich benutzte Fläche anzusehen (vgl. GA. 52, 110). Dahin rechnen auch in solchen Flächen liegende Blößen und Wiesen.

[41]) d. h. hier nicht die Zeit zwischen Sonnen-Untergang und Sonnen-Aufgang, sondern die Zeit der Dunkelheit. Diese beginnt also mit dem Eintritt der Dunkelheit und endet mit dem Eintritt der Morgendämmerung (RR. 3, 12 u. 7, 56; Annal. 3, 260; JW. 89, 273).

[42]) Es bedarf auch hier des bewußten und gewollten Zusammenwirkens der mehreren; dadurch, daß von mehreren Personen gleichzeitig und nebeneinander Jagsausübungshandlungen vorgenommen werden, wird ein gemeinschaftliches Jagen noch nicht begründet (RG. 4, 261; RR. 3, 409; JW. 91, 117. Siehe oben Anm. 27 zu § 119). Gemeinschaftliches Jagen im Sinne des obigen Paragraphen liegt daher nicht vor, wenn einer der Jagenden sich irrtümlich zur Jagd für berechtigt hielt (RR. 10, 300; RG. 17, 413), wohl aber macht sich derjenige, dem nur für seine Person die Erlaubnis zum Jagen erteilt war, als Mittäter strafbar, wenn er gemeinschaftlich mit einem anderen jagt, welcher, wie beide wußten, zur Jagd nicht berechtigt war (RR. 8, 546). Die etwa mitwirkenden Treiber sind nicht „Mittäter", sondern „Gehilfen" des Jägers (vgl. §§ 47, 49 StGB.).

[43]) Dazu genügen „zwei" (siehe oben Anm. 26 zu § 119).

[44]) Ist der Täter ein Angehöriger des Jagdberechtigten, so bedarf es auch in diesen Fällen zur Strafverfolgung keines Strafantrages (OppR. 12, 445, 630; 14, 86, 140, 244, 520; RG. 4, 330; RR. 3, 428). Zuständig sind die Strafkammern, doch ist Überweisung an die Schöffengerichte zulässig (§ 75 Nr. 14 des GVG., RGBl. 98, 371 ff.); vgl. Anm. 17 zu § 117 oben.

[45]) „Gewerbsmäßig" ist nicht identisch mit „gewohnheitsmäßig", sondern setzt eine fortgesetzte unbefugte Ausübung der Jagd zum Zwecke des Erwerbes, gleichviel ob Verkauf des Wildes oder Verbrauch in der Familie beabsichtigt wird, (RR. 2, 336; 4, 280 u. 9, 90; JW. 89, 273 u. E. v. 23/1. 03 in DJZ. 8, 224) voraus. Es ist also die Absicht notwendig, sich durch fortgesetzte Jagdausübung einen dauernden Gewinn zu verschaffen (JW. 94, 222; OppR. 12,

bestraft;[46]) auch kann auf Verlust der bürgerlichen Ehrenrechte, sowie auf Zulässigkeit von Polizeiaufsicht erkannt werden.[47])

§ 295. Neben der durch das Jagdvergehen verwirkten Strafe ist[48]) auf Einziehung des Gewehrs, des Jagdgeräts[49]) und der Hunde, welche der Täter bei dem unberechtigten Jagen bei sich geführt hat,[50]) in-

601; 16, 413). Eine Einzelhandlung genügt an sich nicht (OppR. 14, 52), doch kann der Richter auch bezüglich einer Einzeltat die Kriterien der Gewerbsmäßigkeit feststellen (OppR. 16, 182, 585; GA. 23, 399; OppR. 17, 827; RG. 8, 16; RR. 4, 280). Aber auch eine Wiederholung des Vergehens allein genügt nicht, wenn nicht diese gewinnsüchtige Absicht damit verbunden ist. Zur Feststellung der Gewerbsmäßigkeit können auch Vorbestrafungen des Täters und selbst frühere Fälle berechtigten Jagens herangezogen werden (Annal. 1, 155; JW. 91, 375; GA. 41, 421). Die Absicht des Täters muß aber dahin gerichtet sein, sich fortgesetzt auch aus der unberechtigten Jagdausübung Erwerb zu verschaffen (E. v. 2/5. 05 im Recht 9, 318). Im übrigen ist das gewerbsmäßige Jagdvergehen aber Kollektivdelikt, so daß, wenn mehrere Fälle zugleich zur Aburteilung gelangen, § 74 StGB. nicht zur Anwendung gelangen darf (RG. 8, 16; GA. 41, 421). Auch die im § 293 aufgeführten erschwerenden Umstände können im Falle des gewerbsmäßigen Jagdvergehens nur bei der Strafabmessung in Betracht kommen (RR. 3, 415).

[46]) Ein Strafantrag ist hier nicht erforderlich (OppR. 13, 370).

[47]) Zuständig sind die Strafkammern, Überweisung an die Schöffengerichte ausgeschlossen (§ 73 Nr. 1, § 75 Nr. 14 GVG.).

[48]) d. h. es muß hier stets auf Einziehung des Gewehrs usw. erkannt werden (RG. 1, 28; RR. 1, 119; 7, 416).

[49]) „Jagdgerät" sind nur solche leblose Gerätschaften, welche nach ihrer Beschaffenheit an sich zur Verwendung bei der Jagd geeignet und dazu auch dauernd bestimmt sind; unter Umständen allerdings auch solche Gegenstände, die an sich eine andere Bestimmung haben, wie Wagen, Schlitten, Pferde usw., wenn eine Jagd in der Art, wie sie ausgeführt worden, nur vermöge der Verwendung dieser Hilfsmittel oder Hilfskräfte zustande gekommen ist (RG. 22, 15; dagegen Dalcke S. 222). Ein zur Jagdausübung benutztes Fernrohr kann zum Jagdgerät gerechnet werden (E. v. 21/2. 05, GA. 52, 247). Das Eigentum daran geht mit der Rechtskraft des Urteils auf den Fiskus über (RG. 15, 164).

[50]) Ohne Unterschied, ob der Täter das Gewehr usw. bei dem Jagdvergehen gebraucht hat oder nicht, oder ob die Geräte überhaupt dazu bestimmt oder geeignet waren (OppR. 3, 307 u. RG. 1, 28; 4, 262; RR. 1, 119; 3, 409), nur muß der Täter sie in dem Augenblicke bei sich geführt haben, wo er sich des Jagdvergehens schuldig machte, d. h. zur Zeit der Okkupation des Wildes auf dem

gleichen der Schlingen, Netze, Fallen und anderen Vorrichtungen zu erkennen,[51] ohne Unterschied, ob sie dem Verurteilten gehören oder nicht.[52]

29. Abschnitt. Übertretungen.[53]

§ 361. Mit Haft wird bestraft:

9. Wer Kinder[54] oder andere unter seiner Gewalt stehende Personen, welche seiner Aufsicht unter-

---

fremden Jagdrevier (OppR. 8, 424; 14, 583; GA. 21, 566; RR. 9, 503 u. GA. 38, 364). Dieses ist im Urteil besonders festzustellen, und die einzuziehenden Gegenstände in ihm zu bezeichnen. Gleichgültig ist hierbei, ob die Einziehung möglich, also tatsächlich ausführbar ist, und ob ihr eine Beschlagnahme vorausgegangen ist oder nicht (RR. 3, 56). Ist das Jagdvergehen von mehreren gemeinschaftlich begangen worden, so sind die fraglichen Jagdgeräte als solche anzusehen, welche alle Täter gemeinschaftlich bei sich geführt haben (RG. 7, 416; 12, 305). Nur muß von der Einziehung des Gewehrs usw. Abstand genommen werden, wenn es vorher dem Eigentümer durch eine Straftat entzogen wurde, wegen der der Täter in demselben Urteil neben dem Jagdvergehen bestraft wird (RR. 10, 457; 18, 43). Dagegen können Jagdgeräte, welche zwar zur Benutzung bei Jagdvergehen bestimmt, aber noch nicht zur unerlaubten Jagd benutzt sind, nicht eingezogen werden (RG. 27, 243). Auf Einziehung des beim Wilderer beschlagnahmten Wildes kann nicht erkannt werden. Dies steht dem Jagdberechtigten, auf dessen Jagdrevier es beschlagnahmt ist, zu.

Wenn die Verfolgung oder Verurteilung einer bestimmten Person nicht ausführbar ist, ist das objektive Strafverfahren nach §§ 40, 42 StGB. zulässig. (Vgl. Anm. 25 S. 104.)

[51] Wegen der Vollstreckung der Einziehung und Behandlung der Konfiskate vgl. die MinistReskr. v. 6/6. 54 (JMBl. S. 294), v. 28/11. 60 (JMBl. S. 435), v. 8/8. 68 (JMBl. S. 265) und v. 6/9. 76 (BMBl. S. 123) u. Dalcke S. 225 ff.

[52] Abweichend von der Bestimmung des § 40 StGB., wonach Gegenstände nur, „sofern sie dem Täter oder einem Teilnehmer gehören“, eingezogen werden können.

[53] Zuständig sind die Schöffengerichte (§ 27 Nr. 1 GVG.). Durch Strafbefehl des Amtsrichters kann aber in diesen Fällen ohne vorgängige Verhandlung die Strafe festgesetzt werden, wenn sie neben einer etwa verwirkten Einziehung 150 Mk. Geldstrafe oder sechs Wochen Haft nicht übersteigt, und die Staatsanwaltschaft schriftlich hierauf anträgt (§ 447 StPO.). — Die Übertretungen verjähren in 3 Monaten seit der Straftat (§ 67 StGB.).

[54] D. h. im Kindesalter stehende Personen.

geben sind und zu seiner Hausgenossenschaft gehören,[55]) von der Begehung von Diebstählen, sowie von der Begehung strafbarer Verletzungen der Zoll- oder Steuergesetze oder der Gesetze zum Schutze der Forsten, der Feldfrüchte, der Jagd oder der Fischerei abzuhalten unterläßt.[56]) Die Vorschriften dieser Gesetze über die Haftbarkeit für die den Täter treffenden Geldstrafen oder anderen Geldleistungen werden hierdurch nicht berührt.

§ 366. Mit Geldstrafe bis zu sechzig Mark oder mit Haft bis zu vierzehn Tagen wird bestraft:

1. wer den gegen die Störung[57]) der Feier der Sonn- und Festtage[57a]) erlassenen Anordnungen zuwiderhandelt.[58])

---

[55]) Dies wird bei der Ehefrau, Dienstboten, Lehrlingen, Pensionären usw. meist der Fall sein, bei Gehilfen und Gesellen seltener.

[56]) Es genügt die Versäumnis der pflichtmäßigen und den Umständen nach möglichen Aufsicht, welche dem Angeschuldigten aber nachgewiesen und festgestellt werden muß. Die Tatsache, daß von den Kindern ꝛc. ein Jagdfrevel überhaupt verübt worden ist, genügt also allein nicht, vielmehr muß festgestellt werden, daß der Haftbare verabsäumt hat, die Täter von der Tat abzuhalten (GA. 26, 453). Vgl. § 80 JO. unter II.

[57]) Bei der Störung der Feier der Sonn- und Festtage handelt es sich nur um Störungen, welche nach außen hin wirksam unmittelbar in die äußere Erscheinung treten und als solche geeignet sind, die äußere Heilighaltung der Sonn- und Feiertage und in diesem Sinne die allgemeine Sonntagsfeier zu stören und zu beeinträchtigen (Johow 4, 260; RG. 20, 82). Das Gesetz selbst hat bestimmte Vorschriften darüber nicht, sondern solche sind durch die Polizeiverordnungen des betr. Orts festgesetzt.

[57a]) Das sind: der Neujahrstag, Karfreitag, Ostermontag, Bußtag, Himmelfahrtstag, Pfingstmontag, Frohnleichnamstag und die beiden Weihnachtstage.

[58]) Treib- und Parforcejagden (auch auf nicht jagdbare Tiere; Johow 18, 313) sollen an Sonn- und Festtagen gar nicht, oder nur mit ausdrücklicher Erlaubnis, andere Jagden nicht während des Gottesdienstes abgehalten werden (MinVerf. v. 10/3. 18, v. Kamptz Annalen 2, 249; KabOrdre v. 7/2. 37 (GS. S. 19), und ZirkVerf. v. 28/4. 37 (a. a. O. S. 409). Zirkular v. 12/6. 43 (VMBl. S. 190) und v. 12/7. 52 (VMBl. S. 174). Der Forst- und Jagdschutz darf natürlich auch zu solchen Zeiten ausgeübt werden.

Eine die Ausübung der Jagd an Sonn- und Feiertagen

§ 367. Mit Geldstrafe bis zu einhundertfunfzig Mark oder mit Haft wird bestraft:

8. wer ohne polizeiliche Erlaubnis an bewohnten oder von Menschen besuchten Orten[59]) Selbstgeschosse,[60]) Schlageisen oder Fußangeln legt, oder an solchen Orten mit Feuergewehr oder anderem Schießwerkzeuge schießt,[61]) oder Feuerwerkskörper abbrennt.

In den Fällen der Nummern 7 bis 9 kann[62]) neben der Geldstrafe oder der Haft auf die Einziehung der .... Selbstgeschosse, Schlageisen oder Fußangeln, ... erkannt werden, ohne Unterschied, ob sie dem Verurteilten gehören oder nicht.[63])

§ 368. Mit Geldstrafe bis zu sechzig Mark oder mit Haft bis zu vierzehn Tagen wird bestraft:

---

gänzlich untersagende Regierungsverordnung enthält eine gesetzlich unzulässige Beschränkung der persönlichen Freiheit und ist unverbindlich (OppR. 16, 601; GA. 23, 553, KG. v. 20/6. 98 bei Danckelmann 30, 302). Eine Polizeiverordnung, die das Jagen während der Stunden des Hauptgottesdienstes an Sonn- und Feiertagen verbietet, ist aber gültig (KG. v. 28/9. 03 in Johow 26 C 76). Daß übrigens wirklich eine Störung der Feier des Sonn- oder Festtages eingetreten ist, ist nicht erforderlich; es genügt das bloße Zuwiderhandeln gegen die erlassenen Anordnungen (OppR. 18, 132; GA. 25, 227. Vgl. jedoch Anm. 57 oben).

[59]) Das sind Orte, „wo Menschen zu verkehren pflegen“ (vgl. § 366 Nr. 8 StGB.), aber nicht bloß öffentliche Orte, sondern auch solche Orte, deren Betreten zwar nicht erlaubt ist, welche aber nichtsdestoweniger tatsächlich von Menschen betreten zu werden pflegen. Dazu gehören Straßen, Chausseen, Wege usw.; auch eventuell Privatörtlichkeiten (GA. 47, 440; RG. 9, 124; RR. 5, 596). Bei der Frage der Anwendung des obigen § kommt es darauf an, daß die räumliche Ausdehnung des von Menschen besuchten Ortes soweit zu verstehen ist, als die gefährliche Wirkung der Geschosse der Regel nach reicht (Johow 16, 485). Eine Polizeivorschrift, die das Scheibenschießen nur nach vorheriger schriftlicher Erlaubnis gestattet, kommt gegen einen Forstbeamten, der in Ausübung seines Berufes nach der Scheibe schießt, nicht zur Anwendung (ebenda).

[60]) Vgl. oben §§ 58, 50 II 16 ALR. und die Anm. dazu.

[61]) d. h. scharf schießt, da der obige § hauptsächlich den Schutz von Leben und Gesundheit der Menschen im Auge hat; anderenfalls kommt der § 368 Nr. 7 zur Anwendung. (Siehe unten.)

[62]) Vgl. Anm. 36 zu § 293.

[63]) Vgl. Anm. 52 zu § 295.

7. wer in gefährlicher Nähe von Gebäuden oder feuerfangenden Sachen[64]) mit Feuergewehr schießt[65]) oder Feuerwerke abbrennt;

10. wer ohne Genehmigung des Jagdberechtigten[66]) oder ohne sonstige Befugnis[67]) auf einem fremden Jagdgebiete[68]) außerhalb des öffentlichen, zum gemeinen Gebrauche bestimmten Weges,[69]) wenn auch

---

[64]) Z. B. Heu- oder Strohmieten, Rohrhaufen usw.

[65]) In diesem Falle ist es gleichgültig, ob scharf oder nur mit Pulver geschossen wird, da es hier nur auf die Feuergefährlichkeit ankommt. Das Schießen mit nicht feuergefährlichen Schießwerkzeugen (Windbüchsen, Floberts, Teschings usw.) fällt dagegen nicht unter diesen §.

[66]) Wer „Jagdberechtigter" ist, siehe Anm. 34. — Dessen Genehmigung dazu kann auch mündlich oder durch konkludente Handlungen erteilt sein und ist zu unterscheiden von der Erlaubnis zur Jagdausübung, die stets schriftlich sein muß (§ 75 JO.).

[67]) Voraussetzung ist also ein unbefugtes, und zwar bewußt unbefugtes Betreten des fremden Jagdgebietes außerhalb der zum gemeinen Gebrauch bestimmten Wege. Ein Forstschutzbeamter, Gendarm usw., welcher in Ausübung seiner Dienstfunktionen (z. B. beim Verfolgen eines Waldfrevlers usw.) bewaffnet ein fremdes Jagdgebiet betritt, handelt nicht ohne Befugnis (BMBl. S. 240). Er macht sich daher auch einer Übertretung des § 368 Nr. 10 StGB. nicht schuldig, wenn er zur Jagd ausgerüstet durch fremdes Jagdgebiet außerhalb der Wege in Anlaß des Forstschutzes geht (RG. 16, 197; vgl. auch die Anm. 14 zu § 117 StGB. oben).

Fahrlässige Übertretung dieser Vorschrift macht strafbar (E. v. 18/5. 05, RG. 38, 104). Sie ist reines Polizeidelikt; die Absicht zu jagen ist nicht erforderlich (KG. v. 4/12. 05 in Schultz Jahrb. 3, 60).

Auch der Eigentümer des Grundstücks ist diesem Verbot unterworfen, wenn die Jagdberechtigung einem anderen zusteht. Der Jagdberechtigte betritt fremde Äcker nicht unbefugt, er ist aber zum Ersatz des etwaigen Schadens verpflichtet, Dalcke S. 77ff., 249ff. (Vgl. Anm. 26 S. 9.)

[68]) Auf dem Meeresstrand ist der Staat jagdberechtigt, sein unbefugtes Betreten in Jagdausrüstung ist daher strafbar (GA. 47, 470). Auch ein Eisenbahndamm ist eventuell fremdes Jagdgebiet (GA. 42, 52).

[69]) Die Seitengräben, Böschungen usw. eines öffentlichen Weges bilden keinen Wegeteil, welcher im Sinne des § 368 Nr. 10 zum gemeinen Gebrauch bestimmt ist. Nur der Teil eines Wegekörpers dient dem gemeinem Gebrauch, welcher zum allgemeinen Verkehre, also zum Fahren, Reiten, Viehtreiben, Gehen

nicht jagend, doch zur Jagd ausgerüstet,[70]) betroffen wird;[71])

11. wer unbefugt[72]) Eier oder Junge von jagdbarem Federwild[73]) oder von Singvögeln ausnimmt.[74])

---

für jedermann, gewidmet ist. Die Böschungen, Seitengräben usw. dürfen daher auf fremdem Jagdgebiete unbefugt in Ausrüstung zur Jagd nicht betreten werden (RG. 16, 203). Auch einen Privatweg darf der Jagdberechtigte benutzen, wenn dieser der einzige ist, der zu einer Jagdparzelle führt. Bauer S. 456 ff. Öffentliche Wege sind auch Kirchsteige und von Kähnen befahrene Wasserstraßen, aber nicht die Eisenbahn. Ebenda S. 460.

[70]) Zur Jagd ausgerüstet ist derjenige, der ein zur Jagdausübung geeignetes Werkzeug, insbesondere ein Schießgewehr, in einem solchen Zustande mit sich führt, daß von ihm bei sich darbietender Gelegenheit sofort zum Zwecke der Ausübung Gebrauch gemacht werden kann (RG. 9, 412; RR. 9, 556), auch wenn das Gewehr ungeladen oder auseinandergenommen ist oder sein Schloß mit einem Tuch umbunden ist, nicht aber, wenn es verpackt oder gehörig verbunden war (OppR. 13, 672; 7, 265).

[71]) Es genügt, daß jemand nachweislich das fremde Jagdgebiet betreten hat, sollte auch ein „Betreffen" auf demselben nicht stattgefunden haben (RG. 5, 72; RR. 3, 352). Durch den Umstand, daß der Täter auf einem benachbarten Jagdgebiet jagdberechtigt ist, wird die Anwendung des § 368[10] nicht ausgeschlossen (RG. 9, 412). Ein Strafantrag ist nicht erforderlich. Wird die Jagd wirklich ausgeübt, so kommen nach § 73 StGB. (Idealkonkurrenz) nur die §§ 292 ff. zur Anwendung. Eine Bestrafung auf Grund des § 368 Nr. 10 kann übrigens auch die Entziehung des Jagdscheins (gemäß §§ 34, 35 JO. unter II und die Anm. dazu) nach sich ziehen. Dagegen findet eine Einziehung des Gewehrs oder der sonstigen Jagdgerätschaften hier nicht statt, wohl aber ist unter Umständen eine Pfändung des Gewehrs usw. statthaft (RR. 3, 352; RG. 5, 72 und auch 35, 406).

[72]) Befugt zum Ausnehmen ist der Jagdberechtigte, wenn die Eier ausgebrütet werden sollen, auch kann das Ausnehmen zu wissenschaftlichen und Lehrzwecken gestattet werden. Schließlich dürfen Möwen- und Kiebitzeier zur erlaubten Zeit vom Jagdberechtigten gesammelt werden (§ 42 JO.)

[73]) Das Ausnehmen vierfüßiger jagdbarer Tiere ist Jagdvergehen (siehe Anm. 31 Abs. 2 zu § 292). Das obige Verbot ist auch in § 42 Abs. 4 JO. (unter II) ausgesprochen, aber nicht dort unter Strafe gestellt.

[74]) Unter Ausnehmen ist das Herausnehmen aus dem Nest im Gegensatz zum Einfangen außerhalb des Nestes zu verstehen. Letzteres wird als Jagdvergehen aus § 292, ersteres, trotzdem es eigentlich auch Jagdvergehen ist, milder aus § 368 bestraft. Die

Wirkung des Verbots in privatrechtlicher Hinsicht siehe zu Anm. 5 oben unter I A.

Hinsichtlich der Singvögel ist der § 368 durch das Vogelschutzgesetz ersetzt. (Oben unter IV.)

Das Fangen von Vögeln auf fremden Grundstücken bedroht ferner § 33 des Feld- und ForstpolizeiG. v. 1/4. 80 ganz allgemein. (Abgedruckt zu Anm. 36 des VogelschutzG. oben unter IV.)

Anhang.

A. Die neben der Jagdordnung vom 15. Juli 1907 in Preußen geltenden Jagdgesetze.

1. Hannoversche Jagdordnung.

Vom 11. März 1859.

(Hannov. GS. Abt. I S. 159.)*)

Georg der Fünfte ꝛc.

§ 1. Die Ausübung der Jagd richtet sich vom 1. September d. J. an nach den folgenden Bestimmungen.

Dieselben treten an die Stelle der mit jenem Zeitpunkte wegfallenden §§ 4—16 inkl. und § 30 des Jagdgesetzes v. 29. Juli 1850. [1])

---

*) Diese Jagdordnung ist in Hannover in Kraft geblieben laut Art. 69 bis 71 EGzBGB. (s. oben unter I B) und hinsichtlich der Strafvorschriften laut EGzRStGB. v. 31/5. 70. Dazu ist eine Bekanntm. des Minist. des Inn. von demselben Tage, die Ausführung der Jagdordnung v. 11/3. 59 betreffend, ergangen. In Hannover gelten außerdem: das JagdscheinG. v. 31/7. 95 u. das WildschonG. v. 14/7. 04 (siehe oben Vorbemerkung zum 3. u. 4. Abschnitt von II). Die beabsichtigte Ausdehnung der JO. v. 15/7. 07 (oben II) auch auf Hannover ist nicht zustande gekommen.

[1]) Die §§ 1—3 dieses Gesetzes lauten: § 1. Das Jagdrecht auf fremdem Grund und Boden, soweit dasselbe als dingliches Recht besteht, ist aufgehoben und kann als solches nicht ferner erworben werden. § 2. Das Jagdrecht, welches erweislich durch einen mit dem Eigentümer des belasteten Grundstückes abgeschlossenen lästigen Vertrag erworben ist, kann jedoch nur durch Ablösung nach den Bestimmungen des § 17 aufgehoben werden. Das bei Übertragung des Grundeigentumes vorbehaltene Jagdrecht fällt nicht unter diese Bestimmung. § 3. Jedem Grundeigentümer — auch dem mit erblichem Nutzungsrechte versehenen Besitzer (dominus utilis) unter Ausschluß des Obereigentümers (dominus directus) — steht das Jagdrecht auf eigenem Grund und Boden zu. Die Ausübung desselben richtet sich nach den folgenden Bestimmungen.

§ 2. Der Grundeigentümer, welcher eine zusammenhängende Fläche von mindestens 300 hannoverschen Morgen*) besitzt, ist auf derselben zur Ausübung der Jagd berechtigt.[2]) Die Trennung, welche Wege oder Gewässer bilden, ist als eine Unterbrechung des Zusammenhanges einer solchen Jagdfläche nicht anzusehen.

Zu den Wegen in vorstehendem Sinne sind auch Schienenwege und Eisenbahnkörper zu rechnen.[3])

Mehrere Miteigentümer einer solchen Fläche müssen sich über einen einigen, der die Jagd üben soll, falls sie selbige nicht gemeinsam entweder verpachten oder sonst einem Dritten zur Ausübung überlassen, oder durch eigene Jäger nutzen. Besteht eine solche Fläche aus einer ungeteilten Gemeinheit, so ist dieselbe, wenn sie einer Gemeinde angehört und mit dem Feldmarksjagdbezirke dieser Gemeinde zusammenhängt, als Teil dieses Jagdbezirkes, sonst aber, sofern sie nicht mit angrenzenden Jagdbezirken verbunden wird, als eigene Feldmark, nach den Regeln der §§ 4, 5 u. ff. zu behandeln. An der Beschlußfassung über solche Verbindung, sowie über die Verwaltung der Jagd und an der Verteilung der Jagdaufkünfte nehmen in Beziehung auf diese Gemeinheiten die Interessenten nach Verhältnis ihrer Nutzungsrechte Teil.

Wenn ein Grundeigentümer das ihm hiernach zustehende Jagdrecht durch Verpachtung nutzt, so kommen hierbei die im § 6 vorletzter und letzter Absatz, und § 7 enthaltenen Vorschriften analog zur Anwendung.

§ 3.**) Insofern die Ausübung der Jagd nach den vorstehenden Bestimmungen nicht den einzelnen Grundeigentümern zusteht,

---

*) Ein hannoverscher Morgen = 0,262 ha; ein preußischer Morgen nur = 0,2553 ha.

[2]) Die rechtliche Existenz der Jagdbezirke hängt von einer obrigkeitlichen Feststellung nicht ab. Übrigens können die Grundeigentümer auf das Recht, auf ihren mehr als 300 Morgen umfassenden Grundstücken die Jagd auszuüben, mit der Wirkung verzichten, daß durch diesen Verzicht die Grundstücke dem Feldmarksjagdbezirk der Gemeinde zufallen, ohne daß es einer Erklärung oder Zustimmung der Feldmarksgenossen bedarf. Dieser Verzicht ist aber nach § 3 der Obrigkeit (Landrat bzw. Magistrat) vor der Beschlußfassung der Feldmarksgenossen über die Verwaltung der Jagd anzuzeigen. (OVG. 20, 322.)

[3]) Der Abs. 2 ist durch G. v. 29/4. 97 (GS. S. 117) eingefügt.

**) Zu den §§ 3, 5 ff. bestimmt die Bekanntm. d. Minist. d. Inn. v. 11/3. 59 § 3 folgendes:

„Jede Feldmarksgenossenschaft hat in Beziehung auf die Verwaltung der Feldmarksjagd 1. zur Vertretung der Genossenschaft bei der Obrigkeit, 2. zur Leitung der Beschlußfassungen der Feldmarksgenossen, und 3. zur Erhebung und Verteilung der Jagdeinkünfte (§ 10 der JO.) einen Vorstand aus ihrer Mitte zu bestellen. Derselbe kann aus einer oder mehreren, jedoch höchstens sechs Personen bestehen. Im letzteren Falle steht dem von dem Vorstande zu erwählenden Vorsitzenden die Leitung der Beschlußfassungen (Nr. 2) zu. Zur Erhebung und Verteilung der Jagdeinkünfte kann auch die Bestellung eines besonderen Rechnungsführers von der Genossenschaft beschlossen werden. Der wird sie, vorbehaltlich der im § 4 bestimmten Ausnahmen, von der Gesamtheit der beteiligten Grundeigentümer jeder Feldmark[4]) (Feldmarksgenossen) verwaltet.

Jedoch soll jedem Grundeigentümer die Befugnis zustehen:

1. auf seinen Grundstücken den Vogelfang in hochhängenden Dohnen (den Dohnenstrich, Dohnenstieg) auszuüben;[5])
2. in den mit seinen Wohngebäuden zusammenhängenden Höfen und Gärten Raubtiere, Kaninchen, Eichhörnchen und Vögel[5]) — mit Ausnahme folgender jagdbarer Vögel: Feld- und Birkhühner, Fasanen, Enten, Schnepfen und Wachteln — bei Tage vermittelst der Schußwaffe, unter Beobachtung der polizeilichen Vorschriften, zu erlegen. Diese Höfe und Gärten werden im übrigen der Feldmarksjagd angeschlossen, falls nicht der Eigentümer erklärt, die Jagd in denselben beruhen lassen zu wollen. Diese Erklärung kann sowohl vor als nach der Verpachtung wirksam erfolgen;*)
3. seine sonstigen mit einer Mauer oder mit einer anderen hochstehenden wehrbaren Befriedigung umgebenen und mit verschließbaren Türen versehenen Grundstücke von der gemeinsamen Jagdausübung auszunehmen und die Jagd darauf beruhen zu lassen, vorbehaltlich jedoch des Rechtes der Erlegung nicht jagdbarer Vögel bei Tage. Als wehrbar sind nur solche hochstehende Befriedigungen anzusehen, welche einen anderen Zugang als den vermittelst der verschließbaren Türen nicht gestatten. Er hat seine Absicht, die Jagd auf solchen Grundstücken beruhen zu lassen, der Obrigkeit (Amt, bzw. Magistrat der selbständigen Städte) anzuzeigen, bevor die Gesamtheit der Feldmarksgenossen über die Verwaltung der Jagd beschlossen hat;**)

Vorstand wird von der Gesamtheit der Feldmarksgenossen durch Stimmenmehrheit nach den Regeln des § 5 der JO. erwählt."

Zur Vertretung desselben im VerwStreitverfahren ist die Errichtung eines Syndikats nicht erforderlich. (OVG. 33, 336.)

[4]) Und zwar fallen die Grenzen des gemeinschaftlichen Jagdbezirks mit den jeweiligen Grenzen des Gemeindebezirks zusammen (OVG. 33, 336).

[5]) Soweit es sich hierbei um das Fangen oder Erlegen jagdbarer Vögel handelt, ist die Lösung eines Jagdscheins auch für den Grundeigentümer vorgeschrieben (Johow 18, 287). Das Recht zum Krammetsvogelfang im Dohnenstieg kann nicht für sich allein durch Verpachtung auf Dritte übertragen werden (Johow 29 C 79). Der Jagdpächter darf ohne besondere Übertragung dieses Rechts den Dohnenstieg ausüben (KG. v. 28/6. 06 in Schultz Jahrb. 4, 121). Im übrigen sind von ihm auch die Bestimmungen des RG. betr. den Schutz von Vögeln v. 22/3. 88 (oben unter IV) hierbei zu beachten.

*) Diese Erklärung ist nach § 2 der angeführten Minist.-Bekanntm. an den Vorstand der Feldmarksgenossenschaft zu richten.

**) Hierzu bestimmt § 2 der Minist.-Bekanntm.: die Befugnis des Grundeigentümers, die im § 3 Nr. 3 der Jagdordnung bezeichneten Grundstücke von

4. in seinen Gebäuden und Höfen Raubtiere in Fallen zu fangen.[6])

§ 4. Wenn 1. Feldmarken an und für sich oder nach Ausscheidung der darin belegenen Einzeljagdbezirke (§ 2) und ausgenommenen Grundstücke (§ 3, Nr. 3), oder 2. einzelne Grundstücke, welche von dem Jagdbezirke der Feldmark, zu der sie gehören, durch zwischenliegende Jagdbezirke (Einzeljagdbezirke, § 2, oder Feldmarksjagdbezirke, § 3) getrennt sind, oder 3. Grundstücke, welche einer Feldmark nicht angehören, eine zusammenhängende Fläche von 300 Morgen (siehe § 2) nicht bilden, so sind dieselben den sie umschließenden oder begrenzenden Jagdbezirken gegen einen entsprechenden Pachtpreis anzuschließen, und nur, wenn von den Eigentümern oder Interessenten der letzteren der Anschluß abgelehnt wird, als selbständige Jagdbezirke, oder im Falle der vorstehenden Ziffer 2 als Zubehörungen der Feldmarksjagd zuzulassen.[7])

Der vorerwähnte Pachtpreis wird in Ermangelung der Vereinbarung durch die Obrigkeit nach Vernehmung beider Teile festgestellt. Es steht jedoch jedem Beteiligten zu, gegen diese Feststellung auf Ermittelung des Pachtpreises durch Schätzung zu provozieren. Die Kosten der letzteren trägt der Provokant, wenn das Ergebnis nicht mindestens 5 Prozent günstiger als die obrigkeitliche Feststellung für ihn ausfällt. Ist der Jagdbezirk, mit welchem die unter 1—3 erwähnten Grundstücke verbunden werden sollen, eine Feldmarksjagd (§ 3), so können die Eigentümer der ersteren statt pachtweiser Entschädigung auch verlangen, in den Verband der Feldmarksgenossen dieser Feldmark hinsichtlich der Jagd aufgenommen zu werden.

Werden die unter 1—3 bezeichneten Grundstücke von verschiedenen Jagdbezirken begrenzt, und sind die Eigentümer oder Interessenten von mehr als einem dieser Jagdbezirke zur Übernahme bereit, so steht den Eigentümern jener Grundstücke die Wahl zu. Besteht die anzuschließende Fläche aus örtlich zusammenhängenden Grundstücken mehrerer Eigentümer, so haben diese nach Stimmenmehrheit, die Stimmen nach der Größe der Grundstücke berechnet, über die Wahl zu beschließen. Wird von dem Wahlrechte binnen zu bestimmender Frist kein Gebrauch gemacht, so verfügt die Obrigkeit über den Anschluß.

---

der Jagdausübung anzuschließen, ruht, wenn die desfallsige Absicht nicht vor der Beschlußfassung der Feldmarksgenossen über die Verwaltung der Jagd der Obrigkeit angezeigt ist, für die ganze Dauer der Periode, welche der Beschluß der Feldmarksgenossen umfaßt.

[6]) Die in diesem § aufgeführten Befugnisse stehen analog auch den Pächtern, Mietern, Verwaltern usw. zu, soweit sie als persönliche Vertreter des Eigentümers gelten können.

[7]) Dagegen ist weder eine Vereinigung mehrerer gemeinschaftlicher Jagdbezirke, noch der Anschluß ein- oder ausspringender Grundstücke durch Aufnahme der Eigentümer in den Verband der Feldmarksgenossen einer fremden Feldmark zulässig (OVG. 33, 336).

§ 5. Die Gesamtheit der beteiligten Grundeigentümer der Feldmark hat über die Verwaltung der Feldmarksjagd zu beschließen, und zwar dahin, daß selbige entweder verpachtet oder für Rechnung der Feldmarksgenossen durch Jäger beschossen werden, oder beruhen bleiben soll.

Der Beschluß erfolgt durch Stimmenmehrheit, die Stimmen nach Größe des Grundbesitzes berechnet. Jedoch kann die Verwaltung der Feldmarksjagd durch Jäger nur durch Stimmeneinhelligkeit beschlossen werden.

Zur gültigen Beschlußfassung ist erforderlich, daß sämtliche beteiligte Grundbesitzer vorgeladen sind. Grundbesitzer, welche nicht in der Gemeinde wohnen, zu deren Bezirke die Feldmark gehört, haben zur Entgegennahme der Ladungen einen Bevollmächtigten in der Gemeinde zu bestellen.*)

Der Beschluß der Erschienenen bindet die Ausbleibenden.

Die Obrigkeit ist befugt, wenn die Aufrechterhaltung der Ordnung es erfordert, die Verhandlung an Ort und Stelle kostenfrei zu leiten.

§ 6. Die Verpachtung der Feldmarksjagd geschieht auf die Dauer von mindestens 6 und höchstens 18 Jahren.

Personen, welchen ein Jagdschein nicht erteilt werden darf (siehe § 18), sind als Pächter und bei öffentlichen Verpachtungen als Bieter nicht zuzulassen.

Afterverpachtungen ohne Zustimmung der Verpächter sind ungültig.

Stirbt der Pächter innerhalb der Pachtzeit, so soll in Ermangelung anderweiter Vertragsbestimmung der Pachtkontrakt mit dem Ablaufe des Pachtjahres, in welchem der Todesfall eingetreten ist, erlöschen. Während der zwischen dem Ableben des Pächters und dem Ablaufe des Pachtjahres liegenden Zeit kann die Jagd durch eine von den Erben des Pächters zu bestellende, den Verpächtern zu denominierende dritte Person ausgeübt werden.

§ 7. Die Feldmarksjagd darf nur ungeteilt und an einen Pächter verpachtet werden. Jedoch können einzelne Grundstücke der Feldmark, die in einen fremden Jagdbezirk eingreifen, dem Inhaber dieses Bezirkes, sowie kleinere Forstteile dem im angrenzenden Hauptforstorte Jagdberechtigten besonders verpachtet werden.

Ausnahmsweise können 1. für eine im ganzen verpachtete Feldmarksjagd bis zu drei Pächtern zugelassen werden, wenn auf

---

*) Die MinBek. bestimmt hierzu in § 4:

Die nicht in der Gemeinde, zu deren Bezirk die Feldmark gehört, wohnenden Feldmarksgenossen, welche der Pflicht zur Bestellung eines Bevollmächtigten in der Gemeinde behufs Entgegennahme der Ladungen binnen der von der Obrigkeit zu bestimmenden Frist nicht genügen, verlieren, solange dies nicht geschehen ist, den Anspruch darauf, zu den Beratungen der Feldmarksgenossenschaft über die Feldmarksjagd geladen zu werden. (Siehe hinsichtlich der ordnungsmäßigen Berufung der Versammlung OVG. v. 19/1. 05 in Schultz Jahrb. 2, 176.)

jeden mindestens 1000 Morgen Fläche fallen, oder es kann 2. mit obrigkeitlicher Genehmigung die Feldmarksjagd in zwei oder drei, jedoch nicht unter 1000 Morgen haltende Bezirke eingeteilt werden, der jeder einem Pächter überlassen werden darf.

§ 8. Die Form der Verpachtung (öffentlich meistbietende Verpachtung, oder Verpachtung unter der Hand), sowie die sonstigen Modalitäten derselben werden durch Stimmenmehrheitsbeschluß der Feldmarksgenossen nach den Regeln des § 5 bestimmt.

Die Pachtkontrakte, bzw. bei öffentlichen Verpachtungen die Pachtbedingungen müssen, bei Strafe der Nichtigkeit, schriftlich abgefaßt sein.

Die Pachtkontrakte sind der Obrigkeit mitzuteilen.

§ 9. Wenn die Feldmarksgenossen die Verwaltung der Jagd durch Jäger beschließen (siehe § 5), so ist der desfallsige Vertrag ebenfalls, bei Strafe der Nichtigkeit, schriftlich abzufassen. Es muß darin dem Jäger ein bestimmter Lohn ausgesetzt sein.

Das im § 7 über die Zahl der zuzulassenden Pächter Bestimmte gilt auch rücksichtlich der zur Administration der Feldmarksjagd angenommenen Jäger.

§ 10. Die Aufkünfte aus der Benutzung der Feldmarksjagd werden nach Verhältnis des Stimmrechts geteilt (§ 5).*) Anderweite Verabredungen der Feldmarksgenossen sind nicht ausgeschlossen, binden jedoch die Nichtzustimmenden für ihren Anteil nicht.

§ 11. Die Ordnung und Aufrechterhaltung der Jagdverhältnisse nach den vorstehenden §§ 5, 6, 7, 8 und 9 ist Sache der Verwaltung.

§ 12. Ausnahmsweise ist eine andere Benutzung der Feldmarksjagd als durch Verpachtung oder eigene Jäger gestattet:

1. den Städten auf den innerhalb der städtischen Feldmark belegenen Grundstücken der Stadt, der Bürger und städtischen Einwohner, insoweit auf solchen das städtische Jagdrecht bisher durch die Bürger ausgeübt ist, wenn Magistrat und Bürgervorsteher die Fortdauer dieses Verhältnisses beschließen. Die Eigentümer anderer in der städtischen Feldmark belegenen Grundstücke, welche nicht mindestens 300 Morgen im Zusammenhange halten, können in diesem Falle verlangen, daß diese Grundstücke gegen eine nach § 4 festzustellende Pacht in den Bürgerjagdbezirk aufgenommen

---

*) Die Verteilung liegt nach § 3 der MinBek. v. 11/3. 59 dem Jagdvorstande, bzw. dem bestellten Rechnungsführer ob (siehe die Note * zu § 3). — Streitigkeiten zwischen dem Eigentümer eines zwar zur Feldmark gehörigen, vom Jagdbezirke derselben aber abgetrennten und einem andern es umschließenden Privat-Jagdbezirke angeschlossenen Grundstückes (§ 4) und dem Vorstande der Feldmarks-Jagdgenossenschaft, bezüglich der dem Eigentümer deswegen zu gewährenden Entschädigung und der von dem Jagdvorstande festgestellten Verteilung der Erträge der gemeinschaftlichen Jagdnutzung, unterliegen nicht dem Verwaltungsstreitverfahren (OVG. 17, 349).

werden. Der desfallsige Anspruch ist gegen die Stadt zu richten;

2. in den Feldmarken, in welchen vor Erlaß des Jagdgesetzes vom 29. Juli 1850 die Jagd völlig frei war, oder das Jagdrecht allen Grundeigentümern oder doch gewissen Klassen derselben zustand. Das bisherige Verhältnis bleibt hier bestehen, kann jedoch für jede einzelne Feldmark durch Stimmenmehrheit (§ 5) in einer den Vorschriften dieses Gesetzes entsprechenden Weise geändert werden.

§ 13. An der Befugnis zur Jagd auf Wasservögel, wie sie in Ostfriesland besteht (§ 3 der Jagdordnung für Ostfriesland vom 31. Juli 1838),[8]) wird nichts geändert.

§ 14. Die zur eigenen Jagdausübung berechtigten Grundeigentümer (§ 2), wenn sie die Jagd nicht verpachtet haben, dürfen Dritten erlauben, in ihrer Begleitung oder allein in ihrer Jagd zu jagen.[9]) Jagdpächter, der bebrotete Jäger und Jäger der Feldmarksgenossen können Begleiter mit sich nehmen, nicht aber Dritte ermächtigen, in den betreffenden Bezirken allein zu jagen. Jedoch dürfen Jagdpächter den zu ihrer Familie gehörigen Hausgenossen,[10]) sowie ihren bebroteten Jägern das Alleinjagen gestatten.

§ 15. Die Bestimmungen der vorstehenden Paragraphen beziehen sich nicht auf die Ausübung der nach § 2 des Jagdgesetzes vom 29. Juli 1850[11]) bestehen bleibenden Jagdrechte auf fremdem Grund und Boden.

§ 16. Zur Ausübung der Jagd ist unzulässig, wer wegen eines nach der öffentlichen Meinung entehrenden Verbrechens eine Strafe, oder wegen gewaltsamer Widersetzung wider die Obrigkeit,

---

[8]) Dieser einzige noch gültige § dieses G. lautet in der Fassung d. G. v. 26/7. 97 (GS. S. 258): Wild-Enten, Gänse und Schwäne und sonstige wilde Wasservögel darf jeder, auch zur Jagd nicht berechtigte Eingesessene der Provinz schießen und fangen, jedoch nur:

1. am Strande der See an den Ufern der Ströme Ems und Leda, sowie auf und an dem Großen Meere, der Hiewe und dem Loppersumer Meere; doch dürfen behufs Ausübung dieser Jagd überall fremde Grundstücke nicht betreten werden, soweit solches nach anderen Gesetzen verboten ist. Ferner muß

2. der Schütze auf dem Gange nach den vorstehend unter 1 bezeichneten Orten, sowie zurück, sich der nächsten gebahnten Wege, so weit diese führen, bedienen, und darf

3. bis er auf seinen Stand angelangt ist, nur die ungeladene Flinte, deren Schloß mit einem Tuche umwunden sein soll, führen, einen Windhund oder Bastard-Windhund nicht bei sich haben, und wenn er einen Hund anderer Art mit sich führt, diesem das Ablaufen vom Wege oder von seiner Seite nicht gestatten; er soll diesen vielmehr stets an seiner Seite behalten. (Nur für Ostfriesland gültig.)

[9]) Einer schriftlichen Erlaubnis bedarf es hier also nicht.

[10]) Zu diesen Hausgenossen gehört nicht der Stiefsohn (Erk. d. Kamm.-Ger. in Johow 13, 349).

[11]) Siehe Anm. 2 zu § 1.

Aufruhrs, Gewalttätigkeiten, Körperverletzung, Erpressung oder Wilddiebstahls mindestens die Strafe des Arbeitshauses oder des polizeilichen Werkhauses [12]) erduldet, oder sich des letztgenannten Vergehens unter erschwerenden Umständen [13]) schuldig gemacht hat.

§§ 17—22.[14])

§ 22. ...; wer ohne Verletzung fremder Jagdrechte die Jagd unbefugt ausübt (vgl. z. B. § 3 Nr. 2 und 3, § 14 a. E.), verwirkt Strafe von 3 bis 30 Mark.

§ 23. Für den innerhalb eines Jagdbezirkes vorfallenden Wildschaden haften in Gemäßheit der Bestimmungen des Wildschadengesetzes [15]) bei verpachteten Jagden die Pächter — sofern im Pachtkontrakte nicht ein Anderes verabredet ist — und aushilfsweise die Verpächter; bei Feldmarksjagdbezirken, in denen die Jagd beruht, oder durch Jäger verwaltet wird, die Gesamtheit der Feldmarksgenossen nach dem in § 10 angegebenen Verhältnisse.

Für den Wildschaden in Gärten, in denen nach § 3 Nr. 2 die Jagd beruht, haften die Pächter des anliegenden Jagdbezirks, und wenn solcher nicht verpachtet ist, die Jagdberechtigten desselben.

§ 24. Jagdfolge findet nicht ferner statt; das Wild gehört demjenigen, in dessen Jagdbezirke es ergriffen wird.

§ 25. Das Schwarzwild außerhalb geschlossener Wildgärten ist auszurotten. Der Jagdberechtigte ist erforderlichenfalls im Verwaltungswege hierzu anzuhalten.

Die Regierung ist befugt, eine Beschränkung dieses Gebotes bei größeren Forsten des Harzes in den Fällen eintreten zu lassen, wo die Beibehaltung oder Wiedereinführung von Schwarzwild sich

---

[12]) Auf die angeführten Vergehen steht nach dem jetzt geltenden StGB. die Strafe des Arbeitshauses oder des polizeilichen Werkhauses nicht mehr.

[13]) Vgl. jetzt die §§ 293, 294 StGB. oben unter V.

[14]) Die §§ 17—21 und der größte Teil des § 22 sind durch das JagdscheinG. v. 31/7. 95 beseitigt.

[15]) G. betr. den Wildschaden. Vom 21/7. 48 (Hannov. GS. S. 215). Die jetzt noch in Betracht kommenden §§ 1—6 dieses Gesetzes lauten: § 1. Jeder an Grundstücken und deren Erzeugnissen durch jagdbares Wild verursachte Schaden ist nach den folgenden Bestimmungen zu ersetzen. — § 2. Der Entschädigungsanspruch steht jedem Nutzungsberechtigten in dem Umfange der Beeinträchtigung seiner Nutzung zu. — § 3. Entschädigungspflichtig ist derjenige, welchem auf dem beschädigten Grundstücke die Jagd der Gattung des Wildes zusteht, von welchem der Schaden verursacht ist. — § 4. Ist der Schaden durch Wild verursacht, welches nicht in dem Jagdbezirke des Entschädigungspflichtigen seinen regelmäßigen Aufenthalt hat (Streif- und Wechselwild), so ist dieser berechtigt, Ersatz von demjenigen zu verlangen, aus dessen Wildstande dasselbe ausgetreten ist.[15a]) (Standwild.) — § 5. Bei verpachteten Jagden ist der Pächter der Verpflichtete. Der Jagdberechtigte ist verpflichtet, bei den von ihm verpachteten Jagden in subsidium zu haften, falls sich der Beschädigte an dem Pächter nicht erholen kann. — § 6. Jeder von mehreren Inhabern derselben Jagd (Koppeljagd) haftet für den gesamten Schaden

mit Rücksicht auf den Forst als nützlich und in Beziehung auf Grundstücke dritter Personen als unschädlich darstellt. Der durch Schwarzwild verursachte Schaden ist von demjenigen zu ersetzen, auf dessen Wildstande dasselbe ausgetreten ist.

§ 26.[16])

§ 27. (Abs. 1)[16]).

Doch dürfen:

1. Schwarzwild und in Feldmarken zu Schaden gehendes Rotwild,[17])
2. das in eingefriedigten Tier- und Wildgärten gehegte Wild,
3. Raubtiere, Raubvögel, Strich- und Zugvögel

auch während der gesetzlichen Schonzeit geschossen werden.

§ 28—31.[16])

§ 32. Es ist bei einer, im Wiederholungsfalle zu verdoppelnden Strafe von 3 Mark verboten, Hunde in einem Jagdreviere herrenlos[18]) umherlaufen zu lassen.

Katzen, welche in einem Jagdreviere in einer Entfernung von mindestens 500 Schritten vom nächstbewohnten Hause getroffen werden, kann der Jagdberechtigte oder dessen Vertreter im ersten Betretungsfalle töten.

Auf Schweißhunde, Saufinder, Hühnerhunde, Windhunde und Teckel, welche während der Jagdzeit überjagen, findet diese Bestimmung keine Anwendung (vgl. § 35).

§ 33. Die Jagd mit Windhunden ist nur vom 1. Oktober, diejenige mit Jagdhunden (Bracken) nur vom 15. September, oder falls die betreffende Obrigkeit solches verfügt, vom 1. Oktober an bis zum Jagdschlusse (§ 26 Nr. 5) gestattet. Die Jagd mit Jagdhunden[19]) darf nur von demjenigen, welcher auf einer Fläche von mindestens 10000 Morgen im Zusammenhange zur Jagd-

---

(in solidum). Er kann von den Mitberechtigten einen ihrer Teilnahme an der Jagd entsprechenden Ersatz verlangen. (Die folgenden größtenteils prozessualischen Bestimmungen sind antiquiert.)

[15a]) Siehe RG. 52, 359.

[16]) Die §§ 26, 27 Abs. 1 und 28—31 handelten von der Setz- und Hegezeit und sind ersetzt durch das WildschonG. v. 14/7. 04.

[17]) Siehe KG. in Johow 18, 289 und 20 C 21.

[18]) Als „herrenlos herumlaufend" ist jeder Hund anzusehen, der von seinem Herrn so weit entfernt umherläuft, daß dessen Einwirkung auf den Hund verloren gegangen ist, der also außer Seh- oder Rufweite sich befindet (Johow 17, 410).

[19]) D. h. Bracken, nicht aber Hühnerhunde, Vorstehhunde usw. Unter „Bracke" ist hier nicht die Bracke im technischen Sinne, sondern „ein gewöhnlicher, schwach mittelgroßer Hund zu verstehen, welcher auf der frischen Fährte laut jagt und das Wild den Jägern zutreibt" (Johow 18, 285). Die 10000 Morgen müssen einem Eigentümer gehören oder von einem gepachtet sein. Durch gegenseitige Erlaubnis der Nachbarn kann dies Erfordernis nicht ersetzt werden (KG. v. 15/6. 03 in Schultz Jahrb. 3, 93).

ausübung berechtigt ist, auf solcher Fläche ausgeübt werden. Die Übertretung dieser Vorschriften wird mit einer Strafe von 30 Mark belegt.

Windhunde und Jagdhunde (Brakken), die während der für diese Jagdausübung geschlossenen Zeit in einem fremden Jagdreviere jagend betroffen werden, kann der Jagdberechtigte oder dessen Vertreter töten. Während der für diese Jagdausübung offenen Zeit ist ihm nur das Auffangen (Koppeln) der Hunde gestattet und hat der Eigentümer derselben für jeden überjagenden Hund eine Strafe von 3 Mark — im Koppelungsfalle außerdem noch ein Pfandgeld von je 3 Mark demjenigen, der den Hund gekoppelt hat — zu entrichten.[20])

§ **34**. Die Hirten sollen das Ablaufen ihrer Hunde von der Herde und das Umherstreifen derselben in den Hölzern, Feldern usw. bei einer im Wiederholungsfalle zu verdoppelnden Strafe von 1 Mark 50 Pfg. verhindern.

§ **35**. Auf gleiche Weise soll es in Ansehung der während der Jagdzeit überjagenden Schweißhunde, Saufinder, Hühnerhunde, Windhunde und Teckel, sowie derjenigen Hunde gehalten werden, welche jemand auf Reisen oder sonstigen Wegen mit sich genommen hat.

Wer nach vorgängiger Warnung, welche auf Anrufung des Jagdberechtigten oder Jagdpächters von dem Gemeindevorsteher vorzunehmen ist, einen Hund bei der Feldarbeit mit sich führt, verwirkt Strafe von 50 Pfg. Die besondere Strafe des Umherstreifens (§ 34) ist dadurch nicht ausgeschlossen.

§ **36**. Abs. 1—3 dieses § sind aufgehoben, und es ist an deren Stelle § 292 bzw. § 368 Nr. 10 des RStGB. getreten.

Abs. **4**. Wer einen Jagdbezirk, in welchem er zur Ausübung der Jagd nicht befugt ist, außer den (oben) genannten Straßen und Fahrwegen, mit Schießgewehr betritt, soll verpflichtet sein, auf Erfordern des Jagdberechtigten oder seiner Vertreter oder der zur Wahrnehmung der polizeilichen Aufsicht Berechtigten auf der Stelle nachzuweisen, daß sein Gewehr ungeladen ist. Im Weigerungsfalle soll dasselbe als geladen angesehen werden.

Abs. 5. Auf diejenigen Personen, welche vermöge ihres Dienstes berechtigt sind, geladenes Schießgewehr zu führen, finden die vorstehenden Strafbestimmungen nur dann Anwendung, wenn deren Absicht auf unbefugte Ausübung der Jagd erweislich gerichtet gewesen ist.

§ **37** hebt die für einzelne Landesteile erlassenen Jagdordnungen mit Ausnahme der Jagdordnung für Ostfriesland v. 31/7. 38 auf.

§ **38**. Die Ausübung der Jagd ist an den Sonntagen, an beiden Tagen der drei hohen Kirchenfeste (Weihnachten, Ostern

---

[20]) Der Jagdberechtigte darf also Jagd- und Windhunde, welche er auf seinem Revier jagend antrifft, nur in der Zeit töten, in welcher mit diesen Hunden nicht gejagt werden darf. Teckel, Teckelbastarde und Hühnerhunde gehören nicht zu den Jagdhunden (Brakken) (KG. bei Johow 11, 287).

und Pfingsten), am Karfreitage, am Feste der Himmelfahrt Christi und am Neujahrstage allgemein, an anderen kirchlichen Fest- und Bußtagen aber für die Angehörigen der betreffenden Kirche verboten.[21])

Für die Übertretung dieses Verbots gelten die in der Verordnung über die Feier der Sonn- und Festtage vom 25. Januar 1822 bestimmten Strafen.[22])

§ 39. Die in diesem Gesetze angedrohten Geldstrafen sind Polizeistrafen.

§§ 40 und 41. (Diese Paragraphen haben jetzt ihre Bedeutung verloren.)

---

2 a. Kurhessisches Gesetz vom 7. September 1865, das Jagdrecht und dessen Ausübung usw. betreffend.*)

(Samml. von Gesetzen usw. für Kurhessen S. 571.)

Wir Friedrich Wilhelm der I., Kurfürst von Hessen usw.

§ 5. Derjenige, welcher in einer Gemarkung, in der die Gemeinde die Jagdberechtigung abgelöst hat, ein zusammenhängendes Grundeigentum von mindestens 100 Kasseler Ackern besitzt oder nachträglich erwirbt, ist zur Jagdausübung auf demselben erst nach Erstattung des auf sein Grundeigentum entfallenden Betrages des von der Gemeinde gezahlten Ablösungskapitals und erst nach Ablauf der bestehenden Jagdpachtverträge berechtigt.

Das gleiche gilt hinsichtlich des Grundeigentums, durch dessen Erwerb der bereits im Besitz eines eigenen Jagdreviers nach § 4 befindliche Grundeigentümer letzteres nachträglich vergrößert und zwar dergestalt, daß derselbe, falls eine Jagdablösung seitens der Gemeinde stattgefunden hat, an diese, andernfalls an den Jagdberechtigten den entsprechenden Ablösungsbetrag zu erstatten hat.

§ 6. Sobald durch Teilung oder Veräußerung ein Grundbesitz, auf welchem dem Eigentümer selbst nach § 4 die Jagdausübung zustand, kleiner als 100 Kasseler Acker wird, hat die Gemeinde, vorausgesetzt, daß ihr die Jagdausübung in ihrer Gemarkung zusteht, gegen Erstattung des auf das fragliche

---

[21]) Die Gültigkeit des § 38 ist bestritten (KG. in Schultz Jahrb. 2, 85 u. 178).

[22]) Jetzt § 366 Nr. 1 StGB. (oben unter V).

*) An Stelle der sonst auch in den kurhessischen Landesteilen geltenden JO. v. 15/7. 07 (oben unter II) sind für deren §§ 55 bis 66 gemäß § 85 die bisher dort geltenden Vorschriften in Gültigkeit geblieben und die obigen §§ ausdrücklich aufrecht erhalten; durch § 86 Nr. 13 JO. sind alle anderen §§ des obigen G. ausdrücklich aufgehoben.

Hinsichtlich der §§ 5 bis 7 siehe § 15 JO. (oben unter II).

Grundeigentum entfallenden Jagdablösungskapitals in die Jagdausübung einzutreten (vgl. § 7, übrigens auch § 24).

§ 7. Jeder Gemeinde steht hinsichtlich ihrer Gemarkung und hinsichtlich der ihr zum Zweck der örtlichen Verwaltung zugeteilten Grundbesitzungen, mit Ausnahme der darin befindlichen oder in selbständiger Ablösung begriffenen Jagdreviere einzelner Grundeigentümer (vgl. § 3), die Befugnis zu, in Vertretung der Grundeigentümer die Jagdberechtigungen abzulösen und die Jagd mittels Verpachtung auszuüben.

Die Ablösung und Verpachtung geschieht, insofern nicht durch Errichtung von Statuten wegen der besonderen Interessen und Verpflichtungen der beteiligten Grundeigentümer abweichende Bestimmungen getroffen sind, für Rechnung der Gemeindekasse.

§§ 8—25, 27, 29, 31, 33. *)

§ 26. Jedes übermäßige Hegen von Wild ist untersagt, und ist demgemäß jeder beteiligte Grundeigentümer berechtigt, zu verlangen, daß das Wild in den betreffenden Jagdrevieren nicht in höherem Grade geschont werde, als solches zur Erhaltung der Jagd erforderlich erscheint.

§ 28. Schwarz- und Rot- (Edel- und Dam-) Wild darf nur in Parks oder solchen Revieren unterhalten werden, welche dergestalt befriedigt sind, daß das Wild weder ausbrechen, noch an fremdem Eigentum irgend Schaden anrichten kann.

Die Jagdberechtigten haben daher die Verbindlichkeit, solches Wild in dergleichen befriedigte Reviere einzuschließen oder abzuschießen, widrigenfalls letzteres auf Requisition der Ortspolizeibehörde durch den zunächstwohnenden Staatsrevierförster alsbald bewirkt wird.

§ 30. Für Jagdvergehen werden folgende Strafbestimmungen festgesetzt:

6. Hunde, die herrenlos oder deren Eigentümer unbekannt sind, dürfen, wenn sie in fremden Jagdrevieren betreten werden, vom Jagdberechtigten und dessen Jagdbedienten getötet werden. [1])

§ 32. Die in den §§ 30 und 31 festgestellten Geldstrafen sind im Wiederholungsfalle nach richterlichem Ermessen bis zu einer Geldstrafe von 50 Talern oder bis zu dreimonatlicher Gefängnisstrafe zu erhöhen.

§ 34. Die in dem Gesetze vom 26. Januar 1854 [2]) den Ersatz des Wildschadens betreffend, angeordneten Beschränkungen, wonach eine Ersatzleistung wegen Wildschadens nur dann eintreten soll, wenn die deshalbigen Beschädigungen durch die daselbst bezeichneten Gattungen von Wild verursacht sind, sowie wenn dieselben auf Einem Grundstücke einen Verlust von mindestens Einem Taler zur Folge haben, werden aufgehoben.

In denjenigen Fällen, in welchen ein Jagdpächter vertrags-

---

*) Siehe Vorbemerkung.

[1]) Siehe RG. v. 3/4. 05 in Johow 29 C 83.

[2]) Abgedruckt nachstehend.

mäßig die Verpflichtung zum Ersatze des Wildschadens nach den gesetzlichen Vorschriften auch hinsichtlich der dem verpachtenden Eigentümer, bzw. der verpachtenden Gemeinde und deren Bewohnern zugehörigen Grundstücke übernommen hat, sollen die Vorschriften des Gesetzes vom 26. Januar 1854 über das Verfahren behufs Feststellung des zu ersetzenden Betrages, sowie überhaupt über die Verfolgung der deshalbigen Ansprüche ebenwohl Geltung haben.

§ 35. Das Protokoll, welches nach § 5 des vorerwähnten Gesetzes der Ortsvorstand aufzunehmen hat, ist dem Beschädigten auf dessen Verlangen behufs alsbaldiger Einleitung des gerichtlichen Verfahrens in jedem Falle, auch wenn eine nochmalige Besichtigung zur Zeit der Ernte bereits beantragt ist, alsbald auszuhändigen, zuvor jedoch dem Jagdberechtigten auf dessen Verlangen, oder wenn derselbe im Termine nicht vertreten war, in Abschrift zuzusenden.

Die in dem gedachten § 5 enthaltenen Vorschriften wegen Einnahme eines zweiten Augenscheins durch den Ortsvorstand finden in den Fällen keine Anwendung, in welchen bereits vor der Zeit der Ernte das gerichtliche Verfahren eingeleitet worden ist.

§ 36. Den Beteiligten bleibt es nach der Augenscheins-Einnahme zunächst überlassen, sich in Güte zu vergleichen, insbesondere auch sich über Sachverständige zu vereinigen, auf deren Ausspruch, ohne Mitwirkung des Gerichts, sie es ankommen lassen wollen.

Die Ortsvorstände haben auf Angehen des einen oder anderen Teils die Herbeiführung gütlicher Einigung sich angelegen sein zu lassen, eintretenden Falles auch die Vereinbarung sowie den Ausspruch der Sachverständigen, auf welchen sich verglichen worden, zu Protokoll zu nehmen.

Auf ein solches Protokoll, welches von beiden Teilen zu unterzeichnen ist, soll der Schlußsatz des § 5 des vorhergedachten Gesetzes anwendbar sein. Auch bedürfen die in den obengenannten Paragraphen erwähnten Vertreter der Jagdberechtigten zum Abschluß von Vereinbarungen der hier in Rede stehenden Art keiner besonderen Vollmacht.

§ 37. Die gerichtliche Verfolgung eines Anspruchs auf Ersatz eines Wildschadens an Erntegegenständen darf stets bis zu der Zeit ausgesetzt werden, in welcher das Ernteergebnis und somit der Betrag des entstandenen Schadens sich schließlich feststellen läßt. Im übrigen tritt an die Stelle der in § 6 des mehrgedachten Gesetzes festgesetzten Frist von drei Tagen eine vierzehntägige Frist.

§§ 38, 39.*)

§ 40. Die in § 17 des mehrgedachten Gesetzes vom 26. Januar 1854 unter A 1 und 2 bestimmten Gebühren sind in den Fällen, wo es sich um Entschädigungsbeträge von weniger als e i n e m Taler für den einzelnen Grundbesitzer handelt, nur in der Hälfte

*) Siehe Vorbemerkung S. 179.

des daselbst bestimmten Betrages zulässig, wenn bei dem Ortsvorstande gleichzeitig Ansprüche auf Ersatz von Wildschaden wegen in derselben Feldlage gelegener Grundstücke von verschiedenen Grundeigentümern zur Anzeige gebracht sind.

2b. Kurhessisches Gesetz vom 26. Januar 1854 betr. den Ersatz von Wildschaden.*)

(Samml. von Gesetzen usw. für Kurhessen S. 9.)

§ 1. Für die von Schwarz- oder von Rotwild einschließlich des Damwildes oder von wilden Kaninchen an ausgestellten Feldern, an Wiesen, an den in Gärten oder Weinbergen gebauten Gewächsen, desgleichen an Obstbäumen, sowie an den in Waldungen auf die Holzanzucht bezüglichen Anlagen verursachten Beschädigungen ist, insofern als solche auf Einem Grundstücke einen wirklichen Verlust von mindestens Einem Taler zur Folge haben und die beschädigten Grundstücke nicht Eigentum des Jagdberechtigten sind, von dem Jagdberechtigten bzw. Jagdpächter (siehe jedoch § 2) Ersatz zu leisten.

§ 2. Hinsichtlich der erwähnten Beschädigungen in Gärten und Weinbergen, in Baumschulen und den zur Erziehung von Waldpflanzen bestimmten Kämpen findet der Anspruch auf Schadensersatz nur dann statt, wenn die erwähnten Grundstücke und Anlagen mit 6 Fuß hohen dicht gebundenen Hecken oder Zäunen überall befriedigt sind.

Hinsichtlich der auf nicht befriedigten Grundstücken befindlichen Obstbäume ist Bedingung des Ersatzanspruches, daß dieselben bis an die untersten Äste verwahrt sind.

§ 3. Mehrere, welchen eine Jagd gemeinschaftlich zusteht, sowie im Falle einer Verpachtung derselben der Jagdberechtigte und Pächter, bei einer Verpachtung an mehrere Personen diese sämtlich, sind wegen Ersatz des Wildschadens solidarisch verpflichtet, es werden jedoch durch die Erhebung einer Klage (siehe § 5) gegen Einen die übrigen, vorbehaltlich des Regresses, von der Klageforderung befreit.

Jagdpachtverträge sind innerhalb der nächsten sechs Wochen der Kündigung unterworfen ....

(Die folgenden größtenteils prozessualischen Bestimmungen

*) In den früher kurhessischen Landesteilen gilt die JO. v. 15/7. 07 (oben unter II). Durch § 81 a. a. O. sind aber für sie die dortigen §§ 51 bis 66 betr. den Wildschaden und die Wildschadenverhütnng nicht in Geltung getreten, sondern die bisherigen Vorschriften sind in Kraft geblieben. Dadurch auch das obige Gesetz.

sind durch das obige Gesetz v. 7/9. 1865 und die Vorschriften der Zivilprozeßordnung vielfach geändert und resp. beseitigt worden, so daß von einem Abdrucke derselben hier Abstand genommen ist.)

---

3. Jagdordnung für die Hohenzollernschen Lande.*)

Vom 10. März 1902. (GS. S. 33.)

Wir Wilhelm, von Gottes Gnaden König von Preußen usw.

I. Ausübung des Jagdrechts auf eigenen und gemeinschaftlichen Jagdbezirken.

§ 1. Die Ausübung des nach dem Hohenzollern-Sigmaringenschen Gesetze vom 29. Juli 1848 (Gesetz-Samml. VIII S. 46) und dem Hohenzollern-Hechingenschen Gesetze vom 16. April 1849 (Verordnungs-Blatt S. 151) jedem Eigentümer auf seinem Grunde und Boden zustehenden Jagdrechts wird nachstehenden Bestimmungen unterworfen:

§ 2. Zur eigenen Ausübung des Jagdrechts auf seinem Grunde und Boden ist der Eigentümer nur befugt:

a) auf solchen Grundstücken, welche in einem oder in mehreren Gemeindebezirken einen land- oder forstwirtschaftlich benutzten Flächenraum von wenigstens 75 Hektar einnehmen und in ihrem Zusammenhange durch kein fremdes Grundstück unterbrochen sind. Die Trennung, welche Wege, Eisenbahnen und Gewässer bilden, wird als eine Unterbrechung des Zusammenhanges nicht angesehen;

b) auf allen dauernd und vollständig eingefriedigten Grundstücken.

Darüber, was für dauernd und vollständig eingefriedigt zu erachten ist, entscheidet der Oberamtmann.

§ 3. Wenn die im § 2 bezeichneten Grundstücke gemeinschaftliches Eigentum von mehr als drei Personen sind, so ist die Ausübung des Jagdrechts nicht sämtlichen Miteigentümern gestattet. Diese müssen sie vielmehr einem bis höchstens dreien unter ihnen

---

*) Die allgemeine JO. v. 15/7. 07 gilt ebenso, wie nicht in Hannover, auch nicht in Hohenzollern, wo die obige JO. bestehen geblieben ist. In Hohenzollern gelten ferner: das WildschadenG. v. 11/7. 91 (GS. S. 307) mit der Abänderung des obigen § 22 sowie das JagdscheinG. v. 31/7. 95 (GS. S. 304), deren Vorschriften jetzt den Inhalt des 3. u. 5. Abschnitts der JO. v. 15/7. 07 bilden. (Siehe Vorbemerkungen oben zu II und den Abschnitten 3 u. 5.) Das WildschonG. v. 14/7. 04 gilt in Hohenzollern nicht.

übertragen. Doch steht ihnen auch frei, das Jagdrecht ruhen oder durch einen angestellten Jäger ausüben zu lassen, oder zu verpachten. Juristische Personen, insbesondere Gemeinden, dürfen das Jagdrecht auf solchen ihnen gehörenden Grundstücken (§ 2) nur durch Verpachtung oder durch einen angestellten Jäger ausüben. Das Gleiche gilt von Gesellschaften, welche Grundeigentum besitzen.

§ 4. Alle Grundstücke eines Gemeindebezirkes, welche nicht zu den im § 2 bezeichneten gehören, bilden, auch wenn sie einen land- oder forstwirtschaftlich benutzten Flächenraum von 75 Hektar im Zusammenhange nicht umfassen, der Regel nach einen gemeinschaftlichen Jagdzirk. Es ist aber den Gemeindevorständen gestattet, nach freier Übereinkunft mehrere ganze Gemeindebezirke oder Teile eines solchen mit einem anderen Gemeindebezirke zu einem gemeinschaftlichen Jagdbezirke zu vereinigen.

Auch ist der Gemeindevorstand befugt, mit Genehmigung des Amtsausschusses, aus dem Bezirk einer Gemeinde mehrere für sich bestehende Jagdbezirke zu bilden, von denen jedoch keiner eine geringere Fläche als 200 Hektar umfassen darf.

Den Eigentümern der im § 2 bezeichneten Grundstücke ist es gestattet, sich mit diesen Grundstücken dem Jagdbezirk ihrer Gemeinde anzuschließen. Die Beschlüsse über alle dergleichen Abänderungen der gemeinschaftlichen Jagdbezirke dürfen sich auf keinen kürzeren Zeitraum als auf sechs Jahre und auf keinen längeren als auf zwölf Jahre erstrecken.

§ 5. Grundstücke, welche keinen eigenen Jagdbezirk bilden, aber von eigenen Jagdbezirken ganz oder größtenteils umschlossen sind, werden dem gemeinschaftlichen Jagdbezirke der Gemeinde nicht zugeschlagen. Die Eigentümer solcher Grundstücke sind verpflichtet, die Ausübung der Jagd auf ihnen dem Eigentümer des sie ganz oder größtenteils umschließenden eigenen Jagdbezirkes auf dessen Verlangen gegen eine nach dem Jagdertrage zu bemessende Entschädigung pachtweise zu übertragen oder die Jagdausübung gänzlich ruhen zu lassen.

Macht der Berechtigte von seiner Befugnis, die Jagd auf den umschlossenen Grundstücken zu pachten, beim Anerbieten des Eigentümers nicht Gebrauch, so steht diesem die Ausübung der Jagd auf den umschlossenen Grundstücken zu.

Stoßen mehrere derartige Grundstücke aneinander, so daß sie eine zusammenhängende Fläche von mindestens 75 Hektar umfassen, so bilden sie einen für sich bestehenden gemeinschaftlichen Jagdbezirk (§ 4).

§ 6. Die Eigentümer der einen gemeinschaftlichen Jagdbezirk bildenden Grundstücke werden in allen Jagdangelegenheiten durch den Gemeindevorstand vertreten. Werden Grundstücke aus verschiedenen Gemeindebezirken zu einem Jagdbezirke vereinigt, so bestimmt die Aufsichtsbehörde denjenigen Gemeindevorstand, der die Vertretung zu übernehmen hat.

§ 7. Nach Maßgabe der Beschlüsse des Gemeindevorstandes kann auf dem gemeinschaftlichen Jagdbezirk entweder

a) die Ausübung des Jagdrechts gänzlich ruhen, oder
b) die Jagd für Rechnung der Grundstückseigentümer durch einen angestellten Jäger beschossen werden, oder
c) die Jagd im Wege der öffentlichen Steigerung verpachtet werden.

§ 8. Die Pachtgelder und die Einnahmen von der durch einen angestellten Jäger beschossenen Jagd (§ 7) werden in die Gemeindekasse gezahlt und nach Abzug der etwa entstehenden Verwaltungskosten durch den Gemeindevorstand unter die Eigentümer der den gemeinschaftlichen Jagdbezirk bildenden Grundstücke nach dem Verhältnisse des Flächeninhalts dieser Grundstücke verteilt.

Durch Gemeindebeschluß kann bestimmt werden, daß die Erträge der Jagd der Gemeindekasse verbleiben sollen. Der Beschluß ist in ortsüblicher Weise bekannt zu machen. Er bedarf der Genehmigung des Amtsausschusses, wenn innerhalb zwei Wochen von der Bekanntmachung ab von seiten auch nur eines Eigentümers der den gemeinschaftlichen Jagdbezirk bildenden Grundstücke bei dem Gemeindevorstande Widerspruch erhoben wird.

§ 9. Jagdpachtverträge sind schriftlich abzuschließen und, sofern sie sich auf gemeinschaftliche Jagdbezirke beziehen, in den für Verträge der Gemeinden vorgeschriebenen Formen zu vollziehen. Sie bedürfen der Genehmigung des Amtsausschusses.

Die Verpachtung der Jagd, sowohl auf den im § 2 erwähnten Grundstücken, als auf gemeinschaftlichen Jagdbezirken, darf bei Strafe der Nichtigkeit des Vertrags niemals an mehr als höchstens drei Personen gemeinschaftlich erfolgen.

Die Verpachtung der Jagd darf auf keinen kürzern Zeitraum als auf sechs Jahre und auf keinen längeren als auf 12 Jahre erfolgen.

§ 10. Sowohl dem Pächter gemeinschaftlicher Jagdbezirke als auch den Eigentümern der im § 2 bezeichneten Grundstücke ist die Anstellung von Jägern für ihre Reviere gestattet.

§ 11. Als Jäger (§§ 3, 7 und 10) dürfen nur solche großjährigen Männer angestellt werden, gegen welche keine Tatsachen vorliegen, die nach §§ 6 und 7 des Jagdscheingesetzes vom 31. Juli 1895 (Gesetz-Samml. S. 304) die Versagung des Jagdscheins rechtfertigen.

§ 12. Die Jagdausübung mittelst Aufstellens von Schlingen zum Fangen der im § 15 bezeichneten Wildarten ist verboten.

§ 13. An den Sonntagen und denjenigen Feiertagen, welche den Vorschriften über die Sonntagsheiligung unterworfen sind, ist die Abhaltung von Treibjagden verboten; in den Vormittagsstunden zwischen 8 bis 12 Uhr darf die Jagd an Sonntagen und an den bezeichneten Feiertagen überhaupt nicht ausgeübt werden.

§ 14. Im übrigen unterliegt die Ausübung der Jagd den Vorschriften des Jagdscheingesetzes vom 31. Juli 1895 (Gesetz-Samml. S. 304).

II. Schonzeiten.

§ 15. Mit der Jagd sind zu verschonen:

A. Haarwild.

1. Männliches Rot-, Dam- und Rehwild vom 1. Februar bis 31. Mai,
2. weibliches Rot- und Damwild (Tiere) vom 1. Februar bis 30. September,
3. weibliches Rehwild (Gaisen) vom 1. Dezember bis 14. Oktober,
4. Wildkälber und Rehkitzen, d. h. die Jungen des Rot-, Dam- und Rehwildes bis zum Ablaufe des Kalenderjahrs, in dem sie geboren sind,
5. Hasen und Dachse vom 1. Februar bis 30. September.

B. Federwild.

1. Rebhühner, Haselhühner, schottische Moorhühner, Wachteln, Fasanenhennen vom 1. Dezember bis 23. August,
2. Fasanenhähne vom 1. Februar bis 23. August,
3. Wildenten und Wildtauben vom 16. März bis 30. Juni,
4. Schnepfen und Bekassinen vom 1. Mai bis 14. Juli,
5. Auer- und Birkhennen vom 1. Dezember bis 31. Oktober,
6. Auer- und Birkhähne vom 1. Juni bis 14. August.

Der Bezirksausschuß ist aus Rücksichten der Landeskultur und der Jagdpflege ermächtigt, für die unter A 5 und B 1 und 2 genannten Wildarten den Anfang und Schluß der Schonzeit alljährlich durch besondere Verordnung anderweit festzusetzen, so aber, daß Anfang oder Schluß der Schonzeit nicht über zwei Wochen vor oder nach den oben bestimmten Zeitpunkten festgesetzt werden darf.

Auf das Erlegen oder Fangen von Wild in eingefriedigten Wildgärten finden die Vorschriften über Schonzeiten keine Anwendung.

§ 16. Das Ausnehmen von Eiern oder Jungen von jagdbarem Federwild ist auch für die zur Jagd berechtigten Personen verboten; doch sind diese befugt, die Eier, welche im Freien gelegt sind, in Besitz zu nehmen, um sie ausbrüten zu lassen.

Desgleichen ist das Ausnehmen von Kiebitz- und Möweneiern nach dem 30. April verboten.

III. Veräußerung und Versendung von Wild.

§ 17. Das Feilbieten, die Veräußerung und die Versendung, sowie die Vermittelung des Verkaufs von Wild, in ganzen Stücken oder zerlegt, aber nicht zum Genusse fertig zubereitet, ist nur während der Jagdzeit und innerhalb der ersten zwei Wochen der Schonzeit gestattet.

Die Versendung von Wild darf nur unter Beifügung eines ortspolizeilichen Ursprungsscheins erfolgen.

Bei Versendung von Rehwild muß das Geschlecht stets erkennbar sein.

Ist das Wild in eingefriedigten Wildgärten (§ 15) oder in den in den §§ 20 und 21 bezeichneten Ausnahmefällen erlegt oder gefangen, so finden die Vorschriften des Abs. 1 keine Anwendung, sofern die Herkunft des Wildes durch den Ursprungsschein nachgewiesen ist.

Die näheren Vorschriften zur Durchführung der Bestimmungen in den Abs. 2 und 4 werden von dem Regierungspräsidenten in Sigmaringen erlassen, der auch ermächtigt ist, von dem Erfordernisse des Ursprungsscheins bezüglich einzelner Wildarten und bezüglich des über die Landesgrenze eingehenden Wildes Ausnahmen zuzulassen.

IV. Verhütung und Ersatz von Wildschaden.

§ 18. Durch Klappern, aufgestellte Schreckbilder sowie durch Zäune kann ein jeder das Wild von seinen Besitzungen abhalten, auch wenn er auf diesen zur Ausübung des Jagdrechtes nicht befugt ist. Zur Abwehr des Rot-, Dam- und Schwarzwildes kann er sich auch kleiner Hunde oder gemeiner Haushunde bedienen.

§ 19. Auf gemeinschaftlichen Jagdbezirken, auf welchen Wildschäden vorkommen, darf der Gemeindevorstand, wenn auch nur ein einzelner Grundbesitzer Widerspruch dagegen erhebt, die Ausübung der Jagd nicht ruhen lassen.

§ 20. Wenn die in der Nähe von Forsten belegenen Grundstücke, welche Teile eines gemeinschaftlichen Jagdbezirkes bilden, oder solche umschlossenen Grundstücke, auf welchen die Jagdausübung dem Eigentümer des sie umschließenden eigenen Jagdbezirkes überlassen ist (§ 5), erheblichen Wildschäden durch das übertretende Wild ausgesetzt sind, so kann der Oberamtmann, nach vorhergegangener Prüfung des Bedürfnisses und für dessen Dauer, den Jagdpächter auffordern oder ihn auf seinen Antrag ermächtigen, das Wild selbst während der Schonzeit abzuschießen. Schützt der Jagdpächter einer solchen Aufforderung ungeachtet die beschädigten Grundstücke nicht genügend, so kann der Oberamtmann den Grundbesitzern selbst die Genehmigung erteilen, das auf diese Grundstücke übertretende Wild auf jede erlaubte Weise zu fangen, namentlich auch mit Anwendung des Schießgewehrs zu töten.

Gegen die Verfügung des Oberamtmanns steht dem Jagdpächter die Beschwerde bei dem Bezirksausschusse zu (§ 103 des Zuständigkeitsgesetzes vom 1. August 1883, Gesetz-Samml. S. 237). Die Beschwerde hat keine aufschiebende Wirkung.

Das von Grundbesitzern infolge einer solchen Genehmigung des Oberamtmanns erlegte oder gefangene Wild muß gegen Bezahlung des in der Gegend üblichen Schußgeldes dem Jagdpächter überlassen und die Anzeige darüber binnen 24 Stunden erstattet werden.

§ 21. Auch der Besitzer eines solchen umschlossenen Grundstücks, auf welchem die Jagd nach § 5 nicht ausgeübt werden darf, ist, wenn das Grundstück erheblichen Wildschäden ausgesetzt ist und der Besitzer des umgebenden eigenen Jagdbezirkes der Aufforderung des Oberamtmanns, das vorhandene Wild selbst während der Schonzeit abzuschießen, nicht genügend nachkommt, zu fordern berechtigt, daß ihm der Oberamtmann nach vorhergegangener Prüfung des Bedürfnisses und auf dessen Dauer die Genehmigung erteile, das auf das umschlossene Grundstück übertretende Wild auf jede erlaubte Weise zu fangen, namentlich auch mit Anwendung des Schießgewehrs zu töten.

In diesem Falle verbleibt das gefangene oder erlegte Wild dem Eigentümer des umschlossenen Grundstücks.

§ 22. Im übrigen findet das Wildschadengesetz vom 11. Juli 1891 (Gesetz-Samml. S. 307) mit der Maßgabe Anwendung, daß die Ersatzpflicht nach § 2 nicht den Grundbesitzern, sondern der Gemeinde obliegt, wenn sie die Jagderträge empfängt (§ 8 Abs. 2), daß die im § 17 des Wildschadengesetzes bezeichneten Rechtsmittel auch in den Fällen der §§ 12 bis 14 jenes Gesetzes Platz greifen, und daß an die Stelle des § 19 Abs. 1 Folgendes tritt: „Der Artikel 5 des Hohenzollern-Sigmaringer Gesetzes vom 29. Juli 1848 (Gesetz-Samml. VIII S. 46) wird aufgehoben."

V. Strafbestimmungen.

§ 23. Wer zwar mit einem Jagdscheine versehen, aber ohne Begleitung des Jagdberechtigten oder ohne dessen schriftlich erteilte Erlaubnis bei sich zu führen, die Jagd auf einem fremden Jagdbezirk ausübt, wird mit einer Geldstrafe von 5 bis 15 Mark bestraft.

Wer die Jagd auf seinem eigenen Grundstücke gänzlich ruhen zu lassen verpflichtet ist, sie aber dennoch darauf ausübt, wird mit einer Geldstrafe von 30 bis 60 Mark und Einziehung der dabei gebrauchten Jagdgeräte und Hunde bestraft.

§ 24. Für das Töten oder Einfangen von Wild während der vorgeschriebenen Schonzeiten sowie für das verbotene Fangen von Wild in Schlingen (§ 12) treten folgende Geldstrafen ein:

1. für ein Stück Rotwild . . . . 90 Mark,
2. für ein Stück Damwild . . . . 60 „
3. für ein Stück Rehwild. . . . . 30 „
4. für einen Hasen oder einen Dachs . . . . . 10 „
5. für ein Stück Auerwild oder einen Fasanen . 30 „
6. für ein Stück Birk- oder Haselwild . . . . . 10 „
7. für ein Rebhuhn, eine Wachtel, ein schottisches Moorhuhn, eine Schnepfe, eine Bekassine, eine Wildente oder eine Wildtaube . . . . . . 5 „ .

Wenn mildernde Umstände vorhanden sind, kann die Geldstrafe bis auf 1 Mark ermäßigt werden.

§ 21. Auch der Besitzer eines solchen umschlossenen Grundstücks, auf welchem die Jagd nach § 5 nicht ausgeübt werden darf, ist, wenn das Grundstück erheblichen Wildschäden ausgesetzt ist und der Besitzer des umgebenden eigenen Jagdbezirkes der Aufforderung des Oberamtmanns, das vorhandene Wild selbst während der Schonzeit abzuschießen, nicht genügend nachkommt, zu fordern berechtigt, daß ihm der Oberamtmann nach vorhergegangener Prüfung des Bedürfnisses und auf dessen Dauer die Genehmigung erteile, das auf das umschlossene Grundstück übertretende Wild auf jede erlaubte Weise zu fangen, namentlich auch mit Anwendung des Schießgewehrs zu töten.

In diesem Falle verbleibt das gefangene oder erlegte Wild dem Eigentümer des umschlossenen Grundstücks.

§ 22. Im übrigen findet das Wildschadengesetz vom 11. Juli 1891 (Gesetz-Samml. S. 307) mit der Maßgabe Anwendung, daß die Ersatzpflicht nach § 2 nicht den Grundbesitzern, sondern der Gemeinde obliegt, wenn sie die Jagderträge empfängt (§ 8 Abs. 2), daß die im § 17 des Wildschadengesetzes bezeichneten Rechtsmittel auch in den Fällen der §§ 12 bis 14 jenes Gesetzes Platz greifen, und daß an die Stelle des § 19 Abs. 1 Folgendes tritt: „Der Artikel 5 des Hohenzollern-Sigmaringer Gesetzes vom 29. Juli 1848 (Gesetz-Samml. VIII S. 46) wird aufgehoben.“

V. Strafbestimmungen.

§ 23. Wer zwar mit einem Jagdscheine versehen, aber ohne Begleitung des Jagdberechtigten oder ohne dessen schriftlich erteilte Erlaubnis bei sich zu führen, die Jagd auf einem fremden Jagdbezirk ausübt, wird mit einer Geldstrafe von 5 bis 15 Mark bestraft.

Wer die Jagd auf seinem eigenen Grundstücke gänzlich ruhen zu lassen verpflichtet ist, sie aber dennoch darauf ausübt, wird mit einer Geldstrafe von 30 bis 60 Mark und Einziehung der dabei gebrauchten Jagdgeräte und Hunde bestraft.

§ 24. Für das Töten oder Einfangen von Wild während der vorgeschriebenen Schonzeiten sowie für das verbotene Fangen von Wild in Schlingen (§ 12) treten folgende Geldstrafen ein:

1.	für ein Stück Rotwild	90 Mark,
2.	für ein Stück Damwild	60 „
3.	für ein Stück Rehwild.	30 „
4.	für einen Hasen oder einen Dachs	10 „
5.	für ein Stück Auerwild oder einen Fasanen .	30 „
6.	für ein Stück Birk- oder Haselwild	10 „
7.	für ein Rebhuhn, eine Wachtel, ein schottisches Moorhuhn, eine Schnepfe, eine Bekassine, eine Wildente oder eine Wildtaube	5 „ .

Wenn mildernde Umstände vorhanden sind, kann die Geldstrafe bis auf 1 Mark ermäßigt werden.

B. Die Provinzialvorschriften betr. das Tötungsrecht an revierenden Hunden und Katzen sowie betr. das Aneignungsrecht an abgeworfenen Hirschstangen.

a) Nach BGB. besteht eine Vorschrift, die dem Jagdberechtigten die Befugnis zur Tötung der auf seinem Jagdrevier betroffenen Hunde und Katzen unmittelbar gibt, nicht. Nur im Wege der Selbsthilfe nach § 228 BGB. (siehe oben unter I A) ließe sich ihre Tötung rechtfertigen, aber diese muß wirklich zur Abwendung drohender Gefahr erforderlich gewesen sein und der Schaden im Verhältnis zu jener Gefahr stehen (RG. 34, 295; aber 36, 231). Ihre Anwendung ist für den einzelnen Fall daher nicht unbedenklich. Denn wer unberechtigt auf seinem Revier Hunde oder Katzen tötet, ist nach § 303 StGB. wegen Sachbeschädigung strafbar, sobald er bewußt rechtswidrig gehandelt hat, wobei schon Eventualdolus genügt (Johow 29 C 83); auch ist er aus § 823 BGB. zivilrechtlich verantwortlich. — Das ALR. gibt dagegen dem Jagdberechtigten und seinem Jagdschutzpersonal (siehe Anm. 45 oben unter I C) — aber nicht ohne weiteres seinem Jagdgast (RG. 34, 198) — ein ausdrückliches Tötungsrecht in den §§ 64 ff. II 16 (siehe dazu oben unter I C), welches aber nur zur Anwendung kommt, wenn keine provinzialrechtlichen Bestimmungen darüber bestehen (vgl. III das Publik.-Patents zum ALR. v. 5/2. 1794). Diese letzteren sind nachstehend aufgeführt. — Auch nach der Tötung verbleibt dem bisherigen Eigentümer der Kadaver mit allem Zubehör zu Eigentum.

b) Während Hirschstangen am Wilde selbst, auch beim noch nicht ganz verluderten Fallwild, einen Teil von ihm bilden und ihre Abtrennung ein Jagdvergehen aus § 292 StGB. darstellt (RG. 13, 84; RR. 7, 674), fallen die abgeworfenen Hirschstangen nicht unter das Jagdrecht, sondern sind nach ihrem Abwurf selbständige Sachen geworden (a. a. O.) und unterliegen grundsätzlich dem Aneignungsrecht jedermanns als herrenlose Sachen. Wer sie findet und sich aneignet, wird daher ihr Eigentümer (siehe oben zu § 958 BGB. unter I A, GA. 23, 440, OppR. 16, 554 u. 665). Außer bei einem absichtlichen Verfolgen und Aufscheuchen der Hirsche, um sie zum Abwerfen der Geweihe zu bringen (E. v. 14/2. 07 in RG. 40, 7), liegt daher im Suchen der Geweihe keine Jagdausübung und es bedarf dazu auch keines Jagdscheins. Dabei ist aber für den Eigentumserwerb Voraussetzung, daß kein Aneignungsrecht eines Dritten an ihnen besteht, weil sonst § 958 Abs. 2 BGB. (siehe oben unter I A) Anwendung findet. Solche ein ausschließliches Aneignungsrecht an abgeworfenen Hirschstangen gewährende Vorschriften gibt es in vielen Provinzen; sie sind nachstehend wiedergegeben. Diese und auch ihre Straffestsetzungen sind erhalten geblieben (RG. in JW. 94 S. 500, Johow 18, 282). Wer also trotz des entgegenstehenden Provinzialrechts abgeworfene Hirschstangen nimmt, macht sich nach ihnen strafbar und wird nicht ihr Eigentümer (vgl. Anm. 6 unter I A). — Für abgeworfene Rehgehörne gelten keine besonderen Provinzialvorschriften, sie sind also stets herrenlose Sachen und ihr Aneigner wird Eigentümer. — Im Wildgarten gehöre naber alle abgeworfenen Stangen dessen Eigentümer; wer sie dort sucht und wegnimmt, begeht Diebstahl.

I. In **Ostpreußen:**

a) Betr. das Tötungsrecht an Hunden gelten die §§ 10 u. 12 Tit. 10 u. § 32 Tit. 14 der Forstordnung für Ostpreußen und Lithauen vom 3/12. 1775 (Neue Edikten-Sammlg. Bd. V S. 273), wonach „ledige" d. h. nicht gehörig geknüttelte oder an der Hinterhesse gelähmte Hunde, ohne Unterschied, vom Jagdberechtigten und jedem Forst- und Jagdbeamten getötet werden können. (OTr. in Strafs. 11, 477; 15, 296; 16, 622; GA. 9, 566; 21, 566; 23, 545; RG. 7, 128.)

Für Katzen gilt kein Sonderrecht, also ALR.

b) Betr. der Ablieferung von Hirschstangen gelten die folgenden Vorschriften der zu a) genannten Forstordnung, die aber nur auf fiskalische Reviere sich beziehen:

Tit. 11. § 6: Die Hirschstangen, welche sich auf unseren Heiden und Wildbahnen finden, sollen daher die Untertanen, welche dergleichen Stangen finden, solche bei der Tit. 14 § 35 festgesetzten Strafe nicht zurückbehalten, sondern an den nächsten Forstbedienten abgeben, dagegen aber dem Überbringer, es sei ein Forstbedienter oder ein anderer, für jedes Ende ein Groschen preuß. bezahlt werden.

Tit. 14 § 35: Wer gefundene Hirschstangen nicht abliefert . . ., soll für jedes zurückbehaltene Ende oder Stück 5 Taler an Strafe erlegen oder daferne er solche nicht bezahlen kann, mit achttägigem Gefängnis bei Wasser und Brot (jetzt Haft) bestraft werden.

II. In **Westpreußen:**

a) Betr. das Tötungsrecht gelten für die Jagdhunde und Katzen die §§ 64 ff. II 16 ALR. (OTr. in StriethA. 45, 347). Für andere Hunde gilt der § 10 Tit. 3 der Forst- und Jagdordnung für Westpreußen und den Netzedistrikt vom 8/10. 1805 (Neue Edikten-Samml. Bd. XI S. 3152), wonach „frei" in den Wäldern, in den Waldungen und auf Landstraßen umherlaufende, nicht gehörig geknüttelte oder gelähmte gemeine Hunde sowie Katzen von den Jagdberechtigten und ihren Angestellten totgeschossen werden können (RG. v. 30/5. 05 in Schultz Jahrb. 3, 87).

b) Bezl. der Hirschstangen bestimmt die zu a) genannte Ordnung:

Tit. 3 § 13: Derjenige, welcher Hirschstangen in den Heiden und Wildbahnen findet, ist nicht berechtigt, solche sich zuzueignen, vielmehr verbunden, dieselben an den Waldeigentümer oder dessen Aufseher gegen eine Belohnung von dem halben Werte abzuliefern.

III. In **Posen**:

Es gelten:

1. Im Rgbz. Posen und den Kreisen Gnesen und Wongrowitz die zu I a u. b aufgeführten Bestimmungen der Forstordnung für Ostpreußen usw.

2. Im Rgbz. Bromberg (außer Gnesen und Wongrowitz) die zu II a u. b aufgeführten Bestimmungen der Forst- und Jagdordnung für Westpreußen usw. (vgl. Patent vom 9/11. 16, GS. S. 225).

(Siehe OTr. 45, 354 u. Strieth. A. 43, 201.)

IV. In **Pommern**:

a) Betr. das Tötungsrecht gilt die Forstordnung für Pommern vom 24/12. 1777 (Neue Edikten-Samml. Bd. VI S. 1057), deren §§ 10 u. 12 wörtlich mit denen unter I für Ostpreußen übereinstimmen. Dazu kommt § 6 der Verordnung vom 22/6. 1800 betr. Bestrafung der Forst- und Jagdverbrecher (abgedruckt bei Hahn, Preuß. Jagdr. S. 293). (Siehe GA. 9, 566; 23, 545 u. OppR. 1, 375; 16, 622; RG. 7, 128 u. 16, 622.) Diese Vorschriften kommen nicht zur Anwendung in Neuvorpommern und Rügen, wo die Patente vom 13/12. 1721, 9/5. 1725 und 13/7. 1729 gelten. Siehe hierzu die eingehende E. des OVG. v. 14/11. 05 im PrVerwBl. 27, 930.

b) Betr. Hirschstangen.

1. Außer in dem unter 2 u. 3 genannten Bezirk gilt die zu a) bezeichnete Forstordnung, die für die fiskalischen Forsten bestimmt:

Tit. XI § 7: Die Hirschstangen, welche sich auf unseren Heiden und Wildbahnen finden, . . . sollen daher die Untertanen, welche dergleichen Stangen finden, solche bei (5 Taler) Strafe nicht zurückbehalten, sondern an den nächsten Forstbedienten abgeben, dagegen aber dem Überbringer . . . für jedes Ende vier Pfennige bezahlt werden.

2. In den Kreisen Schlawe, Stolp, Schievelbein und Dramburg die renovierte Holz-, Forst- und Jagdordnung v. 20/5. 1720 wie in Brandenburg (unter VI b).

3. In Neuvorpommern und Rügen gelten keine besonderen Vorschriften.

V. In **Schlesien**:

a) Hinsichtlich des Tötungsrechts gelten für private Jagdberechtigte die §§ 64 ff. II 16 ALR. (RG. 34, 197 u. 24, 63). Für Königliche Forst- und Jagdschutzbeamte gilt, und zwar in ganz Schlesien (OTr. in GA. 10, 637), die Holz-, Mast- und Jagdordnung v. 19/4. 1756 (Schles. Edikten-Sammlung Bd. VI Abt. 387); Titel 15 § 8 u. Titel 20 § 1 u. 2.

(Siehe GA. 10, 637; 16, 139; 25, 566; OppR. 2, 466; 5, 462 u. 8, 776.)

b) Für Hirschstangen bestehen keine Sondervorschriften.

VI. In **Brandenburg**:

a) Hinsichtlich des Tötungsrechts gelten im allgemeinen die §§ 64 ff. ALR., nur für die Königlichen Forsten (RG. 24, 62 ff.) gilt die renovierte und verbesserte Holz-, Mast- und Jagdordnung v. 20/5. 1720 (Rabe, Sammlung Preuß. Ges. I Abt. 381), wonach frei umherlaufende, d. h. ungeknüttelte Hunde, ohne Unterschied, getötet werden können (§ 1 u. 2). (Vgl. RG. 34, 197.)

b) betr. Hirschstangen bestimmt die zu a genannte Ordnung:

Titel 35 § 1: Die Hirschstangen sollen vermöge des unter dem 1. Martii 1687 publizierten und in Druck gegebenen Patents unsere Untertanen und alle diejenigen, so auf unsern Heiden und Wildfuhren oder sonsten dergleichen finden, an die nächste Forstbediente bei 10 Taler Strafe vor jedes Paar zurückbehaltener oder unterschlagener Stangen richtig abliefern und dem, der solche bringt, für jedes Ende eines kleinen Gehörns 1 Pfennig und vor das Ende eines großen Gehörns 2 Pfennige gegeben werden.
(Hierzu vgl. Johow 18, 282.)

VII. In **Sachsen**:

1. In den Kreisen Stendal, Osterburg, Salzwedel, Gardelegen, Jerichow I und Wernigerode gelten hinsichtlich beider Rechte die Vorschriften wie in Brandenburg (VI a und b).

2. In dem früheren Herzogtum Magdeburg und der Grafschaft Mansfeld, dem Fürstentum Halberstadt und den inkorporierten Grafschaften und Herrschaften gilt die renovierte und verbesserte Holz-, Mast- und Jagdordnung für das Herzogtum Magdeburg und das Fürstentum Halberstadt v. 3/10. 1743 (Lentze, Provinzialrecht von Halberstadt, S. 180), die in Titel 28 § 1 und 2 sowie betr. der Hirschstangen in Tit. 35 § 1 wörtlich übereinstimmt mit der Ordnung v. 20/5. 1720 in VI a und b.

3. In den übrigen Teilen der Provinz sind die früheren Vorschriften betr. das Tötungsrecht nicht mehr in Geltung und es

gelten hier deshalb die §§ 64 ff. II 16 ALR. Hinsichtlich der Hirschstangen bestehen keine Sondervorschriften (siehe GA. 38, 450; RG. 8, 378; 11, 92).

VIII. In **Schleswig-Holstein**:

a) Betr. des Tötungsrechts gilt

1. im Kreis Herzogtum Lauenburg die Verordnung vom 29/8. 66 (Off. Wochenblatt 14), nach deren § 9 die Jagdberechtigten und ihre Vertreter im Jagdrevier umherstreifende gemeine Hunde ohne Begleitung töten dürfen, bei begleiteten, aber jagenden Hunden darf dies erst nach Verwarnung geschehen. Katzen dürfen stets im Revier getötet werden.
2. im übrigen Teil die allgemeine neue Forst- und Jagdordnung vom 2/7. 1784 (Chronol. Sammlung 35), nach deren § 172 Haus- und Kettenhunde von Jagd- und Forstbedienten zu erschießen, Jagdhunde aber aufzugreifen sind und, nur wenn ihre Eigentümer nicht zu ermitteln sind, getötet werden dürfen.

b) Betr. Hirschstangen besteht kein Sonderrecht.

IX. In **Westfalen**:

a) Betr. das Tötungsrecht gilt

1. im früheren Fürstentum Minden, Grafschaft Ravensberg, Tecklenburg und Lingen: die Holz-, Forst-, Jagd- und Grenzordnung v. 4/3. 1738 (Schlüter, Provinzialrecht für Westfalen Bd. II S. 90) § 7, der sich nur auf Königliche Forsten bezieht;
2. im früheren Fürstentum Paderborn: die Holzordnung v. 1/3. 1669 Art. 34 und das Edikt vom 2. August 1783 in Verbindung mit dem v. 3/5. 1785 (Wiegand, Provinzialrecht für Paderborn Bd. III S. 214 u. 285).
3. im früheren Herzogtum Westfalen und Grafschaft Recklinghausen die Kurfürstliche Kölnische Jagd-, Busch- und Fischereiordnung v. 9/7. 1759 (erneuert durch VO. v. 3/7. 1765 und 8/6. 1775) (Schlüter a. a. O. S. 206, 216 u. 334); §§ 28, 29 u. 32.
4. im früheren Hochstift Münster der § 3 der Kölnischen Verordnung wegen der Jagd v. 10/2. 1793 und im Bezirk der Preuß. Kriegs- und Domänenkammer zu Münster deren Verordnung wegen Anlegen und Knütteln von Hunden v. 28/1. 1806.
5. im früheren Fürstentum Corvey die Verordnung vom 6/7. 1803.

Sie alle machen keinen Unterschied zwischen Jagd- und gemeinen Hunden, nehmen aber mehrfach die Schäferhunde aus.

b) Betr. Hirschstangen bestimmt nur die zu a 3 erwähnte Kölnische Ordnung und nur für fiskalische Reviere im

§ 35: Alle Untertanen, welche in den Wäldern Hirschgewichter . . . finden, sollen dieselben nach dem nächstgelegenen Waldförster oder Amtsjäger, dieser aber zum Forst- und Jagdamt . . . einliefern.

X. In der **Rheinprovinz**:

a) Betr. das Tötungsrecht gelten:

1. auf dem linken Rheinufer nördlich bis zur Mosel, einschl. Koblenz, die Verordnung des Generalgouvernements v. 18/8. 1814 (Hahn a. a. O. S. 329) § 9 (vgl. Joh. 12, 231),
2. in dem Bezirk zwischen Rhein, Mosel, Saar und den französischen Ländern: die Verordnung der Kaiserl. Königl. Östreich. und Bayer. Landes-Administrations-Kommission v. 21/9. 1815 (Hahn a. a. O. S. 333) § 15.

Beide verbieten das Herumlaufen von Katzen und Hunden ohne Unterschied, aber nur die erstere gibt den Förstern ein Tötungsrecht.

b) Betr. Hirschstangen besteht kein Sonderrecht.

XI. In **Hessen-Nassau**:

a) Betr. das Tötungsrecht gilt:

1. in den früher kurhessischen Teilen

α) der Jagdstraftarif v. 30/12. 1822 (Kurhess. GS. S. 105):

Nr. 19: Herrenlose oder solche Hunde, deren Eigentümer unbekannt ist, soll der Forst- und Jagdbediente in diesem Falle auf der Stelle töten.

β) das kurhess. Gesetz betr. das Jagdrecht und dessen Ausübung v. 7/9. 1865 (a. a. O. S. 571, vgl. § 86 Nr. 13 JO. unter II):

§ 30 Nr. 6: Hunde, die herrenlos oder deren Eigentümer unbekannt sind, dürfen, wenn sie in fremden Jagdrevieren betreten werden, vom Jagdberechtigten und dessen Jagdbedienten getötet werden.

(Siehe hierzu KG. v. 3/4. 05 in Johow Bd. 29 C 83.)

2. in den vormals bayrischen Landesteilen bestimmt die Bayr. Allerhöchste Verordnung v. 5/10. 1863 (RegBl. für Bayern S. 1657, vgl. § 86 Nr. 20 JO. unter II).

§ 17: In den Jagdrevieren aufsichtslos umherstreifende Hunde dürfen von dem Jagdausübungsberechtigten oder dem von ihm aufgestellten Jagdaufseher getötet werden.

3. für das Amt Homburg belegt die Verordnung v. 3/9. 1841 mit Strafe im

§ 6 d: den Besitzer eines Hundes, der in einer Wildbahn, wo jener nicht jagen darf, jagt oder ohne seinen Herrn herumlauft.

Der Jagdberechtigte ist überdem befugt, in seiner Wildbahn einen solchen Hund zu töten und von dessen Herrn den Ersatz des etwa verursachten Jagdschadens ersetzt zu verlangen.

b) Betr. Hirschstangen schreibt nur der zu a 1 genannte Jagdstraftarif vor:

Nr. 12: Wer Hirschstangen findet und solche nicht längstens am folgenden Tage an den Revier-, Forst- oder Jagdbeamten abliefert, sondern sich zueignet, soll von jeder Stange geben . . . 12 Ggr. und die gefundenen Stangen dem Offizianten vergüten.

Die Rechtsgültigkeit dieser Vorschrift ist zweifelhaft (GA. Bd. 37 S. 211).

XII. Bezüglich **Hannover** siehe die §§ 32 ff. der Hann. JO. (Anhang unter A I), hinsichtl. **Hohenzollern** die Verordnung v. 3/3. 1841, die im § 6 die „Hinwegschaffung" herrenlos umherlaufender Hunde anordnet.

Betr. Hirschstangen gilt in beiden Landesteilen kein Sonderrecht.

C. Das Gesetz über den Waffengebrauch der Forst- und Jagdbeamten.

Vom 31. März 1837 (GS. S. 65—67).*)

Wir Friedrich Wilhelm usw. verordnen über die Befugnis der Forst- und Jagdbeamten, von ihren Waffen Gebrauch zu machen, und über das wegen mißbräuchlicher Anwendung zu beobachtende Verfahren, auf den Antrag Unseres Staatsminist. und nach erfordertem Gutachten Unseres Staatsrats, für den ganzen Umfang Unserer Monarchie, wie folgt:

§ 1. Unsere Forst- und Jagdbeamten, sowie die im Kommunal- oder Privatdienste stehenden, wenn sie auf Lebenszeit angestellt sind, oder die Rechte der auf Lebenszeit Angestellten haben,[1]) nach Vorschrift des Gesetzes v. 7. Juni 1821 § 20 vereidigt[2]) und mit ihrem Diensteinkommen nicht auf Pfandgelder, Denunziantenanteil oder Strafgelder angewiesen sind, haben die Befugnis, in ihrem Dienste zum Schutze der Forsten und Jagden gegen Holz- und Wilddiebe, gegen Forst- und Jagdkontravenienten, von ihren Waffen Gebrauch zu machen:[3])

---

*) Das G. gilt, nachdem es durch G. v. 18/5. 39 (GS. S. 207) in Neuvorpommern und Rügen, durch VO. v. 25/6. 67 (GS. S. 921) in die neuerworbenen Landesteile und durch G. v. 24/12. 69 in den Kreis Lauenburg eingeführt ist, in ganz Preußen (mit Ausnahme des Amtsbezirks Meisenheim und der Enklave Kaulsdorf). Es verleiht den Forst- und Jagdbeamten, auch denen in Kommunal- und Privatdiensten, die Befugnis gegen Forst- und Jagdfrevler unter Umständen über die im StGB. gezogenen Grenzen der Notwehr und des Notstandes hinaus von ihren Waffen Gebrauch zu machen. — Zu ihm sind die nachstehend unter 1 u. 2 abgedruckten Instr. v. 17/4. u. 21/11. 37 ergangen.

[1]) Die Bedingung der lebenslänglichen Anstellung bezieht sich nicht nur auf die Kommunal- und Privat-, sondern auch auf die Königl. Beamten (Dalcke S. 148).

[2]) Jetzt nach Vorschrift des G. v. 15/4. 78, betr. den Forstdiebstahl (GS. S. 222) §§ 23, 24. (Vgl. Anm. 23 Seite 67.)

[3]) Ausgedehnt auf die zum zwanzig- jetzt zwölf-jährigen Militärdienst verpflichteten, als Forstschutzbeamte interimistisch angestellten und als solche vorschriftsmäßig vereideten Korpsjäger (KabOrdres v. 6/10. 37 und v. 19/4. 38,

1. wenn ein Angriff auf ihre Person erfolgt, oder wenn sie mit einem solchen Angriffe bedrohet werden;

2. wenn diejenigen, welche bei einem Holz- oder Wilddiebstahl, bei einer Forst- oder Jagdkontravention auf der Tat betroffen, oder als der Verübung oder der Absicht zur Verübung eines solchen Vergehens verdächtig in dem Forste oder dem Jagdreviere gefunden werden,[4]) sich der Anhaltung, Pfändung oder Abführung zu der Forst- oder Polizeibehörde, oder der Ergreifung bei versuchter Flucht tätlich oder durch gefährliche Drohungen widersetzen.

Der Gebrauch der Waffen darf aber nicht weiter ausgedehnt werden, als es zur Abwehrung des Angriffes und zur Überwindung des Widerstandes notwendig ist.

Der Gebrauch des Schießgewehrs als Schußwaffe ist nur dann erlaubt, wenn der Angriff oder die Widersetzlichkeit mit Waffen, Äxten, Knütteln oder anderen gefährlichen Werkzeugen, oder von einer Mehrheit, welche stärker ist als die Zahl der zur Stelle anwesenden Forst- oder Jagdbeamten unternommen oder angedrohet wird. Der Androhung eines solchen Angriffs wird es gleich geachtet, wenn der Betroffene die Waffen oder Werkzeuge nach erfolgter Aufforderung nicht sofort ablegt, oder sie wieder aufnimmt.[4a])

§ 2. Die Beamten müssen, um sich der Waffen bedienen zu dürfen, in Uniform oder mit einem amtlichen Abzeichen versehen sein.[5])

§ 3. Der Forst- oder Jagdbeamte, der hiernach von seinen Waffen Gebrauch gemacht und jemand dadurch verletzt hat, ist verpflichtet, so weit es ohne Gefahr für seine Person geschehen

---

GS. 1838 S. 257); desgleichen auf die im Kommunal- oder Privatdienst als Forstschutz-Beamte angestellten, zur Reserve oder als Halb-Invalide beurlaubten Korpsjäger (KabOrdre v. 21/5. 40, GS. S. 129), sowie auf die von Königl. Forstbeamten zu ihrer Unterstützung und zur Verstärkung des Forst- und Jagdschutzes angenommenen Korpsjäger (KabOrdre v. 19/2. 42, GS. S. 111), auf die auf Forstversorgung dienenden Jäger, welche nach dreijähriger Dienstzeit während der sechs Wintermonate oder zur Disposition ihres Truppenteils beurlaubt werden (Allerh. Erl. v. 21/8. 55, GS. S. 633), sowie auf die sog. Kommandojäger und Offiziere des Reitenden Feldjäger-Korps während ihrer Beschäftigung im praktischen Forstdienst (MinReskr. v. 15/1. u. 23/3. 96 bei Danckelmann 28, 170 u. 172).

[4]) Das Waffengebrauchsrecht der Forst- und Jagdbeamten ist aber nicht auf die Forst oder das Jagdrevier beschränkt, sondern findet auch außerhalb der Forst und namentlich auch dann statt, wenn ein innerhalb der Forst usw. betroffener Frevler sich bei seiner Verfolgung erst außerhalb derselben tätlich widersetzt. (Erk. d. KompGer. v. 22/11. 51, JMBl. 53, 351, BMBl. 53, 253; OTr. 39, 66; GoltdArch. 6, 834; OppR. 1, 526; RG. 2, 306, RR. 1, 789; 2, 288; 3, 62.)

[4a]) Siehe den Art. 4 der nachstehenden Instr.

[5]) Sie sind aber auch ohnedem zu diesem Waffengebrauch berechtigt, wenn der Beamte dem Frevler persönlich bekannt ist (KG. v. 9/6. 66, MBli.V. S. 255).

kann, dem Verletzten Beistand zu leisten, und wenn er auf jemand geschossen hat, nachzuforschen, ob derselbe dadurch verletzt sei. Ist es erforderlich, so muß der Beamte dafür sorgen, daß der Verletzte zum nächsten Orte gebracht werde, wo die Polizeibehörde für die ärztliche Hilfe und für die nötige Bewachung Sorge zu tragen hat.

Die Kurkosten sind erforderlichenfalls, und zwar hinsichtlich Unserer Forsten und Jagden, von der Forst- und Jagdverwaltung, hinsichtlich der anderen Forsten und Jagden aber von den Forst- und Jagdberechtigten vorzuschießen, welche den Ersatz von dem Verletzten und den Teilnehmern des Frevels, oder von den Beamten, je nachdem die Anwendung der Waffen gerechtfertigt befunden worden ist, oder nicht, verlangen können.

§ 4. Auf die Anzeige,[6]) daß jemand von einem Unserer Forst- oder Jagdbeamten (§ 1) im Dienste durch Anwendung der Waffen verletzt worden, hat das Gericht des Orts, wo die Verletzung vorgefallen ist, mit Zuziehung eines Ober-Forstbeamten den Tatbestand festzustellen und zu ermitteln, ob ein Mißbrauch der Waffen stattgefunden habe. Das Gericht ist schuldig, hierbei auf die Anträge Rücksicht zu nehmen, welche der Ober-Forstbeamte zur Aufklärung der Sache zu machen für notwendig erachtet.

§ 5. Werden in Ansehung eines Forst- oder Jagdbeamten, der nicht zu Unseren Beamten gehört, die im § 4 vorgeschriebenen Ermittelungen erforderlich, so ist hinsichtlich der standesherrlichen Forstbeamten statt des im § 4 erwähnten Ober-Forstbeamten der standesherrliche Oberbeamte für die Polizei, oder in Ermangelung eines solchen der Kreis-Landrat, hinsichtlich aller anderen Forstbeamten aber in jedem Falle der Kreis-Landrat bei der Ermittelung zuzuziehen.

§§ 6—10.[7])

§ 11. In Ansehung der Strafe der Forst- und Jagdbeamten, welche des Mißbrauchs der Waffen schuldig befunden worden, behält es bei den bestehenden Vorschriften der Gesetze sein Bewenden.[8])

§ 12. Für die Eigentümer, Besitzer und Inhaber von Forsten oder Jagdgerechtigkeiten, sowie für die Förster, Waldwärter und Jäger, welche die im § 1 bezeichneten Eigenschaften nicht besitzen wird durch dieses Gesetz an den bestehenden Vorschriften über die Selbsthilfe und Notwehr nichts abgeändert.

---

[6]) Die Anzeige ist jetzt dem zuständigen Staatsanwalt, und nur wenn Gefahr im Verzuge liegt, sogleich dem zuständigen Amtsgericht zu machen.

[7]) fallen fort.

[8]) Jetzt: die §§ 340 und 226 StGB.

1. Instruktion für die Königlichen Forst- und Jagdbeamten über den Waffengebrauch.[9])

Vom 17. April 1837.

(Jahrbücher Bd. 50 S. 620—624, v. Kamptz, Annal. Bd. 21 S. 344 ff.)

Über das Recht der Forst- und Jagdbeamten zum Waffengebrauch haben des Königs Majestät am 31. März d. J. ein besonderes Gesetz zu erlassen geruht.

Damit die darin enthaltenen Bestimmungen, dem beabsichtigten Zwecke gemäß, zur Ausführung gebracht und etwaigen Exzessen beim Gebrauch der Waffen vorgebeugt werde, werden für die Königlichen Forsten und Jagden nachstehende Anweisungen erteilt, welche, gleich den in dem Gesetze selbst enthaltenen Bestimmungen, ein jeder Königl. Forst- und Jagdbeamter sich genau einzuprägen, stets zu vergegenwärtigen und streng zu befolgen hat.

Art. 1. (Allgemeine Bestimmungen.) Unter den Forst- und Jagdbeamten versteht das Gesetz nicht bloß die zur Verwaltung und zum Schutze der Forsten und Jagden angestellten Oberförster und Förster, sondern auch die zur Verstärkung des Forst- und Jagdschutzes angenommenen Hilfs-Aufseher und Korps-Jäger, sobald sie mit den im § 1 des Gesetzes bestimmten Erfordernissen versehen und namentlich gehörig vereidigt sind.

Art. 2. Die vorbemerkten Forst- und Jagdbeamten sind überhaupt nur dann, wenn sie sich in den ihnen zur Verwaltung und zum Schutz überwiesenen Forst- und Jagdbezirken befinden, sich der Waffen zu bedienen befugt.

Art. 3.[10]) (Aufgehoben.)

Art. 4.[10]) Beim Gebrauch der Waffen müssen die Forst- und Jagdbeamten sich stets vergegenwärtigen, daß solcher nur soweit

---

[9]) Diese Instr. ist durch die in Anm. 10 abgedruckte Vfg. des Min. f. Landw. usw. v. 14/7. 97 abgeändert.

[10]) Der Art. 3 ist aufgehoben und der frühere Art. 4 hat die jetzige Fassung erhalten durch die nachstehende Rundverfügung des Min. für Landw. usw. v. 14/7. 97 (MBliV. S. 175):

„Die zum Gesetz über den Waffengebrauch der Forst- und Jagdbeamten v. 31/3. 37 (GS. S. 65) für die Königlichen Forst- und Jagdbeamten erlassene Instr. v. 17/4. 37 (v. Kamptz Ann. XXI, 339) bestimmt in Art. 4, daß die Waffen gegen keinen schon auf der Flucht befindlichen Frevler zu gebrauchen sind.

Mehrfach vorgekommene Fälle, in denen fliehende Frevler während der Flucht Deckung gesucht und, sich plötzlich gegen die sie verfolgenden Forst- und Jagdbeamten wendend, von ihren Schußwaffen Gebrauch gemacht und diese getötet oder schwer verletzt haben, sowie die fortgeschrittene Technik in der Konstruktion der Schußwaffen, welche es den Frevlern ermöglicht, auch während eiliger Flucht ein bereits abgeschossenes Gewehr mit Leichtigkeit wieder schußstattfinden darf, als die Erfüllung des bestimmten Zwecks, die Holz- oder Wilddiebe, oder die Forst- und Jagdkontravenienten bei tätlichem Widerstande oder gefährlichen Drohungen unschädlich zu machen, es unerläßlich erfordert. In der Regel sind daher die Waffen nicht gegen fliehende Frevler zu gebrauchen. Legt indessen ein auf der Flucht befindlicher Frevler auf erfolgte Aufforderung die Schußwaffe nicht sofort ab, oder nimmt er dieselbe wieder auf, und ist außerdem nach den besonderen Umständen des einzelnen Falls in dem Nichtablegen oder Wiederaufnehmen der Schußwaffe eine gegenwärtige, drohende Gefahr für Leib oder Leben des Forst- oder Jagdbeamten zu erblicken, so ist letzterer auch gegen den Fliehenden zum Gebrauch seiner Waffen berechtigt. In jedem Falle sind die Waffen nur so zu gebrauchen, daß lebensgefährliche Verwundungen soviel als möglich vermieden werden. Deshalb ist beim Gebrauch der Schußwaffe der Schuß möglichst nach den Beinen zu richten und beim Gebrauch des Hirschfängers der Hieb nach den Armen des Gegners zu führen. Übrigens muß beim Gebrauch der Schußwaffe die größte Vorsicht angewendet werden, damit durch das Schießen nicht dritte Personen verletzt werden, welche ohne Teilnahme an einer Kontravention sich zufällig in der Schußlinie oder in deren Nähe befinden. In dieser Hinsicht ist besonders dann Aufmerksamkeit nötig, wenn nach einer Richtung geschossen wird, in der sich eine Landstraße oder ein bewohntes Gebäude befindet. Auch ist der Gebrauch der Schußwaffe überhaupt in der Nähe von Gebäuden zur Verhütung von Feuersgefahr möglichst zu vermeiden.

Art. 5. Der pflichtmäßigen Erwägung und Entscheidung der Regierungen bleibt es überlassen, diejenigen Forst- und Jagdbeamten, von deren Persönlichkeit ein Mißbrauch der Waffen zu besorgen ist, den Gebrauch der Waffen überhaupt oder der Schußwaffen nach ihrem Ermessen zu untersagen. Eine gleiche Befugnis wird den Oberförstern in betreff der ihnen untergebenen Forstschutz- und Jagdbeamten erteilt. Sie müssen aber gleichzeitig der betreffenden Regierung hiervon Anzeige machen, ihr Verfahren gehörig begründen und deren weitere Bestimmung über die Dauer dieser Maßregel einholen.

Art. 6. (Besondere Bestimmungen zum § 1 des Gesetzes.) Zum Zweck der Abwehrung eines Angriffs und der

---

fertig zu machen, lassen es mir nicht angängig erscheinen, das unbedingte Verbot des Gebrauches der Waffen gegen fliehende Frevler noch weiter aufrecht zu erhalten.

Ferner erscheint es mir zweckmäßig, die im Art. 3 der Instruktion gegebene Einschränkung hinsichtlich der Art der zugelassenen Waffen zu beseitigen, insbesondere um dadurch den Forst- und Jagdbeamten die Möglichkeit zu gewähren, auch von dem Revolver Gebrauch zu machen.

Mit Rücksicht hierauf wird der Art. 3 der genannten Instruktion aufgehoben und der Art. 4 derselben durch folgende Bestimmungen ersetzt:

(folgt der oben abgedruckte Wortlaut des Art. 4).

Überwindung eines tätlichen Widerstandes findet der Gebrauch der Waffen statt, ohne Unterschied, ob der Vorfall bei Tage oder zur Nachtzeit sich ereignet.

Art. 7. Wenn wegen Bedrohung mit einem Angriff von den Waffen Gebrauch gemacht werden soll, so muß die Bedrohung von der Art und von solchen Umständen begleitet sein, daß an ihrer Ausführung zu zweifeln kein besonderer Grund obwaltet, und von der Schußwaffe darf überhaupt nur dann Gebrauch gemacht werden, wenn der Angriff oder die Widersetzlichkeit mit Waffen, Äxten, Knütteln oder anderen gefährlichen Werkzeugen, oder aber von einer Mehrheit, welche stärker ist, als die Zahl der zur Stelle anwesenden Forst- oder Jagdbeamten unternommen, oder angedrohet wird.

Art. 8. (Beleidigungen ohne tätliche Widersetzlichkeit oder ohne gefährliche Drohungen berechtigen nicht zum Waffengebrauch.) Beamte, welche durch ungebührliches Betragen zu Widersetzlichkeiten selbst Anlaß geben und infolge hiervon sich der Waffen bedienen, haben nach Maßgabe des Grades ihrer Verschuldung und ihrer Folgen gesetzliche Ahndung nach den Vorschriften des Allgemeinen Landrechts Teil II Tit. 20 §§ 797, 800, 806, 815 und 816 zu gewärtigen.

Art. 9. (Zum § 2 des Gesetzes.) Die Forst- und Jagdbeamten müssen, um sich der Waffen bedienen zu können, entweder in Uniform, wenigstens in dem Uniforms-Oberrock mit Dienstknöpfen, gekleidet, oder doch mit dem Hirschfänger an dem vorgeschriebenen Koppel versehen sein.

Art. 10. (Zum § 3 des Gesetzes.) Die Forst- und Jagdbeamten haben, so oft sie von den Waffen Gebrauch gemacht haben, selbst dann, wenn eine Verletzung unzweifelhaft nicht erfolgt ist, dies ihrem unmittelbaren Vorgesetzten, und zwar der Oberförster dem betreffenden Forst-Inspektor oder dessen Stellvertreter, die Unterbeamten dagegen dem betreffenden Oberförster sofort schriftlich oder zu Protokoll anzuzeigen, damit dieser in den Stand gesetzt werde, geeignetenfalls zu untersuchen, ob Veranlassung zum Gebrauch der Waffen vorhanden gewesen, und die Vorschriften der gegenwärtigen Instruktion gehörig beachtet worden sind.

Art. 11. Die Verbindlichkeit der Forst- und Jagdbeamten, dem Verletzten Beistand zu leisten, erstreckt sich auf alle Fälle ohne Unterschied, ob die Verletzung durch Anwendung der Schußwaffe oder auf andere Art zugefügt worden ist. Bis dahin, daß die sogleich zu benachrichtigende Polizeibehörde die Sorge für den Verletzten übernommen hat, müssen die Forst- und Jagdbeamten denselben verpflegen und bewachen.

Hat ein einzelner Forst- oder Jagdbeamter Gebrauch von den Waffen machen müssen und dabei den Gegner verwundet, so muß er den letzteren, soweit es ohne Gefahr für seine Person geschehen kann, dahin geleiten, wo er Pflege und Bewachung findet, oder hierzu Hilfe herbeiholen; die Polizeibehörde aber, sobald für den

Verwundeten gesorgt ist, demnächst ohne den geringsten Verzug von dem Vorfalle benachrichtigen, und seiner vorgesetzten Behörde die durch den Art. 10 vorgeschriebene Meldung machen.

Art. 12. (Zum § 4 des Gesetzes.) Unter dem im § 4 des Gesetzes beregten Ober-Forstbeamten ist der nächste Vorgesetzte des betreffenden Forst- und Jagdbeamten zu verstehen, und es hat sich daher, sofern die Verwundung durch einen Schutzbeamten geschehen, der Oberförster, wenn es durch den Oberförster geschehen, der Forst-Inspektor, und soweit etwa dieser in die Notwendigkeit gekommen sein sollte, von seinen Waffen Gebrauch zu machen, der Ober-Forstbeamte der Regierung der Teilnahme an Feststellung des Tatbestandes zu unterziehen.

Art. 13. (Zum § 9 des Gesetzes.) Findet der betreffende Vorgesetzte bei der nach Art. 9 dieser Instruktion zu veranlassenden Untersuchung, daß von den Waffen zu Ungebühr Gebrauch gemacht worden, so hat er nach Befinden der Umstände den Täter zu verhaften und an die nächste Gerichtsbehörde abzuliefern.

Art. 14. Die Forst- und Jagdbeamten müssen bei Anwendung der Waffen ebenso sehr mit Besonnenheit und Umsicht, als mit Kraft und Unerschrockenheit handeln. — Diejenigen, welche hierdurch in schwierigen Fällen das in sie gesetzte Vertrauen rechtfertigen, können auf den Schutz der Gesetze und der Fürsorge ihrer Vorgesetzten rechnen, dagegen werden diejenigen, welche beim Waffengebrauch ihre Befugnisse überschreiten, ohne Nachsicht zur Untersuchung gezogen und nach den im Art. 8 allegierten Vorschriften bestraft werden.

Diese Instruktion, sowie das Gesetz sind sorgfältig aufzubewahren und zu inventarisieren.

2. Instruktion des Ministers des Innern und der Polizei für die Kommunal- und Privat-Forst- und Jagdbeamten über den Waffengebrauch.[11])

Vom 21. November 1837.

(Jahrbücher Bd. 50 S. 627—630, v. Kamptz, Annal. Bd. 21 S. 350ff.)

Damit die in dem Gesetze vom 31. März d. J. (GS. 1837 S. 65) über den Waffengebrauch der Forst- und Jagdbeamten enthaltenen Vorschriften auch zum Schutze der Kommunal- und

[11]) Abgeändert durch Rundverfügung des Min. des Innern v. 1/9. 97 (MBliV. S. 195), wonach in gleicher Weise wie in der vorstehenden Instruktion für die Königl. Beamten § 3 aufgehoben und der § 4 nur dort ersetzt ist.

Privat-Forsten und Jagden richtig angewandt und Mißbräuche möglichst verhütet werden, erteile ich über die Ausführung dieses Gesetzes, sowohl zur Instruktion der Polizeibehörden, als zur Belehrung der Forst- und Jagdbesitzer und des betreffenden Dienstpersonals derselben nachstehende nähere Anweisung.

§ 1. Die Bestimmungen des § 1 des Gesetzes finden auch auf die zur Verstärkung des Forstschutzpersonals angenommenen Hilfsaufseher Anwendung, wenn die im Eingange des angeführten Paragraphen festgesetzten Erfordernisse bei ihnen vorhanden und sie bei Ausübung ihrer Funktionen mit Dienstkleidung oder einem Abzeichen versehen sind.

§ 2. Die Kommunal- und Privat-Forst- und Jagd-Offizianten dürfen sich ihrer Waffen nur bedienen, wenn sie sich innerhalb des ihnen zur Verwaltung oder zum Schutz überwiesenen Forst- oder Jagdreviers befinden.

§ 3. (Aufgehoben.)

§ 4. (Stimmt jetzt wörtlich überein mit Art. 4 der vorstehend mitgeteilten Min.-Inst.).

§ 5. Es begründet keinen Unterschied, ob der Vorfall, der zum Gebrauch der Waffen Veranlassung gibt, sich bei Tage oder zur Nachtzeit ereignet.

§ 6. Da nach dem Gesetz von der Schutzwaffe nur dann Gebrauch gemacht werden darf, wenn der Angriff mit Waffen, Äxten, Knütteln oder anderen gefährlichen Werkzeugen oder von einer Mehrzahl, welche stärker ist, als die zur Stelle anwesenden Forst- und Jagd-Offizianten unternommen wird, so berechtigen Drohungen, welche nicht von der Art sind, daß sie sofort ausgeführt werden können, und bloß wörtliche Beleidigungen zum Waffengebrauch nicht.

§ 7. Da es für die Polizeiverwaltung von Interesse ist, wem die durch den § 1 des Gesetzes zugestandene wichtige Befugnis anerkannt wird, und da überdies der § 3 des Gesetzes den Waldbesitzern und Jagdberechtigten selbst Kosten-Vertretungen auferlegt, so haben diejenigen Kommunen und Privatpersonen, welche ihren Forst- und Jagd-Offizianten die Befugnis, sich in den betreffenden Fällen der Waffen zu bedienen, beigelegt wissen und sie zu dem Ende mit einer Dienstkleidung oder einem Abzeichen versehen wollen, hiervon zuvor der kompetenten Polizeibehörde Anzeige zu machen.

§ 8. Mit dieser Erklärung ist zugleich die Benennung der Personen, welchen die Verwaltung oder der Schutz der gleichfalls genau zu bezeichnenden Forst- und Jagdreviere übertragen ist, und ebenso die Beschreibung der gewählten Dienstkleidungen oder Abzeichen zu verbinden.

§ 9. Sofern gegen die in dieser Art benannten Personen sich in irgend einer Art erhebliche Bedenken herausstellen, ist die Polizeibehörde befugt, denselben den Gebrauch der Waffen zu untersagen.

§ 10. Die Kommunal- und Privat-Forst- und Jagdoffizianten müssen in dem Augenblick, wo sie sich der Waffen bedienen, entweder mit einer Dienstkleidung, die ihre Bestimmung hinlänglich erkennen läßt, oder mit einem Abzeichen versehen sein, welches letztere nur in einem metallenen Schilde von wenigstens 3 Zoll Breite und Höhe mit einer in oben erwähnten Art der Polizeibehörde namhaft zu machenden Bezeichnung bestehen und entweder an der Kopfbedeckung, auf der Brust oder dem Oberarm, oder auch an der Koppel des Hirschfängers getragen werden kann.

§ 11. Erinnerungen der Polizeibehörde gegen die Zulässigkeit oder Zweckmäßigkeit der gewählten Dienstkleidungen oder Abzeichen haben die Waldeigentümer und Jagdberechtigten zu berücksichtigen. Findet sich bei denselben nichts zu erinnern, so ist deren Beschreibung in denjenigen Polizeibezirken, wo die betreffenden Forst- oder Jagdreviere belegen, von der Ortspolizeibehörde öffentlich bekannt zu machen.

§ 12. So oft ein Forst- oder Jagdoffiziant von den Waffen Gebrauch gemacht hat, auch wenn eine Verletzung unzweifelhaft nicht erfolgte, ist derselbe verpflichtet, unverzüglich der Ortspolizeibehörde und demnächst seiner Dienstherrschaft, sofern aber der Sitz der ersteren von dem Orte, wo der Vorfall sich ereignete, entfernter sein sollte, als die Wohnung der letzteren, zuerst dieser davon Anzeige zu machen. Die Orts-Polizeibehörde hat hierauf sofort dem Landrat des Kreises Bericht zu erstatten, damit derselbe dasjenige, was ihm nach § 4 und 5 des Gesetzes obliegt, wahrnehmen kann.

§ 13. Wenn eine Verletzung vorgefallen ist, so sind die Forst- oder Jagdoffizianten, es mögen nun ihrer mehrere oder ein einzelner zur Stelle sein, schuldig, den Verwundeten dahin zu geleiten, wo er ärztliche Hilfe, Pflege und Bewachung findet, und wenn sie hierzu allein nicht imstande sind oder solches für sie mit Gefahr verknüpft sein würde, dazu Hilfe herbeizuholen, demnächst aber ohne allen Verzug der Orts-Polizeibehörde davon Anzeige zu machen.

Bis dahin, daß die Orts-Polizeibehörde die Sorge für den Verwundeten übernommen hat, liegt dieselbe dem betreffenden Forst- oder Jagdoffizianten und beziehungsweise dessen Dienstherrschaft ob.

Sachregister.

(Die größeren Ziffern bedeuten die Seiten, die kleineren die Anmerkungen daselbst.)

Die Preußische Jagdordnung

vom 15. Juli 1907

nebst der Ausführungsanweisung

und

die sonstigen jagdgesetzlichen Bestimmungen

für Preußen.

Zum praktischen Gebrauch

erläutert

von

Görcke,

Amtsrichter in Eberswalde.

Vierte Auflage des Dr. **P. Kohli**'schen Werkes

„Die Preußischen Jagdgesetze".

Berlin 1908.

Verlag von H. W. Müller.

W. 35.

Das

Reichs-Vogelschutzgesetz

vom 30. Mai 1908

mit erläuternden Anmerkungen

von

Görcke,
Amtsgerichtsrat in Eberswalde.

(Zugleich Nachtrag zur 4. Auflage der „Preußischen Jagdgesetze“ von **Kohli-Görcke.** 1908.)

Berlin 1909.
Verlag von H. W. Müller.
W. 35.

Preis: 40 Pf.

Vogelschutzgesetz.

Reichsgesetz, betr. den Schutz von Vögeln,*)

vom 22. März 1888 (RGBl. S. 111), in der Fassung vom 30. Mai 1908 (RGBl. S. 317), mit Geltung seit 1. Septbr. 1908.

§ 1.[1]) Das Zerstören und das Ausheben von Nestern oder Brutstätten der Vögel, das Zerstören und Aus-

---

*) Das VogelschutzG. ist ein ReichsG., während die JagdO. ein LandesG. ist. Da nach Art. 2 Reichs-Verf. ReichsG. dem LandesG. vorgehen, schafft das obige G. bezüglich der Vögel ein einheitliches Recht für ganz Deutschland. Nur in denjenigen Bestimmungen, deren Abänderung das obige G. ausdrücklich dem Landesrecht gestattet (§§ 5 u. 9) oder welche durch die verschiedenen Jagdrechte der Bundesstaaten berührt werden (§ 8 b), darf das Vogelrecht durch die Landesgesetzgebung abweichend gestaltet werden. Im besonderen können landesrechtlich schärfere Bestimmungen (außer dem Höchststrafmaß) bestehen und erlassen werden (§ 9), so daß das VogelschutzG. das Mindestmaß von Schutzvorschriften für die Vögel enthält.

Die Staaten Deutschland, Österreich-Ungarn, Liechtenstein, Belgien, Spanien, Frankreich, Luxemburg, Monaco, Schweden, Schweiz Portugal u. Griechenland, von denen sich nunmehr jetzt nur noch letzteres die Ratifizierung vorbehalten hat (RGBl. 07, 762), haben auf einer internationalen Konferenz in Paris eine Übereinkunft zum Schutz der für die Landwirtschaft nützlichen Vögel vom 19/3. 02 (RGBl. 06, 89) geschlossen, zu der der Beitritt von Italien und der afrikanischen Mittelmeerländer, in denen die größten Massenmorde von Vögeln stattfinden, zu erhoffen ist. Danach hatten die Vertragsstaaten binnen 3 Jahren ihre Gesetze mit den Bestimmungen der Übereinkunft in Einklang zu bringen (Art. 10). Aus diesem Anlaß ist das das ursprüngliche G. vom 22/3. 88 abändernde G. vom 30/5. 08 ergangen, durch welches ersteres unter der nun auch amtlichen Bezeichnung „Vogelschutzgesetz", auch auf Helgoland, das 1888 noch nicht zu Deutschland gehörte, eingeführt ist und die im obigen Texte durch Druck in „Schwabacher Schrift" kenntlich gemachten Zusätze bzw. Abänderungen erhalten hat.

Eine allgemeine Anleitung zur Ausübung des Schutzes der heimischen Vogelwelt ist im Lw. M.Bl. 05, 95 veröffentlicht.

nehmen von Eiern, das Ausnehmen und Töten von Jungen ist verboten.[2])

Desgleichen ist der Ankauf, der Verkauf, die An- und Verkaufsvermittelung, das Feilbieten, die Ein-, Aus- und Durchfuhr und der Transport der Nester, Eier und Brut der in Europa einheimischen Vogelarten untersagt.[3])

Dem Eigentümer und dem Nutzungsberechtigten[4])

---

[1]) An sich unterliegen alle Vögel einschl. ihrer Jungen und Eier, soweit sie nicht wie z. B. das häusliche Federvieh und die Stubenvögel im Eigentum jemandes stehen, privatrechtlich als herrenlose Sachen dem allgemeinen Aneignungsrecht (§§ 958, 960 BGB., Art. 69 EG. z. BGB., § 117 I 9 ALR., siehe oben unter I). Ausgenommen davon ist das jagdbare Federwild, welches mit Jungen und, soweit zulässig, mit Eiern (siehe § 42 JO. unter II) dem ausschließlichen Aneignungsrecht des Jagdberechtigten unterliegt und somit nach § 8 b nicht unter obiges G. sondern unter den Schutz der jagdrechtlichen Bestimmungen fällt. Die obigen Schutzvorschriften erstrecken sich daher auf alle nichtjagdbaren Vögel; von diesen sind nur die in § 8 namentlich aufgeführten und die nach § 5 etwa landesrechtlich genannten Schädlinge ausgenommen.

[2]) Das vorsätzliche und rechtswidrige Zerstören und Ausnehmen der Nester usw. ist verboten und nach § 6 strafbar. Ein zufälliges oder berechtigtes (s. Abs. 3) Zerstören usw. ist nicht strafbar, z. B. also nicht versehentliches Zertreten der Nester beim Mähen des Klees, das Zerstören eines Nestes durch Baumfällen (Stenogr. Ber. 1888 S. 1128). Das Verbot ist an keine bestimmte Zeit gebunden, wie der Vogelfang nach § 3, sondern ist ein dauerndes. Außerhalb der Fälle des Abs. 3 können in den bestimmten Fällen des § 5 Abs. 3 von den Behörden Ausnahmen gestattet werden. Schließlich sind solche, da nach § 8 b die jagdbaren Vögel von dem obigen G. nicht betroffen werden, durch das Landesjagdrecht möglich (siehe § 42 JO. unter II, § 16 Hohenz. JO. unter Anhang A 3).

[3]) Der Abs. 2 ist durch die Novelle vom 30/5 08 eingefügt. Er verbietet jeglichen Verkehr und zwar sowohl im Handel als auch unter Privaten mit Nestern, Eiern und Jungen und nicht nur für deutsche, sondern auch für außerdeutsche europäische Vögel. Aber Nester usw. von Vögeln, die außerhalb Europa heimisch sind, können in Deutschland dauernd vertrieben werden, z. B. japanische Schwalbennester, Eier von Kanarienvögeln, selbst wenn diese in Deutschland gelegt sind. — Eine Ausnahme von diesem Vertriebsverbot setzt Abs. 4 für Kiebitz- und Möweneier fest.

[4]) Z. B. Pächter, Nießbraucher, Mieter usw. Aber diese dürfen nur innerhalb ihres Nutzungsrechts handeln. Der

und deren Beauftragten steht jedoch frei, Nester, welche Vögel in oder an[5]) Wohnhäusern oder anderen Gebäuden und im Innern[6]) von Hofräumen[6]) gebaut haben, zu zerstören.

Auch findet das Verbot keine Anwendung auf das Einsammeln, den Ankauf, Verkauf, die An- und Verkaufsvermittelung, das Feilbieten, die Ein-, Aus- und Durchfuhr und den Transport der Eier von Möwen und Kiebitzen,[7]) soweit es nicht durch Landesgesetz oder durch landespolizeiliche Anordnung auf die Eier dieser Vögel für bestimmte Orte oder für bestimmte Zeiten ausgedehnt wird.

§ 2. Verboten ist ferner:[8])

Mieter ist z. B. nicht berechtigt, ein am Fenster einer andern Mietswohnung desselben Hauses befindliches Schwalbennest zu zerstören.

[5]) Bzw. auf Gebäuden, wie dies bei Storchnestern der Fall zu sein pflegt.

[6]) Das Nest eines geschützten Vogels (vgl. Anm. 1) auf einem im Hof stehenden Baume darf mithin vom Grundstückseigentümer heruntergeholt werden, nicht aber das Nest auf einem solchen im Garten. Vgl. Anm. 2.

[7]) Für Eier (nicht auch Jungen) von Möwen und Kiebitzen stellt Abs. 4 eine Ausnahme des in Abs. 1 u. 2 ausgesprochenen Verbots auf, welches im ursprünglichen G. auch solche der Strandvögel und Seeschwalben umfaßte. Das Einsammeln und das Vertreiben der Eier, welches hier unbeschränkt zugelassen ist, kann aber landesrechtlich örtlich und zeitlich beschränkt werden. Eine solche Beschränkung ist auch von den meisten Bundesstaaten ausgesprochen. Näheres über Kiebitze und Möwen siehe zu § 42 JO. (unter II).

[8]) Während der § 3 die Zeitdauer des Vogelfangs beschränkt, regelt der § 2 die Arten des Vogelfangs. Seine Verbote sollen namentlich die Massenerlegung von Vögeln verhindern. Mit den unter b, d und e genannten Mitteln darf überhaupt niemals der Fang ausgeübt werden; nach a in keiner Weise, solange Schnee liegt, und mit den zu c genannten Mitteln nur zur Tageszeit. Alle im § 2 nicht aufgeführten Fangarten sind unbeschränkt erlaubt z. B. Vogelherde, aber zeitlich ebenso wie die zu c genannten Fangarten an die nach § 3 allgemein festgelegte Fangzeit gebunden. Auf die im § 8 benannten schädlichen Vögel bezieht sich im allgemeinen das Verbot des § 2 nicht, aber der Schlingenfang ist auch für sie verboten (§ 8).

a) jede Art des Fangens [9]) von Vögeln, solange der Boden mit Schnee bedeckt ist; [10])

b) das Fangen [9]) von Vögeln mittels Leimes und Schlingen; [11]) [12])

c) das Fangen [9]) und die Erlegung von Vögeln zur Nachtzeit mit Netzen oder Waffen; [12]) als Nachtzeit gilt der Zeitraum, welcher eine Stunde nach Sonnenuntergang beginnt und eine Stunde vor Sonnenaufgang endet;

d) das Fangen [9]) von Vögeln mit Anwendung von Körnern oder anderen Futterstoffen, denen betäubende oder giftige Bestandteile beigemischt sind, oder unter Anwendung geblendeter Lockvögel; [12])

e) das Fangen [9]) von Vögeln mittels Fallkäfigen und Fallkästen, Reusen, großer Schlag- und Zugnetze, sowie mittels beweglicher und tragbarer, auf dem Boden oder quer über das Feld, das Niederholz, das Rohr oder den Weg gespannter Netze. [12])

Der Bundesrat ist ermächtigt, auch bestimmte andere Arten des Fangens sowie das Fangen mit Vorkehrungen, welche eine Massenvertilgung von Vögeln ermöglichen, zu verbieten. [13])

§ 3. In der Zeit vom 1. März bis zum 1. Oktober [14]) ist das Fangen [9]) und die Erlegung [15]) von Vögeln [16])

---

[9]) Dem Fangen wird nach § 4 jegliche Art des bloßen Nachstellens gleichgeachtet.

[10]) Wann dies der Fall ist, ist Tatfrage. Einzelne noch bestehende Schneeflecken genügen nicht, es muß allgemein Schnee liegen. Von dem Verbot zu a kann übrigens der Bundesrat für bestimmte Gegenden Ausnahmen gestatten (§ 5 Abs. 5).

[11]) Vor der Novelle war Schlingen- und Leimfang nur zur Nachtzeit verboten. Unter den verbotenen Schlingenfang fällt jetzt auch noch § 8 (Schlußsatz) der Dohnenstieg.

[12]) Mit Netzen und Waffen ist das Nachstellen und Erlegen der geschützten Vögel nur zur Tageszeit und nur außerhalb der Schonzeit (§ 3) gestattet, mit den zu b, d und e erwähnten Mitteln aber ist es ausnahmslos und jederzeit verboten.

[13]) Solche sind bisher nicht ergangen.

[14]) Im ursprünglichen G. war der Vogelfang vom 1. März nur bis zum 15. September verboten.

[15]) Erlegen ist nicht gleichbedeutend mit Töten. Deshalb soll es zulässig sein, den Qualen verletzter Vögel ein Ende zu

sowie der Ankauf, der Verkauf und das Feilbieten,[17]) die Vermittelung eines hiernach verbotenen An- und Verkaufs, die Ein-, Aus- und Durchfuhr von lebenden sowie toten[18]) Vögeln der in Europa einheimischen Arten überhaupt, ebenso der Transport solcher Vögel zu Handelszwecken[19]) untersagt.[20])

---

machen (Komm. Ber. 1908 S. 17 u. 19). Vgl. hierzu Anm. 13 zu § 76 JO. (unter II).

[16]) Hiernach sind alle Vögel (mit Ausnahme: 1. der jagdbaren, 2. der in § 8 mit Namen aufgeführten, 3. der etwa nach § 5 landesgesetzlich ausgenommenen) in der Zeit vom 1. März bis 1. Oktober jeglicher Nachstellung (§ 4) entzogen und unterliegen nur vom 2. Oktober bis Ende Februar dem allgemeinen Aneignungsrecht (Anm. 1) mit den Fangbeschränkungen des § 2. Den im Abs. 2 genannten Meisen usw. darf aber auch in der letztgenannten Zeit nicht nachgestellt werden. Die im § 8 aufgeführten Schädlinge dagegen sind jederzeit verfolgbar, die jagdbaren (§ 1 JO.) darunter aber nur vom Jagdberechtigten und nur außerhalb ihrer besonderen Schonzeit; denjenigen jagdbaren Vögeln, für die eine Schonzeit nicht besteht (wie z. B. Adlern, wilden Gänsen), darf der Jagdberechtigte jederzeit nachstellen.

[17]) Über den Begriff des Feilbietens vgl. Anm. 24 zu § 43 JO. (unter II).

[18]) Unter toten Vögeln sind nur letzthin erlegte zu verstehen. Ausgestopfte oder zu irgendeinem Zweck (z. B. zur Nahrung) konservierte Vögel dürfen auch in der Verbotszeit gehandelt werden.

[19]) Der Transport von geschützten Vögeln in der Verbotszeit ist nur zu Handelszwecken untersagt. Der Vogelhändler darf solche also nicht versenden, wohl aber kann z. B. ein Privater sein Rotkehlchen einem Dritten als Geschenk übersenden.

[20]) Während früher nur das Feilbieten und der Verkauf toter Vögel während der Verbotszeit untersagt war, ist jetzt jeglicher Handelsverkehr mit lebenden und toten Vögeln in jener Zeit verboten. Ausgenommen vom Verbot sind nur solche Vögel, welche nicht in Europa heimisch sind, also z. B. Papageien, Kanarienvögel usw. Nur solche exotischen Vögel und die im § 8 genannten Schädlinge dürfen also in der Zeit vom 1. März bis 1. Oktober gehandelt, feilgeboten und im Handel transportiert werden, alle andern Vögel aber bei Strafe des § 6 nicht. Die Vogelhändler dürfen also in dieser Zeit geschützte Vögel nicht mehr in den Läden zum Verkauf ausstellen. Dagegen ist das Halten der geschützten Vögel in der Verbotszeit weder für Händler noch für Private untersagt, dies kann aber durch Polizeiverordnungen auf Grund des Pol.-Ges. v. 11/3. 1850 geschehen (Komm. Ber. 1908 S. 11).

Dieses Verbot erstreckt sich für Meisen, Kleiber und Baumläufer auf das ganze Jahr.[21])

Der Bundesrat ist ermächtigt, das Fangen und die Erlegung bestimmter Vogelarten sowie das Feilbieten und den Verkauf derselben auch außerhalb des im Abs. 1 bestimmten Zeitraums allgemein oder für gewisse Zeiten oder Bezirke zu untersagen.[18])

§ 4. Dem Fangen im Sinne dieses Gesetzes wird jedes Nachstellen zum Zwecke des Fangens oder Tötens von Vögeln, insbesondere das Aufstellen von Netzen, Schlingen, Leimruten oder anderen Fangvorrichtungen gleichgeachtet.[22])

§ 5.[23]) Vögel, welche dem jagdbaren Feder- und Haarwild[24]) und dessen Brut und Jungen sowie Fischen[25]) und deren Brut nachstellen, dürfen nach Maßgabe der landesgesetzlichen Bestimmungen über Jagd und Fischerei von den Jagd- oder Fischereiberechtigten und deren Beauftragten getötet werden.[26])

---

[21]) Die Ausnahme der im Abs. 2 genannten Vögel vom Fang und Handel überhaupt ist durch das G. v. 30/5. 08 neu eingeführt. Die Meisen, Kleiber und Baumläufer (Parus, Sitta u. Certhia) sind hiernach als die einzigen Vögel unbedingt und unbefristet geschützt. Der Grund zu dieser Ausnahmestellung ist ihr hoher volkswirtschaftlicher Nutzen, während sie andrerseits nicht als Stubenvögel gehalten zu werden pflegen.

[22]) Also nicht bloß das tatsächliche Einfangen von Vögeln sondern jegliche Art des Nachstellens, wozu schon das bloße Aufstellen von Fangmitteln gehört, ist verboten und wird aus § 6 bestraft: gegen Meisen usw. stets, gegen andere geschützte Vögel, wenn es in der Zeit vom 1. März bis 1. Oktober (§ 3) oder mit verbotenen Mitteln (§ 2) geschieht. Schlingen dürfen zu keiner Zeit mehr aufgestellt werden (§ 8).

[23]) Der § 5 enthält besondere durch die Landesbehörden zulässige Ausnahmen von den Verboten der §§ 1 bis 3. Der § 8 gibt dagegen allgemeine Ausnahmen vom Gesetz selbst.

[24]) Wie z. B. der Storch. Über ihn siehe Anm. 38 zu § 48 JO. unter II.

[25]) Wie z. B. der Eisvogel (Königsfischer) und die Wasseramsel.

[26]) Auf diesem § 5 fußt der § 48 JO. (unter II). Durch letzteren ist den Bezirksausschüssen im Gebiet der JO. (siehe Vorbemerkung zu II) die Befugnis erteilt, nichtjagdbare, der Jagd- oder Fischerei schädliche Vögel (z. B. den Storch) dauernd oder vorübergehend von dem Vogelschutz auszunehmen. Zum Schutz

Wenn Vögel in Weinbergen, Gärten, bestellten Feldern, Baumpflanzungen, Saatkämpen und Schonungen Schaden anrichten, können die von den Landesregierungen bezeichneten Behörden [27]) den Eigentümern und Nutzungsberechtigten der Grundstücke und deren Beauftragten oder öffentlichen Schutzbeamten (Forst- und Feldhütern, Flurschützen usw.) [28]), soweit dies zur Abwendung dieses Schadens notwendig ist, das Töten solcher Vögel mit Feuerwaffen [29]) innerhalb der betroffenen Örtlichkeiten auch während der im § 3 Abs. 1 bezeichneten Frist gestatten. Das Feilbieten und der Verkauf der auf Grund solcher Erlaubnis erlegten Vögel sind unzulässig.

Ebenso können die im Abs. 2 bezeichneten Behörden einzelne Ausnahmen von den Bestimmungen in §§ 1—3 dieses Gesetzes zu wissenschaftlichen oder Lehrzwecken, zur *Wiederbevölkerung mit einzelnen Vogelarten* [29]) sowie für [30]) Stubenvögel für eine bestimmte Zeit und für bestimmte Örtlichkeiten [31]) bewilligen.

Der Bundesrat bestimmt die näheren Voraussetzungen, unter welchen die im Abs. 2 und 3 bezeichneten Ausnahmen statthaft sein sollen. [13])

---

der Fischerei kann ferner nach § 67 JO. im Gebiete der letzteren den Fischereiberechtigten die Erlegung jeglicher der Fischerei schädlichen Vögel von der Jagdpolizeibehörde gestattet werden (siehe Näheres Anm. 33 zu § 67 JO. unter II).

[27]) Für Preußen: Landrat bzw. in Stadtkreisen Ortspolizeibehörde.

[28]) In manchen Weinbergsgegenden darf zur Zeit der Traubenreife nur der Flurschütze (auch nicht der Eigentümer) den Weinberg betreten. Die öffentlichen Schutzbeamten sind für derartige und ähnliche Fälle besonders erwähnt.

[29]) Die Einschränkung „mit Feuerwaffen" und der Zusatz im Abs. 3 „zur Wiederbevölkerung mit einzelnen Vogelarten" ist erst durch die Novelle vom 30/5. 08 erfolgt und zwar, um das VogelschutzG. mit der internationalen Übereinkunft (siehe Vorbemerkung) in Einklang zu bringen.

[30]) Statt „für" hieß es früher „zum Fang von" Stubenvögeln. Der weitere Ausdruck „für" läßt also behördliche Ausnahmen nicht nur wie bisher für den Fang, sondern für alle Verbote der §§ 1 bis 3 zu, also auch z. B. für den Handel und den Transport sowohl der Vögel selbst als auch ihrer Eier.

[31]) Z. B. in Thüringen und Hessen zur Abrichtung junger Dompfaffen.

Von der Vorschrift unter § 2a kann der Bundesrat für bestimmte Bezirke eine allgemeine Ausnahme gestatten.[13])

§ 6. Zuwiderhandlungen[32]) gegen die Bestimmungen dieses Gesetzes oder gegen die von dem Bundesrat auf Grund derselben erlassenen Anordnungen werden mit Geldstrafe bis zu einhundertundfünfzig Mark oder mit Haft bestraft.[33])

Der gleichen Strafe unterliegt, wer es unterläßt, Kinder oder andere unter seiner Gewalt stehende Personen, welche seiner Aufsicht untergeben sind und zu seiner Hausgenossenschaft gehören, von der Übertretung dieser Vorschriften abzuhalten.[34])

§ 7. Neben der Geldstrafe oder der Haft kann[35]) auf die Einziehung der verbotswidrig in Besitz genommenen, feilgebotenen oder verkauften Vögel, Nester, Eier, sowie auf Einziehung der Werkzeuge erkannt werden, welche zum Fangen oder Töten der Vögel, zum Zerstören oder Ausheben der Nester, Brutstätten oder Eier gebraucht oder bestimmt waren, ohne Unterschied, ob die

---

[32]) Die Zuwiderhandlungen sind Übertretungen im Sinne des StGB. Vgl. dazu Anm. 1 Abs. 1 zu § 72 JO. (unter II).

[33]) Hierdurch ist die Vorschrift des § 368 Nr. 11 StGB., wonach „mit Geldstrafe bis zu 60 Mk. oder mit Haft bestraft wird, wer unbefugt Eier oder Junge von jagdbarem Federwilde oder von Singvögeln ausnimmt" in betreff der Singvögel ersetzt worden. — Außerdem bedroht § 33 des Feld- und Forst-PolizeiG. v. 1/4. 80 (siehe Anm. 36) den Vogelfang auf fremden Grundstücken mit Strafe.

[34]) Vgl. § 361 Nr. 9 StGB. unten unter V und die Anm. dazu. Hier wie dort genügt die Tatsache der Straftat für sich allein zur Bestrafung nicht; es muß vielmehr noch eine schuldhafte Unterlassung bzw. Vernachlässigung der pflichtmäßigen Aufsicht seitens des Gewalthabers hinzutreten. Diese wird aber nicht vermutet, sondern muß dem Gewalthaber nachgewiesen werden. (Olshausen, StGB. § 361 Nr. 9; GA. 26, 453). Der Gewalthaber selbst wird bestraft, nicht nur wie in § 80 JO. für haftbar erklärt.

[35]) Die Einziehung ist hier also dem Ermessen des Gerichts überlassen; anders nach § 295 StGB. bei Jagdvergehen und nach § 78 Abs. 3 JO. bei Wildhandel während der Schonzeit, wo die Einziehung ausgesprochen werden muß.

einzuziehenden Gegenstände dem Verurteilten gehören oder nicht.[36])

Ist die Verfolgung oder Verurteilung einer bestimmten Person nicht ausführbar, so können die im vorstehenden Absatze bezeichneten Maßnahmen selbständig erkannt werden.[36])

§ 8.[37]) Die Bestimmungen dieses Gesetzes finden keine Anwendung

a) auf das im Privateigentume befindliche Federvieh;[38])

b) auf die nach Maßgabe der Landesgesetze jagdbaren Vögel;[39])

c) auf die in nachstehendem Verzeichnis[40]) aufgeführten Vogelarten:[41])

---

[36]) Nach den §§ 40—42 StGB. ist das sog. „objektive Strafverfahren", d. h. die Strafverfolgung, auch wenn solche gegen eine bestimmte Person nicht ausführbar ist, sonst nur bei Vergehen und Verbrechen zulässig. Die obige Vorschrift läßt es auch für die Übertretungen gegen das VogelschutzG. zu. Es ist dies eine der besonderen gesetzlichen Bestimmungen, welche der das Verfahren bei Einziehungen regelnde § 477 StPO. im Auge hat. Da § 40 StGB. nicht Anwendung findet, im Abs. 2 auch ausdrücklich die Anwendung der im Abs. 1 bezeichneten Maßnahmen für zulässig erklärt ist, darf hier, anders wie beim Jagdvergehen nach § 295 StGB. (vgl. dort unter V), die Einziehung auch im objektiven Verfahren erfolgen, wenn die Fangwerkzeuge usw. keinem Täter oder Teilnehmer, sondern einem unbeteiligten Dritten gehören.

[37]) Der § 8 enthält die vom Gesetz sich selbst gegebenen Ausnahmen. Besondere durch Landesgesetz mögliche Ausnahmen sieht der § 5 außerdem vor.

[38]) Außer auf die gewöhnlichen Haustiere und Stubenvögel auch auf die in Volièren, zoologischen Gärten, Menagerien usw. gehaltenen Vögel zu beziehen. Hinsichtlich des etwaigen Aneignungsrechts an diesen für den Fall ihres Entfliegens siehe §§ 958, 960 BGB. und Anm. 11 dazu (oben unter I A).

[39]) Die jagdbaren und deshalb dem Jagdschutz unterliegenden Vögel sind in § 1 JO. (unter II) für deren Geltungsgebiet einzeln und erschöpfend aufgezählt.

[40]) Das Verzeichnis führte im ursprünglichen G. noch die Kreuzschnäbel und Kernbeißer auf, nahm unter den Tagraubvögeln nur die Turmfalken aus und zählte unter den rabenartigen Vögeln auch noch die Kolkraben, Dohlen, Nuß- oder Tannenhäher auf.

[41]) Die Vögel des Verzeichnisses zu c unterstehen weder den Schutzvorschriften des Eigentums (wie die zu a) noch denen der Jagd

Tagraubvögel [42]) mit Ausnahme der Turmfalken, Schreiadler, Seeadler [43]) Bussarde und Gabelweihen (rote Milane),
Uhus, [44])
Würger (Neuntöter),
Sperlinge (Haus- und Feldsperlinge),
rabenartige Vögel (Rabenkrähen, Nebelkrähen, Saatkrähen, Elstern, Eichelhäher), [40])
Wildtauben (Ringeltauben, Hohltauben, Turteltauben), [43])
Wasserhühner (Rohr- und [43]) Bleßhühner),
Reiher (eigentliche Reiher, Nachtreiher oder Rohrdommeln), [43])
Säger (Sägetaucher, Tauchergänse),
alle nicht im Binnenlande brütenden Möwen, [43])
Kormorane,
Taucher (Eistaucher uud Haubentaucher),

jedoch gilt auch für die vorstehend unter a, b, c bezeichneten Vögel das Verbot des Fangens mittels Schlingen. [45])

(wie zu b), noch denen des Vogelschutzgesetzes. Sie sind vielmehr als nicht nützlich die einzigen Vögel, welche wirklich „vogelfrei" sind, d. h. sie sind der Nachstellung und Aneignung für jedermann und zu jeder Zeit unterworfen (§§ 958, 960 BGB.).

Da die Jagdbarkeit der Vögel durch Landesgesetz bestimmt wird und die jagdbaren nach § 8 b vom obigen Gesetz ausgenommen sind und den diesbezüglichen jagdrechtlichen Schonvorschriften unterliegen, kann das obige reichsgesetzliche Verzeichnis in jedem Bundesstaate beschränkt sein: in Preußen ist dies bezüglich der im Text klein gedruckten Vögel der Fall.

[42]) Von den Tagraubvögeln unterstehen also nur die oben als Ausnahmen genannten dem Vogelschutz und zwar von den Bussarden alle Arten. Von den Falken dagegen ist nur der Turmfalke geschützt. Die oben als fernere Ausnahmen aufgeführten Schrei- und Seeadler sind in Preußen wie alle Adler jagdbar (§ 1 JO.).

[43]) Sie sind durch § 1 JO. für jagdbar erklärt und fallen deshalb in Preußen gemäß b) unter den jagdrechtlichen Wildschutz. — Unter Reiher sind alle bei uns vorkommenden Reiherarten zu verstehen; sie sind als Wasservögel ebenfalls jagdbar mit Ausnahme des grauen oder Fischreihers. Deshalb unterliegt nur letzterer keinem Schutz, die nur als Irrgäste bei uns vorkommenden Purpur-, Silber- und Seidenreiher aber dem Wildschutz.

[44]) Alle übrigen Eulenarten unterstehen also dem Vogelschutz.

§ 9. Die landesrechtlichen Bestimmungen, welche zum Schutze der Vögel weitergehende Verbote enthalten, bleiben unberührt.[46]) Die auf Grund derselben zu erkennenden Strafen dürfen jedoch den Höchstbetrag der in diesem Gesetz angedrohten Strafen nicht übersteigen.

---

[45]) Der letzte Absatz ist durch die Novelle vom 30.5. 08 neu eingefügt und von weitgehender Bedeutung. Durch ihn ist ausnahmslos — also auch für die nicht geschützten Vögel — der Vogelfang mittels Schlingen verboten; er enthält insofern eine Erweiterung des Schlingenverbots in § 2b. Durch dieses unbedingte Verbot ist auch der Schlingenfang der jagdbaren Krammetsvögel, der Dohnenstieg, betroffen, welcher durch den § 8 alter Fassung ausdrücklich vom Verbot ausgenommen war. Da das obige Gesetz als Reichsgesetz den Landesgesetzen vorgeht, hat es entgegenstehende Vorschriften der Jagdordnungen (z. B. § 41 Abs. 2 Preuß. J.O.) aufgehoben und durch solche kann der Schlingenfang für Federwild auch nicht mehr neu gestattet werden. Schon der, welcher im noch vorhandenen Dohnenstieg eine Schlinge nur fängisch stellt, macht sich jetzt aus § 6 u. § 4 strafbar.

[46]) Das Vogelschutzgesetz bezweckt das Mindestmaß des Vogelschutzes festzusetzen, deshalb sind alle einen weitergehenden Schutz aussprechenden Vorschriften der Bundesstaaten aufrecht erhalten und solche können von ihnen auch neu erlassen werden. Dazu gehören auch Polizeiverordnungen, durch welche weitere Vögel des Verzeichnisses in § 8 (wie z. B. die Saatkrähe) geschützt werden. —

Aufrecht erhalten ist auch der § 33 des Feld- und ForstpolizeiG. v. 1/4. 80, welcher lautet:

„Mit Geldstrafe bis zu dreißig Mark oder mit Haft bis zu „einer Woche wird bestraft, wer, abgesehen von den Fällen des „§ 368 Nr. 11 des Strafgesetzbuchs, auf fremden Grund„stücken unbefugt nicht jagdbare Vögel fängt, Sprenkel „oder ähnliche Vorrichtungen zum Fangen von Singvögeln auf„stellt, Vogelnester zerstört oder Eier oder Junge von Vögeln „ausnimmt."

Wer jagdbaren Vögeln nachstellt, ist aus §§ 292ff. StGB. strafbar.

Lippert & Co. (G. Pätz'sche Buchdr.), Naumburg a/S.

Lippert & Co. (G. Pätz'sche Buchdr.), Naumburg a. S.

FSC
www.fsc.org
MIX
Papier | Fördert gute Waldnutzung
FSC® C083411

Kolibri 360 GmbH
Ferdinand-Jühlke-Straße 7
99095 Erfurt, Deutschland
produktsicherheit@kolibri360.de